SALE AND PURCHASE AGREEMENT

貿易売買契約と
リスク対応実務

大貫 雅晴 [著]
Onuki Masaharu

同文舘出版

はじめに

　日本政府が推進する，環太平洋経済連携協定（Trans Pacific Partnership：TPP）加盟交渉，及び各国との経済連携協定（Economic Partnership Agreement：EPA），自由貿易協定（Free Trade Agreement：FTA）交渉，締結は，日本市場のグローバル化，又，日本企業の国際化，グローバル化を促進し，国際貿易，日本企業の海外進出，外国企業の日本進出を拡大，推進することになる。

　従来内向きであった中堅・中小企業の間にも，日本の国内市場の先細傾向とも相まって，海外市場への関心が急速に高まっている。中堅・中小企業の国際化，グローバル化に伴い，貿易売買取引（物品の輸出・入）を行う機会も多くなっている。国際化，グローバル化を推進する中堅・中小企業にとり，貿易売買取引は国際化への入口である。しかし，貿易売買取引で必要とされる専門的知識の分野は多岐にわたり，貿易売買契約を中心として，それに関連する，例えば，国際海上・航空運送と運送契約，各種保険（貨物保険，貿易保険，製造物責任保険）と保険契約，国際決済，輸出・入通関手続等の知識が求められる。

　貿易売買契約においては，各国の契約法，国際条約，国際慣習・慣行，準拠法や国際商取引紛争解決手続の知識が求められる。例えば，国際条約としては，UNCITRAL（国連国際商取引法委員会）による1980年策定の最も成功した条約の1つといわれる国際物品売買契約に関する国際連合条約（以下，ウィーン売買条約：CISG）がある。現在80カ国が加盟しており，貿易売買契約に関する統一私法として重要な役割を担っている。又，国際商慣習としては，CIF，FOB等貿易条件の国際的統一規則であるインコタームズ（Incoterms）は，物品の引渡場所，危険の移転地点等について規律した統一規則としての役割を担っている。これらの専門知識は，貿易売買取引に携わる者の必須知識でもある。

　又，貿易売買取引は国境を越える国際取引となり，国内売買取引と比べて，

より高いリスクを抱えた専門性の高い取引となる。例えば、貿易売買契約の各種条件に関して、具体的に次のようなリスクが伴い、又、専門的知識が求められる。

（1） 価格においては、外国通貨（ドル、ユーロ等）を利用する場合には為替変動リスクが伴う。又、物品の建値に使用されるCIF、CIPやFOB、FCA等のトレードタームズ（定型貿易条件）の専門知識が要求される。

（2） 決済においては、国際決済手段として利用される荷為替手形によるD/P、D/A決済や信用状付荷為替手形決済などの専門知識が要求される。又、最近では、銀行送金後払いも多く利用されているが、後払いによる与信リスクが伴い、一旦事故が発生すると、海外での未回収代金の回収は非常に難しい。

（3） 物品引渡においては、何処で物品を引き渡すか、利用するトレードタームズの種類によって物品の引渡地点、危険の移転地点が異なり、運送途上の滅失棄損リスクに対応する保険の付保が必要となる。又、納期限の順守が国内と比して厳しいものがあり、納期遅延、不履行から発生する紛争のリスクが高くなる。

（4） 物品の数量、重量においては、各国の度量衡の相違等から、数量過不足トラブルリスクがある。

（5） 物品の品質においては、保証（warranty）の範囲や期間、物品の品質検査の時期、方法の問題が伴う。又、物品の安全性に欠ける欠陥から発生する輸出入製品の製造物責任リスクがある。売主、買主間で、製造物責任訴訟等の対応費用分担、賠償分担の問題が発生する。

（6） 契約の履行期間中に、不慮、不測の事態（不可抗力）による履行遅延や不履行リスクが伴う。最近では、不可抗力条項（force majeure clause）や困難条項（hardship clause）の重要性が増している。

（7） 輸出入の物品が第三者の知的財産権を侵害するリスク、及び当該侵害に関連して、売主、買主間で、契約責任問題が発生する。

（8） 輸出入に関する法令（外為法、関税法、関税定率法、輸出入取引法、他）の順守が求められ、又、国際商事紛争等のリーガルリスクを伴い、紛争解

決手段の専門知識が求められる。

貿易売買契約を安全かつ円滑に遂行するためには，以上のような様々な契約リスク，法務リスク，専門知識に対応していかなければならない。大企業の場合は，法務部や審査法務部等の専門部門を置いて対応しているが，中堅・中小企業では，そのような専門部署がなく，又，法務部門を置いていても，十分に対応できていないケースが少なくない。そのような状況の下，貿易，営業の実務担当者が自ら対応せざるを得なく，契約リスク，法務リスク，専門知識の習得が求められている。

本書は，上述のリスク対応も含めて，貿易売買契約に関連する，契約上，法務上のリスクの対応について，各種事例とウィーン売買条約に基づいて，契約実務の流れに沿って体系的に，わかりやすく解説することを心がけた。

なお，事例は，筆者が経験した貿易専門相談，講義用の想定事例，各種判例等を参考にして作成した想定事例である。

本書は，第1章「なぜ契約実務，国際法務の知識が必要なのか」，第2章「貿易売買契約の当事者，契約成立，交渉，修正，変更のリスク対策」，第3章「貿易売買契約の主要条件の各種条件，条項のリスク対策」，第4章「貿易売買契約の契約期間，解約条項，一般条項，紛争処理条項」，第5章「トラブル，紛争発生に伴うリスクとその対応」を含む全5章の構成となっている。

第1章は，貿易売買取引に，なぜ契約実務，法務の知識が必要であるのか，どのような知識が必要となるのか，貿易売買契約の契約法務に必須とされる契約書の重要性，ウィーン売買条約とインコタームズの基本，公法的規制の法令順守と契約リスクを紹介する。

第2章は，貿易売買契約の当事者，契約成立，交渉，契約修正におけるリスクの所在とその対応について取り上げる。具体的には直接貿易，間接貿易，仲介貿易の契約当事者の責任リスク，申込・承諾型の契約成立過程におけるリスク，交渉積み上げ型契約における交渉リスク，さらに契約の修正と完全合意条項を紹介する。

第3章は，貿易売買契約の各種主要条件である，価格条件，数量条件，品質条件，引渡条件，納期と不可抗力，決済条件と信用状，貨物保険条件，商標，

知的財産権侵害規定等，貿易売買契約の主要各種条件，条項のリスクの対応と契約条項規定について紹介する。

　第4章は，契約期間，解約条項，一般条項，紛争処理条項の条項規定とその意義について紹介する。

　第5章は，万が一トラブル，紛争が発生した場合の対応について，契約違反，義務不履行を理由とする損害賠償，契約解除などの救済方法，又，当事者交渉と和解文書の作成，交渉が決裂した場合の次の解決手段である，調停，仲裁，訴訟について紹介する。

　巻末には，売買契約書の輸出用雛形（英和対訳）とウィーン売買条約（英和対訳）を添付した。

　筆者は，長年にわたる国際契約，貿易トラブル等のコンサルティングから，数多くの事例にあたっており，又，国内外において行った，貿易契約，貿易トラブルに関する講義，講演を通じて得た経験と知識を基に，企業にとり必要と考えられる貿易売買契約の専門知識，又，契約リスク，法務リスクの対応に必要とされる知識について，商務，法務の側面から，国際取引，貿易売買取引の経験の浅い担当者にも分かりやすく解説する。

　なお，本書は，日本商事仲裁協会発刊の月刊誌JCAジャーナルに連載（2012年12月号～2013年9月号）したものを，修正，加筆して仕上げたものである。

　本書が，中堅・中小企業の海外事業，貿易担当者，法務担当者，又，学生にも役立つことを願っている。

　本書を出版するにあたり，同文舘出版株式会社・取締役編集局長　市川良之氏には，本書の企画，校正まで大変お世話になった。心から謝意を表したい。

2014年6月

大貫　雅晴

目　次

はじめに……………………………………………………………………（1）

第1章　なぜ契約実務，国際法務の知識が必要なのか───── 3

1　国際取引ではなぜ契約書が大切なのか………………………… 3
2　契約書に安易に署名するリスク………………………………… 4
3　貿易売買の取引形態の相違と契約成立過程と契約書………… 5
4　貿易売買契約の国際化と必須の国際法務知識………………… 7
5　国際的商慣習としてのインコタームズの役割………………… 12

第2章　貿易売買契約の当事者，契約成立，交渉，修正，
　　　　 変更のリスク対策────────────────── 17

1　直接貿易，間接貿易と契約当事者の責任リスク……………… 17
2　直接貿易，間接貿易と手続の代行の契約リスク……………… 18
3　外国に在る貿易業者による代理，代行の契約リスク………… 20
4　仲介貿易（三国間貿易）の契約リスク………………………… 21
5　貿易売買契約の成立，交渉リスク……………………………… 23
6　完全合意条項と契約の修正，変更リスク……………………… 32

第3章　貿易売買契約の主要条件の各種条件，条項のリスク対策 ——— 37

1　当事者記述の規定に伴うリスク………………………………… 37
2　商品の指定に伴うリスク………………………………………… 40
3　価格条件設定に伴うリスク……………………………………… 42
4　数量条件設定に伴うリスク……………………………………… 46
5　引渡(船積)条件設定に伴うリスク……………………………… 51
6　納期(物品の引渡時期)に伴うリスク…………………………… 64
7　不可抗力条項設定に伴うリスク………………………………… 70
8　品質条件，物品の適合性に伴うリスク………………………… 77
9　物品の検査義務と瑕疵通知義務に伴うリスク………………… 85
10　決済条件設定に伴うリスク……………………………………… 87
11　信用状の性格，機能と信用状決済のリスク…………………… 93
12　与信に伴うリスクの対応と管理対策…………………………… 99
13　遅延債権回収に伴うリスク……………………………………… 106
14　貨物保険条件設定に伴うリスク………………………………… 109
15　製品に付される商標権に伴うリスク…………………………… 115
16　物品の引渡における知的財産権に基づく第三者の権利の侵害リスク
　　……………………………………………………………………… 118

第4章　貿易売買契約の契約期間，解約条項，一般条項，紛争処理条項 ——— 125

1　契約期間と契約の更新，延長条項……………………………… 125
2　中途解約条項……………………………………………………… 127
3　一般条項…………………………………………………………… 128
4　紛争解決関係条項………………………………………………… 136

第5章　トラブル，紛争発生に伴うリスクとその対応　　141

　1　契約違反に対する救済……………………………………………… 141
　2　トラブル，紛争発生の対応………………………………………… 152
　3　当事者交渉が決裂した場合の次の解決手段……………………… 161
　4　調停の基本的知識…………………………………………………… 165
　5　仲　裁—国際商事仲裁の特徴と国際性—………………………… 168
　6　仲裁制度を規律する法律と裁判所の関与………………………… 171
　7　仲裁合意とその効力………………………………………………… 173
　8　仲裁条項の起案……………………………………………………… 177
　9　仲裁判断と仲裁判断の準拠法……………………………………… 193
　10　仲裁判断の取消……………………………………………………… 196
　11　仲裁判断の承認と執行……………………………………………… 197
　12　ニューヨーク条約に基づく外国仲裁判断の承認と執行………… 198
　13　国際民事訴訟—国際商取引紛争の訴訟による解決の問題—…… 199

資料1　英和対訳　SALE AND PURCHASE AGREEMENT（売買契約書）── 207
資料2　ウィーン売買条約全文（英和対訳）──────────── 225

参考文献一覧 ─────────────────────────── 287

索　引 ────────────────────────────── 289

貿易売買契約とリスク対応実務

第1章

なぜ契約実務，国際法務の知識が必要なのか

1　国際取引ではなぜ契約書が大切なのか

　適切に作成された契約書は，国際取引のリスクマネジメントの基本である。国際取引を行う場合に，正式な契約書を交わさないで，メールやファックスの交換により，又は，口頭の約束で契約を行っているケースは少なくない。国際取引契約の成立は，原則，一方の当事者の申込に対する他方当事者の承諾，すなわち当事者間合意により成立する。その方式は原則的に自由であり，口頭，行為，書面のいずれの方式でも構わない[1]。しかし，貿易売買取引は，国境を越える取引であり，当事者間の言語の相違，文化の相違，商慣習，法制度等の相違から，当事者間のコミュニケーションがうまくいかなく，誤解やトラブルが発生することは少なからずある。取引上の誤解，トラブル，紛争を避けるためには，契約の各条件について詳細に交渉したうえで最終契約書を作成することが大切であり，当事者の意思，合意事項をより明確にして紛争を予防するメリットがある。又，契約書は当事者間における取引の規準であり，万が一その契約から紛争が発生した場合には，契約書は紛争解決交渉において，権利主張

や防御の重要な根拠となる。裁判や仲裁となった場合には契約書が有力な証拠となる。貿易売買取引において契約書を作成する目的は，契約の成立及び交渉合意された当事者の権利，義務を確認し，契約当事者間の取引のルール創りにある。貿易売買取引をより安全，円滑に遂行するうえで大切なことである。

2　契約書に安易に署名するリスク

　国際取引に慣れていない経営者，担当者は，契約書を軽視する傾向にあり，相手当事者が作成した契約書に署名を求められたとき，相手を信頼して，契約書内容を十分に吟味しないで安易に署名してしまうことがある。万が一，トラブルが発生した場合，その契約書の条件に基づいて履行請求，権利請求がされることになる。

> 【事例】
> 　日本のA社の社長は，海外のB社を訪問し，懸案の商談を進めて，商品の数量，価格，決済，引渡等の主要条件がまとまり商談が成立した。後日，B社から商談成立の確認の契約書が送付されてきた。契約書には新たな付随的条件が追加されていたが，A社の社長は，契約書の内容を十分に吟味しないで署名をした。後日，契約の履行の段階で履行条件について両社の主張が対立しトラブルに発展，B社からは契約書の条件を基に履行を強く求められた。A社は，契約書を見直したが，追加された付随的条件から，B社の履行請求を拒否することは難しいと判断，結局，B社の要求を受け入れ，A社にとり非常に不利な条件ではあるが履行を強いられた。

　上述のような契約書を軽視することで発生するトラブルは，少なからず見かけられる。契約書の言語が英語の場合が多く，外国語に苦手意識の強い日本企業は，契約書に記載される条件を吟味しないで，相手当事者を信頼して，安易に署名をすることは少なからずある。契約書に署名することで，当事者はその契約条件に法的に拘束されることを忘れてはならない。相手当事者から契約書

が送られてきた場合，又，契約書に署名する場合は，必ず契約書の各条件を詳細に吟味し，わからない事項，疑問の事項は，そのままにしておかないで，専門家等に相談して確認することが大切である。

3　貿易売買の取引形態の相違と契約成立過程と契約書

　貿易売買取引には様々な取引形態があり，その取引形態により契約成立過程や契約書のスタイルが異なってくる。長期に継続して取引が行われる場合と1回限りで取引が終了する場合があるが，それぞれ契約成立過程と契約書のスタイルが異なる。

（1）　長期継続的取引

　長期継続的取引（long-term arrangement）は，契約関係が長期に継続し，取引が継続的に行われる。例えば，継続的供給契約，OEM調達契約，プラント輸出契約，販売・代理店契約等がある。これ等の契約形態での契約成立過程は，交渉積み上げ型方式といわれ，通常，A4の用紙を用いて，当事者の一方が契約書のドラフトを作成して，各条件ごとに交渉を積み上げて，最終合意に到達した証として契約書に署名する（売買契約書見本は巻末資料1に掲載）。
　長期継続的取引の契約交渉では，交渉が長期に及ぶ場合が多く，交渉途中の合意書を巡り，又，交渉決裂に伴う結果責任を巡る問題が発生することがある。

（2）　単発取引

　単発取引（one-off transaction）は，1回限りの契約の履行で終了する取引形態である。単発的物品売買（one-off sale），1回限りの輸出・入契約が単発取引に該当する。契約の成立過程は，申込・承諾型方式といわれ，当事者間で，取引の主要な条件である，商品，数量，価格，決済，引渡条件等を中心に，申

込条件を提示して，相手方の承諾を取る，申込と承諾の相互の交換が行われる。

契約成立と契約条件の確認の目的で，例えば，輸出者側が予め備えている印刷書式である"Sales Confirmation"や輸入者側の印刷書式である"Purchase Confirmation"等で契約の成立，条件を確認する方法が採られている。

最近では，情報通信の改革が進行しており，e-mailで申込と承諾の交換が行われ，契約成立，条件の確認を行っているケースも多くなっている。

申込，承諾型契約では，相手方に発信する申込の撤回，条件修正を巡る問題，又，相手方から送付されてくる契約成立の確認書面を巡る問題が発生することがある。

（3） 貿易売買契約書の内容

貿易売買契約では，一般に，契約書に次のような条件が規定される。

1） 主要な条項，条件

①取引の目的，形態，②商品の指定，③価格条件，④数量条件，⑤引渡条件と納期，⑥危険と所有権の移転，⑦品質条件，包装の指定と品質保証条件，⑧検査条件，⑨貨物保険条件，⑩決済条件，⑪商標，特許，他知的財産権の侵害に関する条件，⑫製造物責任に関する条件，⑬契約期間と中途解約条件

2） 一般条項，紛争解決条項

⑭不可抗力条項，⑮通知条項，⑯譲渡条項，⑰分離条項，⑱権利放棄条項，⑲完全合意条項，⑳紛争解決条項（裁判管轄条項，又は仲裁条項），㉑準拠法条項等

上述の条件，条項を含む内容の契約書の作成が望まれるが，必ずしも上述の規定をすべて網羅しなければならないものではない。当事者間の合意に基づき自由に契約の内容を取り決めることができる。主要な条項に限った簡単な内容の1枚程度の契約書から，100ページを超えて詳細にわたって規定が設けられる契約書等様々である。契約書のスタイルも，正式契約書スタイル，レター形

式，印刷書式等が利用される。

4 貿易売買契約の国際化と必須の国際法務知識

　貿易売買契約は，異なる国の法律が関係してくるため，いずれの国の法律が適用されるのかという，準拠法の問題が発生する。この問題は，各国の法律がそれぞれ異なっていることから生じる問題であるが，貿易売買契約の国際化の1つに，各国の契約法を統一することがある。例えば，民法，商法等の各国の契約法を統一化した国際条約であるウィーン売買条約が，又，国際的に広く利用されているFOB，CIFなどの定型貿易条件の国際統一規則であるインコタームズがあり，国際法務で要求される必須の知識である。

　又，貿易売買契約が締結されたとしても，国際取引に対する様々な公法的規制がある。例えば，貿易売買契約では，特に外国為替及び外国貿易法が影響してくるが，契約を履行するためにはそれらの規制を順守しなければならない。公法的規制の知識は，貿易売買契約の履行を円滑に遂行するための必須の法務知識である。

（1）　契約の準拠法
　　　　　―国際私法とは―

　世界の法体系は，イギリス，アメリカ，シンガポール，香港等の判例主義の英米法体系，ヨーロッパ諸国，日本，中国，韓国等の法典主義のシビルロー体系，又，アラブ諸国を中心としたイスラム国家のシャーリア法の影響のあるイスラム法体系に大別できるが，各国それぞれ独立した法律制度であり，その内容は異なっている。国際取引では，法律を異にする営業所を有する企業間の国境を越えた取引であり，常に，いずれの国の法律が適用されるかが問題となる。

　例えば，日本の化学品メーカーが，中国の輸入業者と輸出契約を締結する場合，この売買契約に適用される法律は中国の法律か，日本の法律，又は第三国

の法律か，いずれの法律が適用されるのかが問題となる。これらの法律の中からいずれの国の法を適用するかを決定する法ルールを国際私法という。そして，国際私法によって決定され，適用される法を準拠法という。

　我が国の国際私法ルールは，2007年に施行された「法の適用に関する通則法」（以下，通則法という）である。通則法第7条では，法律行為の成立及び効力は，当事者が当該法律行為の当時に選択した地の法によるとされており，当事者の合意を尊重する旨の規定となっている。契約の準拠法は，その決定を当事者の意思に委ねるという当事者意思自治の立場が世界的に広く採用されている[2]。したがって，契約書の中に準拠法の規定が設けられることが多く，重要な規定である。例えば，日本法を準拠法とする場合には，"This Agreement shall be governed and construed by the laws of Japan."（本契約は日本法により支配され，解釈されるものとする）と規定される。法廷地が日本の場合，通則法第7条により，当事者合意の準拠法が採用される。

　前述の準拠法の規定の後に"excluding its conflict of laws rule"（抵触法規則を除外して）と追記されることがある。例えば，法廷地がニューヨーク州の場合，その国際私法に基づき，当事者が合意した以外の法律が適用される恐れもあるので，そのリスクを排除する目的がある。例えば，"This Agreement shall be governed by the laws of the State of New York without its conflict of laws rule."（本契約は，抵触法規則を除外して，ニューヨーク州法により支配されるものとする）と規定する。

（2）　統一私法としてのウィーン売買条約（CISG）

　国際取引契約では，国境を越える取引となり，国家法を適用する場合は，前述したように，各国の法の抵触の問題が発生する。国際取引契約を円滑に遂行するためには，同じ内容の法律に統一して規律することが望ましい。貿易売買契約の分野では特定の国家法に頼らずに，条約による私法の統一化が進行している。ウィーン売買条約は，貿易売買契約における統一私法として大きな影響を与えており，私法の統一化に大きな役割を果たしている。

ウィーン売買条約の正式名称は，「国際物品売買契約に関する国際連合条約」(United Nations Convention on Contracts for the International Sale of Goods：CISG)」，一般にはウィーン売買条約といわれる（本書では以後統一的にCISGという）。日本は同条約に2008年7月1日に加盟し，翌年の2009年8月1日に発効した。

　同条約は，国際物品売買契約に適用され，国内物品売買契約は国内法（民法，商法）に委ねたままで，国際物品売買契約だけを対象にして法を統一するという万民法型統一私法である。この条約は，アメリカ，ドイツ，フランス，カナダ，オーストラリア，ロシア，中国，韓国，シンガポールなど，我が国の主要な貿易相手国を多く含む80カ国が締約国であり，日本企業が係わる貿易取引の多くは本条約の適用を受けることになる。

1) CISGの構成

　CISGは，全101条からなり，第一部「適用範囲及び総則」，第二部「契約の成立」，第三部「物品の売買」及び第四部「最終規定」で構成されており，その概要は次の通りである。

① 第一部は，第1条—13条からなり，条約の適用範囲，解釈の基準，総則的事項が規定されている。
② 第二部は，第14条—24条からなり，申込と承諾による契約成立のプロセスについて規定されている。
③ 第三部は，第25条—88条からなり，売主の義務及び買主の義務について詳細な規定がされており，売主，買主それぞれの契約違反に対する救済及び，契約解除の規定を置く。契約解除については解除原因が制限されており，重大な契約違反(fundamental breach)でなければ，契約解除が認められない。そして，危険の移転に関する規定，売主及び買主の義務に共通する規定として，履行の停止と履行期前の違反，損害賠償，不可抗力による免責，契約解除の効果について定める。
④ 第四部は，第89条—101条からなり，加盟国の国際公法上の義務や留保条項，CISGの時間的適用範囲等が定められている。

2）　CISGの適用基準

CISGの適用基準については，同第1条（1）で次のように規定している。

この条約は，営業所が異なる国に所在する当事者間の物品売買契約について，次のいずれかの場合に適用する。
(a)　これらの国がいずれも締約国である場合
(b)　国際私法の準則によれば締約国の法の適用が導かれる場合

① 契約相手当事者の営業所の所在地がCISG締約国の場合

日本はCISGの締約国であるので，契約相手の営業所の所在国が条約締約国である国際物品売買契約の準拠法は，同第1条1項（a）に基づき，CISGが適用されることになる。例えば，CISG締約国である中国に営業所の在る中国企業と日本に営業所の在る日本企業との間の貿易売買契約はCISGが適用される。

② 契約相手当事者の営業所の所在地がCISGの非締約国の場合

非締約国に営業所のある当事者との貿易売買契約で，準拠法が日本法となる場合は，同第1条1項（b）に基づき，CISGが適用される。

例えば，タイに営業所の在る企業と日本に営業所の在る企業との間の貿易取引で，日本企業からの輸出契約の場合，タイ国はCISG未締約国ではあるが，国際私法の準則により準拠法が日本法と指定された場合には，CISGが適用されることになる。もう少し詳しく説明すると，例えば，法廷地が日本であり，日本の国際私法規則が適用されるなら，日本の国際私法規則は「法の適用に関する通則法」によるが，同第7条では，「法律行為の成立及び効力は，当事者が当該法律行為の当時に選択した地の法による」旨規定されており，契約書に規定される準拠法が日本法の場合，例えば，"This Agreement shall be governed by the laws of Japan."（本契約は日本法により支配される）と定められている場合はCISGが適用される。

当事者による準拠法の選択がない場合，例えば，準拠法条項が規定されていない場合，同第8条1項では，当該法律行為の最も密接な関係のある地の法，「最密接関係地」の法と定めている。同第8条2項で，同法律行為において，特徴的給付を当事者の一方のみが行うものであるときは，その給付を行う当事者の

常居所地法が「最密接関係地」の法と推定すると定めている。例えば貿易売買契約では，日本企業が輸出者となる場合，特徴的給付を行う売主（輸出者）の営業所の所在地の法が適用されることになり，日本法が準拠法となる。したがって，輸出契約においては相手当事者の事業所が非締約国であっても，CISGが適用されることになる。

3） CISGが適用される取引形態
CISGが適用される取引形態は，以下の形態が挙げられる。
① 国際物品売買契約（貿易売買契約）：その営業所が異なった国に所在する当事者間の物品売買契約（1条1項）。ただし，個人用，家族用又は家族用に購入された物品の売買は適用しない（2条(a)）。
② 継続的供給契約：物品を製造又は生産して供給する契約は適用される。ただし，その物品を注文した当事者が，その製造又は生産のために必要な材料の実質的部分を提供することを約束している場合はこの限りではない（3条1項）．又，物品を供給する当事者の義務の主要な部分が労働その他役務の部分を引き受ける場合（加工賃ベースの委託加工貿易）は適用されない（3条2項）。
③ 販売・代理店契約に基づき行われる個別売買契約が適用される。
④ プラント設備機器供給契約で，FOB型等の売買契約型の場合は，条約の適用がある。ただし，フルターンキー型プラント契約等の請負型契約は適用されない。
⑤ 仲介貿易。例えば，日本企業が中国から商品を輸入する輸入契約を締結，同時に，米国に対して商品を輸出する輸出契約を締結，商品は中国から直接，米国向けに出荷される方式がとられる場合。日中間の取引及び日米間の取引は共通した準拠法としてCISGが適用されることになる。

（3） CISGの時間的適用範囲

日本で条約が発効する2009年8月1日又はそれ以降に締結される契約（100

条2項）が適用されることになり，以前の日時に締結された契約は適用外となる。条約発効日以前に契約締結の申し入れがなされ，契約の成立が条約発効日以降の場合は，条約第二部の「契約の成立」に関しては適用されないことになる（100条1項）。

（4） CISGの適用排除
―任意規定性と合意による適用排除―

CISGは任意規定を多く含み，任意規定は，当事者の合意によって変更することができる。すなわち契約書の規定が任意規定に優先する。又，当事者合意により同条約の適用を排除することもできる。同第6条では，当事者は，この条約の適用を排除することができるものとし，第12条の規定に従うことを条件として，この条約のいかなる規定も，その適用を制限し又はその効力を変更することができる旨規定している。

同第6条に基づき，当事者合意により，同条約の適用を排除して，国家法である日本法（民法，商法）を準拠法とする旨の規定として以下の規定が考えられる。

"This Agreement shall be governed and construed in accordance with the laws of Japan, excluding the United Nations Convention on Contract for the International Sale of Goods (CISG)."

本契約は，国際物品売買契約に関する国際連合条約（CISG）を除き，日本法を準拠法とする。

5 国際的商慣習としてのインコタームズの役割

貿易取引に適用される規律には，国家法や条約の他，国際的な民間団体によっ

て作成された貿易取引条件の解釈に関する統一規則が重要な意味をもっており，国際的な商慣習法として機能している。その代表的な統一規則として挙げられるのが，インコタームズ (Incoterms) である。

(1) インコタームズとは

インコタームズとは，国際商業会議所（ICC）が作成した，貿易取引条件の解釈に関する統一規則である。例えば，貿易取引で用いられる，FOB，CIF等の定型貿易条件（Trade Terms）の解釈について，物品引渡しについての売買契約当事者のコスト負担，商品引渡場所，危険の移転，売主，買主の権利，義務，他の事項の解釈についての統一規則である。1936年に公表されて以後，1953年，'67，'70，'80，'90，2000年の改定を経て，2010年改定版が最新のインコタームズである。なお，インコタームズは売買契約に基づく売主，買主の義務を定めた規則であり，運送契約に基づく運送人と荷送人，荷主間の責任分担を規律したものではない。

インコタームズ自体は民間団体が作成した統一規則であり，直ちに法として機能するものではなく，当事者がインコタームズを採用することに合意することによって，慣習法として援用され得ることになる。

採用合意の表示の仕方には以下の方法がある。

---

① 契約書に規定されるインコタームズ採用合意条項

"The trade terms such as FOB, CIF, etc. as used in this contract shall be construed and governed by the INCOTERMS 2010."

本契約で使用されるFOB，CIFなどの貿易条件はインコタームズ2010規則により解釈され，支配されるものとする。

② 貿易条件に表示されるインコタームズの採用表示

（例）CIF New York (Incoterms 2010)

（2） インコタームズ2010規則の構成

インコタームズ2010規則は，11規則から構成されており，2種類の異なるクラスに分類して示されている。

▶いかなる（単数又は複数の）輸送手段にも適した規則
　EXW（named place of delivery）（工場渡：指定引渡地）
　FCA（named place of delivery）（運送人渡：指定引渡地）
　CPT（named place of destination）（輸送費込：指定仕向地）
　CIP（named place of destination）（輸送費，保険料込：指定仕向地）
　DAT（named terminal at port or place of destination）
　（ターミナル持込渡：仕向港又は仕向地の指定ターミナル）
　DAP（named place of destination）（仕向地持込渡：指定仕向地）
　DDP（named place of destination）（関税込持込渡：指定仕向地）

▶海上及び内陸水路輸送のための規則
　FAS（named port of shipment）（船側渡：指定船積港）
　FOB（named port of shipment）（本船渡：指定船積港）
　CFR（named port of destination）（運賃込：指定仕向港）
　CIF（named port of destination）（運賃保険料込：指定仕向港）

（3） 公法的規制による契約リスク

1） 公法的規制と法令順守

公法的規制の多くは，その実効的な実施のために罰則等の制裁を伴う取締法規が多く，貿易売買契約を締結しても，その契約を履行するためにはその規制の順守が要求され，規制に違反した場合には，刑罰の対象となる。

【事例】
安全保障貿易管理にかかる輸出規制製品である対戦車ロケット砲の部品を，顕微鏡用部品と偽って，経済産業大臣の輸出許可を受けることなく無

許可で輸出した。企業は外為法違反で当局に摘発され，懲役2年，罰金150万円の刑に処せられ，又，1年間の輸出禁止の行政制裁も課せられた。

「外国為替及び外国貿易法（外為法）」は，輸出・入取引は原則自由であるが，外国貿易及び国民経済の健全な発展のために必要最小限の管理が定められている。外為法は基本法として，輸出・入貿易管理令，外国為替令等の運営法により実施されている。

　大量破壊兵器等及び通常兵器の不拡散の観点から，安全保障に係る輸出管理については，国際輸出管理会合（ワッセナー協定）において規制すべき対象のリストが合意されており，この国際合意リストを踏まえ，技術の種類は外為法第25条の下に定められる政令（外国為替令別表）に，貨物の種類は外為法第48条の下に定められる政令（輸出貿易管理令別表）によりリスト規制がされている。規制品目に該当する場合は経済産業大臣の事前の許認可が必要とされる。外為法，輸出・入管理規制法の多くは，違反者に対して刑罰を課している。

2）　外為法違反と貿易売買契約等の私的契約の有効性

　外為法に基づく承認，許可取得の遅れ，又，不許可の場合，貿易売買契約が締結済みであるため，履行遅延，不履行問題が発生することになる。外為法に抵触する私的契約が無効となるか否かが問題となる。

　この問題は裁判例がある[3]。判決では，外為法の規定に基づいて必要とされる主務大臣の許可を得ないで行われる取引に関して，外為法の規定が取締法規であるとしたうえで，これに違反する行為は違法であるが，私法上の効力には何ら影響はなく，履行期が到来したならば，債務不履行の責任が生じるとしている。

　外為法等の公法的規制の違反に関しては，その違反が，公序に反するような違反の場合以外は，外為法違反だからといって，当然に私的契約が無効となるわけではなく，私的契約の効力には影響は及ばないと考えるべきである。したがって，外為法上の規制品目に該当する恐れのある商品の貿易売買契約では，事前に，当該商品が規制品目に該当するか否かの調査を行い，リスト規制に該

当する恐れのある貨物では，契約書において，主務大臣の許認可，承認の取得遅延，不許可の場合に対応する条件を定めておくことが大切である。

> 〔日本政府の輸出許認可取得を契約発効条件とする英文条項例〕
> "This contract shall become effective when Seller obtains an export license from the government of Japan."
> 本契約は売主が日本政府から輸出許可を入手したときに発効する。
>
> 〔日本政府の承認，許可の取得を条件とした簡単な英文条項例〕
> "This contract is subject to obtaining the necessary approvals of the Japanese Government."
> 本契約は日本政府の必要な許認可の取得を条件とする。

【注】
1) CISG第11条（方式の自由）では，売買契約は，書面によって締結し，又は証明することを要しないものとし，方式についての他のいかなる要件も服さないとしており，書面以外の方式の契約の効力を認めている。ただし，CISG第12条及び96条に従って，同第11条及び29条を適用しない旨の留保宣言を行っている締約国がある。ロシア，ウクライナ，チリ，アルゼンチン，ベラルーシ，ハンガリー，リトアニアは留保宣言を行っている。
2) 準拠法の決定自体を当事者の意思に任せることを，当事者自治の原則とか，契約準拠法に関する主観主義と呼ばれている。我が国の国際私法規則である「法の適用に関する通則法」でも，当事者自治の原則を採用しており，同第7条で，法律行為の成立及び効力は，当事者が当該法律行為の当時に選択した法によると規定している。
3) 外為法上違犯する行為は刑事上違犯であるが，私法上の効力には何ら影響はないとして，被告の債務の弁済期が到来した後は，被告に債務不履行責任が生じる（最高裁昭和40年12月13日第一小法廷判決）。

第2章

貿易売買契約の当事者，契約成立，交渉，修正，変更のリスク対策

1 直接貿易，間接貿易と契約当事者の責任リスク

　日本の製造業者が輸出・入を行う場合に，商社等を介在させて行う間接貿易，商社を介在させない直接貿易による貿易形態がある。貿易実務に不慣れな製造業者等は，外国企業と直接に取引を行うのではなく，商社等が介在して，外国企業との通信，貿易手続等をその商社に任せることになる。又，輸出・入取引で，海外に在る貿易業者が介在する場合がある。例えば，中国では，貿易を行う業者は，当局への登録が必要であり，登録された対外貿易事業者を通じての取引になることがある。又，仲介貿易（三国間貿易）では，第三国に在る企業が介在して貿易売買取引が行われる。いずれの取引形態においても，第三者が介在することで，契約当事者関係，代理，代行における契約責任問題が発生することがある。

　契約の直接の当事者という関係から，契約に基づく請求において，契約の直接当事者でない者に対して訴えても，訴えられた当事者がNo privity（直接当事者ではない）という抗弁を出すことができる。英米法では，これをPrivity of contract（直接の契約関係）という。

2　直接貿易，間接貿易と手続の代行の契約リスク

（1）　直接貿易

　直接貿易は，日本の製造業者等が外国の業者と直接に取引を行うことをいうが，この場合は，日本の製造業者と外国の業者との間に貿易取引契約が直接に交わされ，売主，買主としての契約当事者となる。この場合は，契約当事者関係，手続の代行問題は発生しない。

（2）　間接貿易

　間接貿易は，製造業者等が自国に在る商社等を通して海外の企業と輸出・入取引を行うことになる。この場合は，商社が介在して取引の代行を行うことになるが，代行の定義が曖昧であり，商社が貿易取引契約の手続代理を行う場合（図表2-1）と，商社が直接の契約当事者となる場合（図表2-2）があり，海外企業との間の契約関係（契約上の地位），法的責任の解釈が異なることから，国内の製造業者と商社との間でトラブルが発生することがある。

　　　　　図表2-1　商社が輸出・入の手続代理行為を行う場合

　　　（製造業者）→輸出・入手続代行の委任→（商社）→（海外企業）
　　　　　　↑─────────売買契約─────────↑

　　　　図表2-2　商社が輸出・入の契約当事者として商行為を行う場合

　　　（製造業者）→国内売買契約←（商社）→輸出入契約←（海外企業）

【事例】
　日本の製造業者A社は，商社B社が代行して，欧州のX社に特殊蛍光素材を輸出した。B社のA社のための手続代行については，曖昧なまま，契約書を交わすこともなく履行され，商品は欧州のX社に引き渡された。程なくして，B社はX社から商品品質のクレームを受け，B社は，A社に連絡をとり，X社のクレーム処理交渉を遂行して，最終的にX社に対しては一定額の和解金を支払い，円満に解決をした。B社はX社に支払った和解金の処理について，A社の手続代理をしているとして，全額救済をA社に求めたが，これに対して，A社は，B社のX社への和解金の支払は承知していないことであり，又，A社とB社との間の国内売買としてB社に売却した商品であり，契約通りの商品を，指定の国内倉庫に納品しており，品質上の問題はなかったとしてB社の求めに応じなく，紛争に発展した。

　商社が代行する間接貿易では，国内の製造業者と商社との間の契約関係が曖昧になりがちである。取引がスムースに行われている場合は問題ないが，外国企業との間のトラブルが発生すると，製造業者と商社との間の契約関係が問題となってくる。商社の代行において，商社が製造業者の代理行為を行っているなら，対外国企業との間の契約責任は製造業者に帰することになる。これに対して，代理行為ではなく，製造業者と商社との間で国内売買が行われている場合もあり，この場合は，対外国企業との間の契約責任は商社にあることになる。
　事例では，双方の取引の役割，責任の所在の曖昧さから，代行の解釈で対立してしまい紛争にまで発展している。このような紛争を予防するためには，製造業者と商社との間で，当事者の取引上の地位，契約関係，又，商品代金，納期遅延，品質問題が発生したときのそれぞれの役割，責任分担を明確して，製造業者と商社との間で契約書を交わしておくことが大切である。

3　外国に在る貿易業者による代理，代行の契約リスク

　輸出・入貿易で，海外に在る貿易業者が介在する取引は中国においてよくみられる。中国では，貿易を行う業者は貿易登録が必要であり，貿易登録を行っていない業者との取引は，その貿易登録業者を介しての取引となる。この取引では，介在する貿易登録業者の契約上の地位が問題となる。

> 【事例】
> 　日本のA社は，中国の貿易登録業者B社を介して上海X社に商品を輸出することになり，B社作成の中国語の契約書が交わされ，インボイス後30日払い決済で，A社は上海向けに商品を船積した。ところが，決済日になっても支払がないので，B社に催促したところ，B社は，契約の直接当事者ではなく，あくまでもX社の代理行為をしており，又，契約書には，A社への支払は，X社からB社への支払が条件となっているが，B社はX社からの支払を受けていないので，A社に対する支払義務はないとして，A社の支払請求に応じなかった。

　中国では，日本のように商取引，貿易は自由に行うことができなく，許可主義，登録主義を採っている。営業許可証のない企業の商行為，又，営業許可証の経営範囲を逸脱する商行為は無効とされる。又，貿易手続に関しては，中国対外貿易法に基づき，貿易経営活動に従事する対外貿易事業者は当局への届出・登録義務があり，登録された対外貿易事業者は，他人の委託を受けて対外貿易業務を代行することができるとされる。日中貿易取引では対外貿易事業者が介在する取引が多いが，事例のように，対外貿易事業者の契約上の責任関係が曖昧となることが多い。トラブルが発生した場合に，対外貿易事業者は，直接の契約当事者ではないとして，契約責任を逃れてくることがある。又，契約書の条件に，「商品代金の支払は代金受領後」としている条件も見られる。日本企業にとり非常に不利な条件であり，契約書の内容を十分にチェックしないために，そのような不利な条件を見落としていることが少なからずある。

対中国貿易同様に，国境を越える貿易取引では，取引相手企業の信用性，信頼性が重要であり，企業調査，信用調査を行い，相手当事者の事業形態，資格，事業規模，支払能力などを確認しておくべきである。

貿易売買契約が，本人対本人としての取引契約なのか，代理商が介在する取引契約なのか，例えば，事例のように契約書に表示される輸入者の背後に買主がいて，輸入者はその代理として行動している場合がある。契約上の買主が誰であるかということは，代金の支払，契約の他の履行義務に関係してくる。契約当事者関係を明確にしておくことは，事例のようなトラブルのリスク対策にもなる。又，契約当事者の責任範囲を明確にし，交渉合意された諸条件をまとめた契約書を作成しておくことが大切である。

本人対本人の取引である旨の契約当事者関係（privity）の規定は，次のようになる。

> "The business between ABC and XYZ shall be transacted between the Seller and the Buyer on a principal to principal basis."
>
> ABCとXYZとの間の取引は，売主，買主間の本人対本人を基本とする取引である。

4　仲介貿易（三国間貿易）の契約リスク

仲介貿易は，輸出国，輸入国のそれぞれの業者が直接に取引を行わないで，第三国の業者が介在して貿易が行われる。例えば，我が国の仲介者が，外国相互間の当事者の間に立って，契約当事者として，輸出国業者とは売契約を，輸入国業者とは買契約を行い，貨物は我が国を経由しないで，直接輸出国から輸入国へ移動し，代金決済は輸入国から代金を受け取り，輸出国へ代金を支払う形式をとる貿易をいう。その代金の受取りと支払の差額が仲介者の利益となる。仲介貿易では，輸出契約と輸入契約との別個独立した売買契約の組み合わせと

図表2-3　三国間貿易（J国A社仲介の仲介貿易）

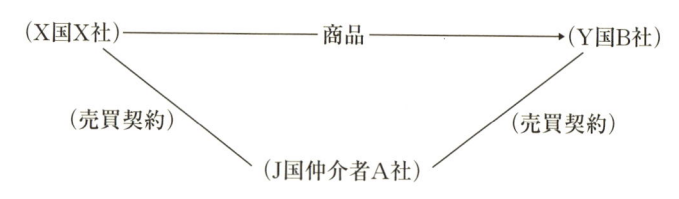

```
（X国X社）――――――商品――――――→（Y国B社）

　　（売買契約）　　　　　　　　　　（売買契約）
　　　　　　　（J国仲介者A社）
```

　例えば，図表2-3のように，J国の仲介者A社とY国のB社との間に売買契約が締結され，A社は売主の立場となる。又，仲介者A社とX国のX社との間にも売買契約が締結され，A社は買主の立場となる。X国でX社が製造した商品はX国からY国に移動し，直接Y国のB社に引き渡される。このような取引では，仲介者A社は，契約商品の納期や品質などの管理責任，契約責任があり，トラブルが発生した場合に，契約の直接当事者としての契約責任を追及される恐れがある。

【事例】
　J国の商社A社は，Y国のB社に対して，運搬機器をJ国から直接にY国に輸出をしていたが，商品調達のコスト面で採算が合わなくなってきたため，A社は，X国のX社に製品の製造を委託して，製品を直接にX国からY国向けに出荷する仲介貿易を行った。
　X社が製造した製品がY国B社に引き渡されたが，製品の品質上の欠陥が発生，A社はX社に技術者をY国に派遣して修理を行うように要請して，X社の技術者が現場で修理を行ったが，改善されなかったため，Y国のB社は契約上の売主である仲介者A社に対して，契約の直接当事者としての契約責任を追及して，契約解除，返品，損害賠償を求めてきた。
　A社は，X国のX社に対してY国のB社の要求に応じるように再三請求したが，請求に応じてこなかった。A社は，契約直接当事者としての契約責任を負わざるを得なくなり，最終的に，B社の請求を受け入れて，A社とB社との間で和解により解決した。その後，B社との和解によりA社が負担した賠償金等の請求をX社に行い，A社とX社との間で交渉が行われたが，交

渉が決裂してしまった。X社とは正式な契約書を交わしていなく，契約条件が曖昧であり，又，紛争解決条件の合意もなく，効果的な解決が図れなく，結果的に，A社にとり不満足な和解を強いられた。

　仲介貿易では，仲介者の立場から，商品の品質，納期，決済等などのトラブルが発生した場合には，輸出者として，又，輸入者としてのリスクの多い取引となる。例えば，品質条件，納期，決済条件等は，仲介者が輸出契約において，負担する義務条件について，輸入契約においてその義務負担のリスクヘッジをしておく必要がある。又，紛争が発生した場合に備えて，「紛争解決条項及び準拠法条項」を統一しておくことが大切である。例えば，売契約，買契約の双方の契約書の紛争解決条項を統一させるために，双方の契約書に，仲裁地を日本とする仲裁条項を規定することで，紛争処理方法及び紛争処理地を統一しておくこと，又，契約の準拠法を日本法に統一しておくことで，万が一，事例のような紛争が発生した場合には，統一の紛争処理規定，準拠法規定に従って紛争処理がなされることにより，迅速，効果的な解決が可能となる。

5　貿易売買契約の成立，交渉リスク

（1）　契約の成立と方式について

　一般に契約は申込と承諾により成立する。しかし，契約の種類，準拠法により，契約成立要件は異なってくる。日本法等の大陸法系では，契約は申込と承諾により成立するが，英米法系では，大陸法系にはない概念である約因 (consideration)[1] が契約成立要件とされていることに注意しなければならない。又，米国では，詐欺防止法 (statute of frauds) の適用があり，一定額以上の売買契約は契約書が必要とされる[2]。

　国際物品売買契約を対象とする統一私法であるCISGでは，同第11条で，売

買契約は，書面によって締結し，又は証明することを要しない…とし，方式について他のいかなる要件にも服さないとしている。

（2） 貿易売買契約の成立と交渉における諸問題

貿易売買契約では，様々な取引の種類，形態があり，契約成立に至るまでの過程，交渉の方法は異なる。主に単発取引で行われる申込・承諾型方式と，長期継続的取引で行われる交渉積み上げ型方式に大別されるが，それぞれの交渉過程において発生する問題，リスクも異なる。

実際の取引交渉では，単発取引における申込・承諾型方式での契約成立過程の問題と長期継続的取引における交渉積み上げ型方式での，交渉決裂における結果責任，交渉途中の合意文書から発生する問題がある。

（3） 申込・承諾型方式での契約成立過程に伴うリスク

申込・承諾型方式では，申込の誘引，申込，申込の撤回，承諾，条件付承諾書式の戦いが問題となるが，CISG第14条—第24条に契約の成立に関する詳細な規定が置かれている。

1） 申込と申込の誘引との関係について

貿易売買契約では，輸出者（売主）と輸入者（買主）との間で，一方当事者が相手方に詳細，具体的な申込の条件を提示して，その申込に対して相手方の無条件の承諾により契約が成立する。

図表2-4　申込と承諾による契約成立
（1）　A ——————（申込）——————→ B
（2）　A ←——————（承諾）—————— B

実際のビジネスでは，申込と承諾により一発で契約が成立することは稀有で

あり，e-mail，ファックス，郵便，電話等を利用して何回も条件交渉が行われる。申込に関しても，申込の前の段階から接触があり交渉が行われるのが通常である。例えば，輸入者が，輸出者が作成した商品カタログ，価格表，見積書，見本等の販促資材等を見て，輸出者に対して当該商品の売買に関する詳細，具体的な条件の提示を求める。この行為を貿易実務では，インクワイヤリ (inquiry)，引き合いというが，これは申込ではなく申込の誘引 (invitation to offer) とされる。これに対して，輸出者からの申込として詳細条件を輸入者に提示することが，申込となり，輸入者がその申込を承諾することで契約が成立することになる。

　CISGでは，申込と申込の誘引を区別した規定がおかれている。申込とは，①特定の者に対してした契約を締結するための申し入れであり，②それが十分に確定し，かつ，承諾があるときは拘束されるとの申し入れをした者の意思が示していなければならないとされる（14条1項）。物品を示し，その数量及び代金を定めている申込は，十分に確定しているとされる。なお，申込は相手方に到着したときにその効力が発生する（15条1項）。

　これに対して，不特定の者に向けられた申し入れ，申込の要件を満たしていない申し入れを申込の誘引 (invitation to offer)（14条2項）としている。申込の誘引では，それに対して承諾があっても契約は成立しない。例えば，貿易実務でoffer（申込）という用語で利用されている，先売り御免の申込（例えば，we offer … subject to prior sale)，又，当方確認条件申込（例えば，we offer … subject to our final confirmation) 等が申込の誘引とされる。

図表2-5　申込の誘引による契約成立

（1）　A ──────（申込の誘引）──────▶ B

（2）　A ◀──────（申込）──────── B

（3）　A ──────（承諾）────────▶ B

2） 申込の修正，撤回について

貿易実務では，通常，free offer（自由申込）と承諾回答期限を付したfirm offer（確定申込）が利用される。自由申込と確定申込における，修正，撤回の法解釈はどうなっているかというと，CISGでは，申込は撤回ができるとしている（16条1項）。これは"free offer"に該当する。しかし，申込が一定期間の承諾期限を定めて，撤回ができないことを示している場合には撤回ができないとしている（16条2項）。これは"firm offer"に該当する。国家法では，国によりその解釈は異なる。日本法では，承諾期間の定めのある申込は撤回できない（民法521条1項）としており，又，承諾の期間の定めのない申込は，相当な期間を経過するまで撤回できない（民法524条）とされている。他方，英法では，約因の法原則により，申込は，書面でかつ一定の対価が伴わない限りは，撤回できるとされる。英法系諸国と日本法では申込の撤回可能性の解釈が異なることに注意が必要である。貿易売買契約の交渉において，申込の撤回可能性の法解釈の違いから紛争が発生した事例がある。

【事例】
オーストラリア企業A社は，日本企業B社に対して穀物の売申込を出した。A社の申込の通知はB社に届いていた。その後，大豆の相場が急騰した。A社は，申込の条件の価格では大赤字となるため，B社に対して，申込の撤回通知を出した。英法系のオーストラリア企業であるA社は，申込は撤回できるとされているので，撤回通知は有効であると考えていた。一方，A社からの撤回通知を受け取ったB社は，反対に，A社に対して承諾の通知をした。B社としては，日本の民法では申込は撤回不能であり，当然に契約は成立しており，B社は，A社が契約に基づく履行義務があると考えていたので，契約通りに穀物の引渡しをA社に請求した。これに対して，A社は，契約は成立していないのであるから履行義務はないと主張して，両者の間で，契約の成立を巡り紛争となる。なお，A社の申込は，承諾回答期限を付した確定申込（firm offer）であった。

事例では，国境を越えて営業所の在る当事者の間の物品売買契約であり，オー

ストラリア，日本両国ともCISG加盟国であり，同第1条1項 (a)（いずれも締約国である場合）に基づきCISGが準拠法として適用されることになる。さて，申込は相手に到達したときにその効力を生ずる（15条1項）。B社はすでに申込通知を受領しており，申込の効力は発生していた。A社の撤回通知は，その効力発生後になされている。事例では申込の撤回可能性が争われたが，同第16条2項に基づくと，承諾期限を付けている確定申込は撤回不能となる。A社の申込は，承諾回答期限付きの確定申込であるので撤回ができないことになる。したがって，B社の承諾により契約は成立することになり，A社は契約に基づき履行義務が生ずることになる。

3）承諾について

　CISGでは，申込に対する承諾は，同意の表示が申込者に到達したときにその効力が生じる（18条2項）。申込に対する同意を示す相手の言明その他の行為は承諾とするとして，沈黙又はいかなる作為も行わないことは承諾とはならないとしている（18条1項）。日本法では，商人間の平常取引での申込に対する沈黙は承諾とされる（商法509条2項）点が異なる。継続的取引契約で，沈黙による承諾による契約成立を考える場合には，基本契約において，申込に対する回答期限を定めて，その期間以内に通知がない場合は承諾と見なす旨の規定を設ける必要がある。

　承諾の要件は，申込に対する無条件，無修正の承諾である。CISGでは，承諾に，追加，制限その他の変更を含むものは，申込の拒絶となり，反対申込となるとしている（19条1項）。日本法でも，申込に変更を加えた承諾は，申込の拒絶とともに新たな申込をしたものとみなす（民法528条）としている。

4）付随的条件追加した承諾

　CISGでは，申込に対する承諾に追加的な又は異なる条件が含まれる場合でも，その条件が申込の内容を実質的に変更しないときは，その相違に申込者が異議を述べない限りは承諾とされる（19条2項）としている。日本法では，承諾は鏡像の原則（mirror doctrine）を採用しており，申込と承諾は完全に一致

しなければ契約は成立しない。

　CISGの下では，例えば，主要な条件を中心に商談をして合意に達した段階で，一方の当事者から商談成立の確認書面が送られてきて，このような書式が送られてきた場合には注意して内容を確認して，その書面に合意した内容以外に付随的な条件が追加されている場合は，相手方に適宜に異議を述べて，付随的条件の削除を要請しておかないと，契約の一部を構成することになる。

5) 付随的条件が実質的変更とみなされる場合

　CISGでは，付随的条件追加の承諾であって，特に，代金，支払，物品の品質若しくは数量，引渡場所，若しくは時期，当事者の一方の相手方に対する責任の限度又は紛争解決に関するものは，申込の内容を実質的に変更を加えたものとされる（19条3項）。そのような承諾は，申込の拒絶であり，反対申込となる。

　貿易売買取引では，印刷書式を用いた確認書が送付されることが少なからずある。そして，その印刷書式の裏面に一般条項 (general terms and conditions) として印刷書式作成者に有利な条件が印刷されていることがあるが，その一般条項には，実質的変更とみなされる条件，例えば，品質保証制限条項，紛争解決条項等が含まれていることが多く，そのような条項が含まれる印刷書式の場合は，申込の拒絶であり，反対申込となる。

6) 行為による承諾

　主要条件が合意された後，相手方から送付される裏面に一般条項が印刷されている印刷書式をうけとって，商品を船積したり，信用状を開設することが多くあるが，このようなケースでは，印刷書式が反対申込となり，行為による承諾になる恐れがある。CISGでは，相手方が申込者に通知することなく，物品の発送又は代金の支払い等の行為を行うことにより同意を示すことができる場合には，承諾は当該行為が行われた時にその効力を生ずるとしている（18条3項）。

─【事例】─
　主要条件の交渉が合意に達した段階で，海外企業から裏面に一般条項が印刷された書式（Purchase Confirmation）が送付されてきた。印刷書式には，追加条件に厳しい品質保証責任規定が置かれていた。その書式を受け取った日本企業は，その内容を吟味しないで，早速に商品を出荷した。後日，引き渡した商品の品質上の紛争が発生して，印刷書式の追加条件の品質保証条項の適用を巡って争われた。

　事例の追加条件を付した印刷書式は反対申込となり，日本企業が，何らそれに異議を述べないで，船積履行したことは，裏面条項を含む条件の申込に対する行為による承諾と解され，結果として裏面条項が契約書の一部として適用されることになる。

7）書式の戦いについて

　輸出・入取引を行う業者は自社の印刷書式（輸出用は"Sales Confirmation"，輸入用は"Purchase Confirmation"）を備えていることが多い。売買契約交渉の結果，合意に達した段階で，お互いの印刷書式が相互に送付されることがあるが，印刷書式が交錯して，いずれの書式が採用されるかが争われることがある。これを書式の戦い（battle of forms）という。

　書式の戦いの原因となるケースは，以下の通りである。

① 交渉は主要条件を中心にメール，電話などで交渉し，申込と承諾により契約は成立しているが，その後にそれぞれの当事者が自己の書式を送りつけることで，書式が交錯する場合。

② 申込と承諾が先行しないで，自己の印刷書式，例えば注文書を送りつけ，これに対して他方は売約書を送りつけることで，それぞれの印刷書式が交錯する場合。

　いずれの場合も，印刷書式の表面の条件，例えば，商品，数量，価格，決済等は一致しているが，裏面に印刷されている条件の内容が異なっている場合に，契約が成立しているのか，又，契約が成立しているとして，いずれの書式の印

刷条件が採用され，適用されるのかという問題が発生する。

書式の戦いにおける解決においては，解釈原則として，ラストショット原則，又は，ノックアウト原則が問題解決に大きな影響を与える。

▶ラストショットの原則

ラストショット原則（Last Shot Doctrine）とは，最後に発砲したものが勝つことを意味している。最後に送付した当事者の印刷書式の一般条件が適用される原則をいう。一般に，裏面約款には，品質や紛争解決条項が規定されており，そのような条項が規定されている裏面約款の条件は実質的変更とみなされて，反対申込となる。この書式を受け取った当事者が，拒絶や修正の通知をしないで，履行をした場合，例えば，印刷書式が相互に交換される場合，最後に印刷書式を受け取った場合，その書式が反対申込となり，船積の行為，又は支払の行為により承諾したとみなされることになる。結果として，最後に発送された印刷書式が採用されることになる。

CISGでは，第19条2項及び3項が適用され，付随的条件の追加，修正による応答に関して，その内容が実質的に変更する条件の場合は，反対申込となり，第18条3項により，最後に印刷書式を受け取り，船積行為，支払行為をした場合は，行為による承諾とみなされる。

▶ノックアウトの原則

ノックアウト（Knock Out Doctrine）の原則とは，当事者双方が送付した印刷書式の一般条件の共通する同内容の条件は採用して，不一致の条件は適用しないで，準拠される法律の解釈に委ねる原則のことをいう。ユニドロワ国際商事契約原則（2010）[3]では，第2.1.22条（書式の戦い）で，当事者双方が定型条項を使用し，これ等の定型条項外については合意に達した場合は，契約はその合意された内容及び定型条項のうち内容的に共通する条項に基づいて締結されたものとすると規定している。

ただし，当事者の一方が，そのような契約に拘束される意思のない旨をあらかじめ明確に示し，又は事後に不当に遅延することなく相手方に伝えたときにはこの限りではない。

以上のような問題を避けるためには，基本契約書を締結して，詳細条件を予め取り決めて，個別売買契約を行うことが大切である。基本契約書を交わさないで，印刷書式のみを利用する場合には，自社の発行する印刷約款に相手方の署名を取り付けることが大切である。

（4） 交渉積み上げ型方式での交渉途中の合意書と交渉決裂問題

長期継続的取引の契約成立過程は交渉積み上げ型方式となり，交渉が長期に及ぶことで，交渉上の様々な問題，リスクが内在する。例えば，交渉途中に交わされる，正式契約書締結前の予備的合意書の法的性格，交渉が決裂したことで発生する結果責任問題が内在する。CISGでは，これらの問題についての規定はおかれていない。これら諸問題については，法の一般原則か，国家法に委ねられることになる。

> 【事例】
> 日本企業の飲料メーカA社とインドネシアの飲料メーカB社は，インドネシア市場でA社の製品の販売展開をする目的で，独占的販売店契約の契約交渉を始めた。両者の基本的合意事項がまとまり，交渉途中の段階でレター・オブ・インテントを交わした。交渉はさらに展開していたが，A社は突然に交渉を打ち切り，B社に終了通知をした。B社は，契約の成立を見込んですでに宣伝の準備に入っており，テレビ，新聞等の広告媒体を利用して宣伝広告を始めようとしていたところであった。B社は，すでに合意書が交わされており契約は成立しているとして，又，突然の交渉打ち切りは不誠実であり，信義に反するとして，A社に再考を求めてきた。これに対して，A社は，当事者は自由に交渉することができ，合意に達しなかったことの責任は負わないと主張し，B社の求めを拒絶したため紛争に発展した。

国際取引の契約交渉では，交渉途中に，それまでにまとまった交渉合意事項をまとめて合意書が交わされることがある。この合意書は一般にレター・オブ・インテントと称される。合意書の標題に，"Letter of Intent" とか

"Memorandum of Understanding"などと記される。この合意書は，一般に，最終契約締結のための予備的合意と解されているが，契約が成立しているとみなされることもある。ケースにより，又，準拠法によりその解釈は異なってくる。事例のように，レター・オブ・インテントの法的性格を巡って，争われることがある[4]。

レター・オブ・インテントによって契約が成立したと受け止められることを避けるためには，その合意書に，"This letter does not create a binding and legal obligation and is subject to formal contract."（本状は拘束的，法律的義務をもたらすものではなく，又，正式契約書を条件とする）という趣旨の規定を挿入しておく必要がある。

事例では，B社は，突然の交渉打ち切りは不誠実であり，信義に反すると主張して，A社に結果責任を追及している。交渉決裂の結果責任が争われることは少なからずあるが，ユニドロワ国際商事契約原則（2010）では，第2.1.15条2項で，交渉を不誠実に行い又は交渉を不誠実に破棄した当事者は，相手方に生じた損害につき賠償の責任を負うと規定している。我が国でも，契約締結上の過失を認めた判例がある[5]。

6 完全合意条項と契約の修正，変更リスク

（1） 完全合意条項とは

契約の成立に至るまでには，契約交渉が積み重ねられており，口頭，文書による約束，コミット，合意がなされており，最終契約書はそれらを統合して作成されるものである。したがって，契約当事者の意思を解釈する唯一の根拠であることを明確にしておく必要がある。完全合意条項は，契約書が当事者間の唯一，完全な合意であり，それ以前の口頭，文書の約束，合意等に優先する趣旨の確認規定がなされる。統合条項 (merger clause) ともいわれる。

(2) 口頭証拠排除の原則と完全合意条項

英米法の法則に，口頭証拠排除の原則（Parol Evidence Rule）がある。口頭証拠排除の原則とは，契約書（contract），捺印証書（deed），遺言書（will）について，書面化された合意内容ないし意思内容と異なることを他の口頭証拠又は文書証拠を用いて証明することを許さないという原則である。Parol（口頭）となっているが，文書証拠も許されない。最終契約書に調印されたら，その契約書と異なることを口頭，書面の証拠を用いて証明することを許さないとするものである。この原則を反映して，英文国際契約書には，ほとんどの契約書に完全合意条項が規定されている。

日本を含む大陸法にはこのような法原則の概念はない。又，CISGにもこれに類する規定はおかれていない。一方，第11条で，契約成立の方式は自由であることを原則としており，書面によって締結し，又は証明することを要しないとして，方式について他のいかなる要件にも服さないとし，証人を含みあらゆる方法によって証明することができると定めており，さらに，同3項で，当事者の一方が行った言明その他の行為は，相手方が当該当事者の一方の意図を知り，又は知らないことはありえなかった場合には，その意図に従って解釈すると定めている。CISGでは，口頭証拠排除の原則は採用されていなく，書面，契約書の内容のみが当事者間の合意として限定されるわけではない。

完全合意条項は，契約書を第一優先の解釈基準とする当事者間の合意であり，契約書に規定される「完全合意条項」は，CISG第6条に基づき当事者の合意により修正，追加されたことになり，完全合意条項の趣旨が，原則として尊重されることになる。

法の一般原則として影響力のある，ユニドロワ国際商事契約原則（2010）では，完全合意条項が存在するときは，先行する言明又は合意についての証拠により，その契約の内容が否認され又は補充されてはならないとしている（2.17条）。

(3) 完全合意条項の英文規定

英文国際契約書に規定される完全合意条項例を，以下に示す。

"This Agreement constitutes the entire and complete agreement among the parties concerning the subject matter of this Agreement and supersedes all prior agreements. There are no representations, inducements, promises or agreements, oral or otherwise among the parties not embodied in this Agreement."

本契約は本契約の対象事項に関する当事者間の唯一完全なる合意を構成し，全ての以前の合意に優先する。本契約書に含まれていない，口頭又は他の方式の当事者間のいかなる表示，誘引，約束又は合意も存在しない。

(4) 修正，変更条項 (Amendment Clause)

契約締結後に，修正，変更の必要性が発生した場合に，その修正，変更の方式が問題となる。CISGでは，契約成立の方式は口頭でも認められており（11条)，又，その修正，変更も口頭でも認められる（29条1項)。

契約の重要事項に関して口頭による修正，変更を認めることは，法的安定性に欠けることになるので，書面により，かつ両当事者の適法に授権された代表者が署名することを要件とする趣旨の規定を契約書に設けておくべきである。

第29条2項では，合意による変更又は終了を書面によって行うことを必要とする旨の条項を定めた書面による契約は，その他の方法による合意によって変更し，又は終了させることはできないと定めている。

実務面で注意しなければならないことは，同項の但し書に，当事者の一方は，相手方が自己の行動を信頼した限度において，その条項を主張することができないと定めている。継続的取引契約では，年月が経つにつれて，取引条件等を書面によらずに変更してしまっているケースは少なからずあるが，その場合は，

相手方もそれを信用して取引が行われており，書面によらずにすでに変更されていると解釈される懸念があることに留意しておく必要がある。契約書に修正，変更条項を設けて，かつ，実務面においても，契約条件の修正，変更は，口頭ではなく，必ず書面で行うことを心がけることが大切である。

(5) 修正，変更条項の英文規定

契約後の修正条文は以下のような規定となる。

> "No amendment, change from this Agreement shall be binding on any party unless executed in writing by the duly authorized officers or representatives of the parties hereto."
>
> 本契約書からのいかなる修正，変更も本契約当事者の正当に権限を有する役員又は代表者により書面で締結されない限り拘束するものではないものとする。

(6) 完全合意条項に修正，変更条項を組み入れた英文規定

英文国際契約書では，完全合意と修正，変更の条項を組み合わせて，完全合意条項規定が設けられることが多い。以下に英文例を示す。

> "This Agreement constitutes the entire and complete agreement among the parties concerning the subject matter of this Agreement and supersedes all prior agreements. There are no representations, inducements, promises or agreements, oral or otherwise among the parties not embodied in this Agreement. No amendment, change from this Agreement shall be binding on any party unless executed in writing by the duly authorized officers or representatives of the parties hereto."

> 本契約は本契約の対象事項に関する当事者間の唯一完全なる合意を構成し，全ての以前の合意に優先する。本契約書に含まれていない，口頭又は他の方式の当事者間のいかなる表示，誘引，約束又は合意も存在しない。本契約書からのいかなる修正，変更も本契約当事者の正当に権限を有する役員又は代表者により書面で締結されない限り拘束するものではないものとする。

【注】
1) 英米契約法の下では，simple contract（単純契約）とdeed contract（捺印契約）とに大別できる。単純契約の方式は自由（口頭，行為，書面）であるが，拘束力が認められるには，約因（consideration）が必要とされる。約因とは，約束者と受約者が利益，不利益の交換，約束者の約束の引き換えに求め，受約者が約束者の約束と引き換えに与えた履行又は約束である。約因は単純契約の成立要件であり，約因を欠けば，捺印契約を締結しない限り契約は成立しない。
　　捺印契約は，単純契約書に一定の法的効果を与える証書である。捺印契約は方式契約であり，契約書に署名して，Seal（印影）を押し，そして，契約相手方に交付しなければならない。
2) 米国のモデル契約法（各州が採択している）である統一商法典（Uniform Commercial Code）Section 2-201 (statute frauds) では，500ドル以上の物品売買契約は契約書がなければ法的に効力がなく，裁判所で強制できない。
3) ユニドロワ国際商事契約原則（2010）とは，私法統一国際協会（UNIDROIT）が国際商取引契約のための一般的準則を定めるために作成したものである。同原則は国家法でも条約でも，モデル法でもなく各国の契約法及び債権法に共通する原則を要約したものである。仲裁事件において，これをlex mercatoria（商慣習法）として，これに準拠した仲裁判断を下す例がある。
4) アイスランド法人と日本法人との間で作成されたレター・オブ・インテントについて，日本法による契約の成立が否定された事件（東京高裁平成12年4月19日判決：平成12年（ネ）大317号）。
5) マレーシア企業と日本の総合商社との間の林業共同開発合弁事業の交渉において，同交渉を挫折させた日本の総合商社の契約締結上の過失による結果責任を認めた事件（東京高裁昭和60年3月17日判決：昭和60年（ネ）2126号，2223号）。

第3章

貿易売買契約の主要条件の各種条件，条項のリスク対策

1 当事者記述の規定に伴うリスク

　英文国際契約書では，契約書冒頭部分に，取引の主体となる当事者の名称，法人の設立準拠法，及び住所を記載して契約当事者を特定する。

> "XYZ Corporation, a corporation duly organized and existing under the laws of Japan, having its principal place of business at XXX, Japan."
>
> 日本国XXXに主たる事務所を有する日本の法律に基づいて設立され，現存する法人であるXYZ株式会社。

　国際取引では，取引主体が企業である場合，その企業がいずれの国の法律に基づいて法人格が認められているか，又，その主たる営業所の所在地はどこであるのかを示すために，当事者の記述では，当事者の名称，法人の設立準拠法と主たる営業所の住所を記載する。

契約書に当事者の名称，営業所の所在地が正式，正確に記載されているか否かを確認する必要がある。当該契約に基づく通知の宛先，又，仲裁や訴訟となった場合には，当事者への宛先となるので，誤った不正確な記載では手続遅延の原因になることもある。又，契約交渉の相手当事者と契約書に記載されている当事者，及び署名欄の当事者の名称が異なっていることがあり，履行の段階で問題が発生することがある。

【事例】
AA社は，BB社と契約交渉を重ねていたが，BB社側からは，BB社のアジア地域総支配人であるX氏を通じて，最初に送られてきたBB社使用の契約書雛形を基に契約交渉をしていた。交渉は最終段階に入り，BB社側のX氏から最終の英文契約書ドラフトが送られてきた。そのドラフトに規定された当事者の記述には，BB社の子会社であるY社となっていた。又，契約書の署名欄には，X氏がY社の代表者として署名をしていた。AA社は，当事者の記述の部分及び署名欄を見過ごして，その契約書にAA社の代表者が署名をした。後日に，契約履行上の問題が発生して，AA社が契約書を見直したところ，契約書に規定されている当事者はBB社ではなく，BB社の子会社であるY社となっていることを初めて知ったという。

事例のように，契約交渉の相手当事者の名称と契約書に記載される当事者の記述が異なっている場合，交渉当初において想定していた当事者と異なり，契約履行の段階で，トラブル，紛争が発生した場合に，契約責任を追及する相手当事者が異なり，その解決に障害が発生することになる。

又，当事者記述，又は当事者の定義において，当事者にその子会社が含まれていることもあるが，当事者に子会社が含まれている場合，当事者の範囲が広がることで，契約に基づいて当事者に開示される秘密情報等の保護管理に支障が生じたりすることがある。

事例のような問題を避けるためには，当事者の記述を見過ごすことがないように，当事者の記述，署名欄の当事者の記述を慎重にチェックすることを心がけ，いずれの当事者と契約を交わすのかについて当事者確認を行うことが大切

である。又，登記簿謄本，法人証明書等によって，法人としての存在の確認をしておくべきである。中国企業との取引では，営業許可証のない企業の商行為，又，営業許可証の経営範囲を逸脱する商行為は中国では無効とされるので，営業許可書等によって，当該取引の資格の有無についての確認を行うことが大切である。

　英文契約書フォームでは，通常，契約書冒頭の前文の部分に当事者の記述に加えて契約日が記載される。冒頭記載の契約日は，通常契約の始期（発効日）とされることが多い。以下に契約書の冒頭部分に記載される，当事者と契約日の英文例を挙げる。

　This Agreement made and entered into as of __ day of ___, 201 __ by and between ABC Ltd. a corporation organized and existing under the laws of Japan, having its principal place of business at ____ (hereinafter called "Seller"), and XYZ Corporation, a corporation organized and existing under the laws of _____, having its principal place of business at (hereinafter called "Buyer")
　　　　　　　　　WITNESSETH：

　本契約は，日本国法に基づき設立され存続する会社であって，その主たる事務所を_____に有するABC Ltd.（以下，「売主」と称する）と_____法に基づき設立され存続する会社であって，その主たる事務所を_____に有するXYZ Corporation（以下，「買主」と称する）との間に201__年___月___日に締結され，以下のことを証する。

2　商品の指定に伴うリスク

（1）商品の指定

　売主が買主に対して引き渡される商品を特定するために，契約書に契約商品の明細を規定する。商品の名称，規格，商標，原産地，品質（例えば，見本，仕様書），包装等の明細を規定することで契約商品が特定される。
① Brushless Motor Roller
（Brushless Motor Rollerの標準品）
② Brushless Motor Roller MR-500 bearing "FIVE STAR" brand, specification No.K340, made in Japan
（Brushless Motor Rollerであるが，MR-500品番の，"FIVE STAR"の商標の日本製で仕様書番号K340の商品）
　商品の明細は，商品の契約適合性に関係してくることに留意する必要がある。ウィーン売買条約（以下，CISG）第35条1項では，売主は，契約に定める数量，品質及び種類に適合し，かつ，契約に定める方法で収納され，又は包装された物品を引き渡さなければならないと規定している。
　売主にとり留意しておかなければならないことは，売主は，契約書で規定された商品の明細を全て満たす契約商品を買主に引き渡す義務が生ずることになる。前述の①と②とでは商品の引渡しに関する売主の義務の範囲が異なってくる。売主は，契約書で規定された商品明細の全ての項目を満たさなければならない。明細の一項目でも違反があれば，不適合な商品を引き渡したことになり，売主は契約違反となる。
　買主にとっても，曖昧な商品の表示は避けなければならない。曖昧な商品表示はトラブル，紛争の原因となる。

【事例】
　フライドチキンに使用される"Chicken"の売買で，契約書の商品の表示

には"Chicken"とのみ記載されていた。売主が納品したChickenはOld Chickenであったため，Fried Chickenの加工には適さなく，買主は，物品の不適合を理由に，商品の受領拒絶，代替品としてYoung Chickenを請求した。売主は，契約書記載通りの商品であるとして，買主の請求を拒絶し，双方の主張が対立し紛争に発展した。

　事例は，契約書に契約商品の正確，詳細な記述とその使用目的を明確し示すことの重要性を示唆している。

　例えば，フライドチキンに加工するのに適したChicken を購入するために輸入契約を締結する場合，契約書の商品表示に"Chicken"のみの記載では不十分である。このような曖昧な表示は，避けなければならない。フライドチキンに加工するのに適したChickenはYoung Chickenであり，Old Chickenはフライドチキンの加工には適さない商品である。契約書に商品明細が単に"Chicken"と記載されていて，引き渡された商品がOld Chickenの場合，売主が契約通りに履行したことになるのか，又は，買主が，売主の重大な契約違反により，商品を受領拒絶して，代替品のYoung Chickenを請求できるかが問題となり，その解釈を巡って争われることになる。このような事態を避けるためには，契約書の商品表示において，"Young Chicken fitness for the Fried Chicken"（フライドチキンに適したYoung Chicken）と，商品明細及び使用目的を契約書に具体的に明示しておくことが望まれる。

（2）　カタログの商品表示と契約書の商品表示

　商品を紹介するために，カタログ，パンフレット等が作成されるが，商品カタログ，パンフレットに商品の仕様，価格，重量，容積，能力，色彩等が記載される。これら商品を紹介している商品明細が，契約条件に含まれるのか否かが問題となる。又，契約に規定される商品表示とカタログの商品表示が異なる場合もある。このような問題を避けるためには，カタログに記載される商品明細は契約書に言及されない限り，契約条件に含まれない旨の規定を設けておく

ことが必要である。例えば，次のような文例が考えられる。

> "It is agreed that any information relating to the goods and their use, such as weights, dimensions, capacities, colours and other data contained in the catalogues or other documents of the Seller shall not take effect as terms of the Contract unless expressly referred to in the Contract."
>
> 売主のカタログ，他の資料に含まれる商品及びその使用に関する，例えば，重量，寸法，容量，色彩及び他のデータ等の情報は，契約書に明示的に言及されていない限りは契約条件としての効力を持たないものとする。

3 価格条件設定に伴うリスク

(1) 建値と価格表示

貿易取引において，契約商品の価格は，通常，単価ベースで表示され，契約数量に対する合計金額が表示される。単価を表示するにあたっては，貿易業界において世界的に広く慣行として採用されているインコタームズ（Incoterms）の定型貿易条件（trade terms）が利用される（「インコタームズ」については，本章5の(5)を参照）。

例えば，次のような価格表示となる。

① US$800@ FCA Osaka (Incoterms2010)
（インコタームズ2010規則に基づき，大阪における運送人渡し条件で単価800米ドル）

② US$1,000@ CIP New York (Incoterms2010)
（インコタームズ2010規則に基づき，ニューヨークまでの輸送費，保険料込み条件で単価1,000米ドル）

建値とは，費用項目別に計算して契約商品の価格を提示することをいう。貿易売買取引では，一般に，インコタームズの定型貿易条件を基準として，建値や価格見積りが作成されることが多い。インコタームズは，売却される物品の引渡しについての売主，買主の権利・義務，費用分担，他を取り扱っており，価格と関係しているので，価格表示は，インコタームズの定型貿易条件により，売主の義務が多ければ，一層高くなることに留意して建値を作らなければならない。

例えば，FCAでは，メーカーの工場出荷（EXW）値段に国内運賃，船積・通関諸掛費用，保管料，検査料，決済に要する諸費，雑費等に予想利益を加えて建値を出す。CIPでは，FCAのコストに仕向地までの輸送費と保険料を加えて建値を出す。CIPに基づく見積価格は，当然に，FCAに基づく見積価格より高くなる。

（2） 価格表の作成と価格の変更

貿易売買取引において，輸出者は，通常，価格表（price list）を作成して，それを利用して取引を行う。1回限りで取引が終了するような単発取引では，引合い（inquiry）の段階で価格表を相手方に送付して，注文の勧誘をすることが多い。この段階では未だ正式な申込ではないので，表示価格に拘束されないように，価格表には，通常，例えば，"The Prices are subject to market fluctuations."（値段は市場の変動により変更がありうる）とか，"The Prices are subject to our confirmation."（値段は当方の確認を条件とする）等の免責文言が記入されている。

申込の段階において，具体的に確定した価格を表示して，相手側が承諾することにより正式に確定した契約価格となり，契約書にはその価格が規定される。

OEM契約，販売店契約等の，取引が継続して行われる，長期継続的取引の場合には，価格表は，基本契約書に添付されて，その価格表の価格に基づいて個別売買が行われることが多い。

例えば，"The prices are based on FCA (Incoterms 2010) in US Dollar

Currency as shown in Exhibit A (Price List) attached to the Contract."（価格は本契約に添付の付表A（価格表）に示された米通貨でインコタームズ2010規則のFCA値段とする）と規定される。契約書に添付される上記のような価格表は，通常，価格を固定させている。表示価格の固定期間を設けていることもある。例えば，"The Price List is firm and valid until (date)."（価格表は（日時）まで有効かつ確定している。）

上述のような価格表は表示価格が固定化されているため，価格表の価格が，資材等の調達費用の変化，商品市場の変化，為替相場の変動等により，価格調整が必要となることに備えて，通常，価格表価格の修正，変更規定が設けられる。例えば，次のような英文規定となる。

> "Seller shall notify Buyer of any change in the prices stated in the Price List at least 90days prior to the effective date of changing prices."
>
> 売主は，価格の修正の発効日の少なくとも90日前に価格表の表示価格の修正を買主に通知するものとする。

（3） 決済通貨の表示と為替相場変動リスク

契約商品の価格は，どこの国の通貨にするか，価格に通貨の表示をしておく必要がある。貿易売買取引では，価格に表示する決済通貨は，邦貨建てとするか外貨建てとするか，選択する通貨によって，邦貨建てであれば為替相場の影響は直接的には受けないが，外貨建てとすることは為替相場の変動リスクを負うことになる。為替変動リスクの回避の方法は，いくつかの方法が考えられる。

1） 先物為替予約

先物為替予約（Forward Exchange Contract）は，最も一般的に用いられている為替リスク回避の方法である。

例えば，輸出者が外貨建て貿易売買契約を締結した場合，為替相場の変動に

よる損失を避けるために，為替相場の強弱，決済時期等を勘案して，貿易売買契約の成立後直ちに銀行と先物為替予約を締結することが，為替リスク回避のための基本的な方法である。為替予約は，銀行との間で，一定期日を受け渡し時点として行う為替売買の予約取引である。為替予約締結時において，先物為替相場を確定しておくことにより，実行日において為替相場がいかに変動しても，予約した時の為替レートで受け払いされることになり，円ベースでの採算を確定させる効果がある。

2） デリバティブ―通貨オプション―

為替リスク回避の基本は為替予約であるが，現在は，為替リスク回避の手段が多様化している。その手段をデリバティブ（Derivatives）：金融派生商品という。通貨オプションは，外貨を売る権利と外貨を買う権利の売買を行う取引であり，オプション料を支払うことにより，期日に，取り決められた先物為替相場が，その時の市場相場よりも有利な場合は，権利を行使し，不利な場合は，権利を放棄して，有利な市場相場で為替売買をすることができる。

3） 外貨預金

海外から外貨建て，例えば米ドルの受け取りによる，米ドルの送金があれば，それを外貨預金に入金し，一方，米ドル通貨で海外への支払による送金がある場合は，外貨預金から払い出して送金する方法により，為替変動リスクの回避となる。

4） 為替変動調整約定

長期継続的取引の場合，売主，買主間で為替変動調整約定を交わすこともある。邦貨とドル，ユーロ，ポンド等の外貨の為替交換の基準レートを取り決めておいて，その為替レートを原則的な契約条件として，売買契約に基づき決済の時の為替レートと基準レートの変動がある場合は，売主，買主がそれぞれの為替差損，差益を一定期間，例えば1年間記帳して記録に残し，年間の為替差損，差益を調整して清算する方式である。清算の結果，売主及び買主にそれぞ

れ為替差損，差益の具体的な金額が計上されて，為替差益を享受した当事者から，為替差損を被った当事者に調整金として送金することになる。

4　数量条件設定に伴うリスク

　数量条件は，価格等と同様に，貿易売買契約の必須条件である。数量条件では，どの数量単位を採るのか，数量基準はどの時点か，数量条件違反の法的効果，又，数量過不足の対応はどうすべきかが問題となる。

（1）　数量単位表示

　貿易売買取引において使用される数量単位には，①重量，②容積，③個数，④寸法，⑤包装単位などがある。それぞれの単位によって表示される。数量，重量単位によって異なる度量衡があるので注意を要する。

　例えば，鉄鋼取引等では重量単位としてトン（Ton）が表示されるが，日頃から単位相互間の換算について誤りのないよう，正確に認識しておく必要がある。

　すなわち重量単位では，同じトン（Ton）と表示しても，国により度量衡の単位が異なる。

　①　イギリス系のロングトン

　　ロングトン（Long Ton：L/T）では，One（1）L/Tは，2,240ポンド（Lb.）

　②　アメリカ系のショートトン

　　ショートトン（Short Ton：S/T）では，One（1）S/Tは，2,000ポンド（Lb.）

　③　欧州大陸系のメートルトン

　　メートルトン（Metric Ton：M/T）では，One（1）M/Tは，2,204ポンド（Lb.）

　包装貨物で重量基準の場合には，包装材料を含んだ重量である総量（gross weight）条件によるのか，純量（net weight）条件によるのかを契約で明確に

定めておく必要がある。CISGの下では，契約に規定がない場合，代金が物品の重量に基づいて定められる場合において，疑義があるときは，代金は，正味重量によって決定すると定めており（56条），純量条件が基準となることに留意しておく必要がある。

個数の単位表示では，一個（piece）と一対（pair）があり，商品の種類によっては，国，地域の慣習，慣行が異なり，取引に採用される数量単位が異なることがあり，数量単位表示の見過ごしからトラブルが発生することもある。

【事例】
売買契約書に商品数量5,000prs.と数量単位を"pair"（一対）で表示していたが，輸出側のA社の担当者が，契約書に記載されていた数量単位表示を5,000pcs.と数量単位を"piece（一個）"と読み間違えて，一個単位の個数で5,000個を船積して相手側の輸入者B社に引き渡したところ，相手側の輸入者B社から契約数量の50％の不足として，数量不足クレームが提起された。

事例では，輸出者側の担当者の勘違いとして，錯誤の主張も考えられるが，A社が引き渡すべき数量は，契約書に明記され数量単位が基準となり，結果的に，数量不足を認めざるをえなく，今後の取引の継続を考慮して，不足数量分を引き渡すことで解決をしている。

（2） 数量の契約適合性基準時
—積地基準と陸揚地基準—

売主は契約で定める，契約に適合した数量の商品を買主に引き渡さなければならないが，引き渡す商品の数量が契約で定めた数量と合致しているか否かについては，いつの時点で判断されるべきかが問題となる。貨物によっては，海上運送中の気温，湿度等の変化によって積荷の重量の変化があるため，積地での数量と陸揚地での数量の測定が異なることがある。

> 【事例】
> FOB（Incoterms 2010）条件の肉牛の売買取引において，オーストラリアからインドネシア向けに船積された肉牛の重量が，揚地のインドネシアの港で貨物を検量したら，契約の重量と1割以上の重量不足となっていたので，重量不足でクレームを提起したところ，オーストラリア企業は，積荷は積地において約定通りの重量の貨物を引き渡しているとして，証拠として積地での検量結果証明の重量容積証明書を示してきた。重量基準時が積地なのか，揚地なのかが問題となった。

　CISGでは，契約適合性の基準時について，売主は，契約及び条約に従い，危険が買主に移転した時に存在していた不適合について責任を負うものとする旨定めている（36条1項）。

　危険の移転については，物品の運送を伴う場合は，特定の場所で物品を引き渡す義務を負わないときは，物品を最初の運送人に交付したときと定める（31条(a)）。

　貿易売買取引では，通常，物品の引渡しに関する慣習としてインコタームズのFOB，CIF等の貿易条件が広く利用されている。インコタームズにも危険の移転に関する規定があるが，インコタームズがCISGに優先して適用される（危険の移転については，本章の5（2）を参照）。

　インコタームズ2010規則の11の定型貿易条件のうち，積地条件（積地で物品の引渡しが行われ，同時に危険も売主から買主に移転）と揚地条件（陸揚地で物品の引渡しが行われ，同時に危険も売主から買主に移転）を分別すると，以下の通りである。

　▶積地条件グループの定型貿易条件
　　EXW（工場渡条件），FAS（船側渡条件），FOB（本船渡条件），FCA（運送人渡条件），CFR（運賃込条件），CPT（輸送費込条件），CIF（運賃，保険料込条件），CIP（輸送費，保険料込条件）
　▶揚地条件グループの定型貿易条件
　　DAT（ターミナル持込渡条件），DAP（仕向地持込渡条件），DDP（関税

込持込渡条件）

　事例では，FOB (Incoterms 2010) 条件であり，危険は，積出港の本船上で物品を引き渡したときに買主に移転し，物品の数量の特定は積地での数量が基準となる。したがって，積地において為された検査に基づき発行された検量証明書が有力な証拠となる。

　FOB，CIF条件において，揚地での陸揚時の数量を基準とすることを望む場合は，契約書に特約として，物品陸揚地での数量検査を最終基準とする規定を設けておく必要がある。

　以下に英文規定を示す。

"The weight of the Goods at the time and place of delivery at the destination (unloading) port shall be considered final and conclusive, if certified by Buyer."

　買主により証明される，陸揚地での引渡し時及び場所での商品の重量が終局的なものとする。

（3）　数量の契約適合性と違反の法的効果

　売主から引き渡された数量が，契約で定められた数量と合致しない場合，売主の契約違反として買主は救済を受けることができる。

　CISGでは，契約に適合する物品を引き渡す義務を規定している。第35条1項で，売主は，契約に定める数量，品質及び種類に適合し，かつ，契約に定める方法で収納され，又は包装された物品を引き渡さなければならないと定めている（「物品適合性」は本章の8を参照）。

　売主が数量の過不足の物品を買主に引き渡した場合，売主の契約違反，義務不履行となり，売主による契約違反についての救済（45条—52条）を買主は受けることができる。

　売主が引き渡した物品の数量が不足している場合の買主の救済については，

CISG第46条—50条が適用され，買主は，契約解除，代金の減額，損害賠償等の請求ができる。ただし，重大な契約違反にならない限り，契約を解除して，物品の受取りを拒否することはできないことに留意しておくべきである[1]。

売主の引き渡した物品の数量が不足の場合だけでなく，数量過不足認容条項の範囲に収まっている場合を除き，数量超過の場合も契約不適合であり，売主の契約違反となる。買主は超過した部分の受領を拒絶することができる。又，超過した数量の物品を拒絶をしないで受領した場合は，契約価格に応じて代金の支払義務を負うことになる[2]。

（4） 概数表示，数量過不足容認条項

ばら荷，重量貨物等の場合には，受渡し数量と契約数量とを正確に一致させることが，技術上困難である場合がある。そのような場合には，通常は数量の前に概数表示，例えばabout, circa, approximately等の表示が付される。信用状取引では，「荷為替信用状に関する統一規則及び慣例」[3] によって概数表示が信用状に記載しておれば10％を超えない過不足が認められている（同規則30条（a））[4]．又，信用状が，包装単位の数又は個々の品目の数を定めることによって数量を記載していないこと，かつ信用状金額を超えないことを条件に5％を超えない過不足が認められている（同規則30条（b））[5]。なお，同規則の5％許容ルールは，包装単位，品目数量を記載している場合には適用がされないことに留意する必要がある。

【事例】
信用状決済に基づく砂糖のCIF売買で，契約書には，包装単位で，10,000bagsと信用状に記載されていて，実際には9,997bagsが船積され，B/Lにも同様に表示されていた。買取銀行は，そのB/Lを含む荷為替手形を発行銀行に送付したが，発行銀行から，ディスクレパンシーを理由に拒絶された。買取銀行は過不足は，デ・ミニミス・ルール（de minimis rule）の範囲であり，信用状統一規則第30条（b）による5％ルールの範囲内であると反論して，買取銀行と発行銀行の間で紛争に発展した。結果的に，

> 信用状が個々の品目数量や包装単位の数量表示がなされている場合は，5％ルールは適用されず，信用状条件に厳密に一致していなければならないとして，たとえ不足が僅かであっても，デ・ミニミス・ルールは適用されず，数量不足によるディスクレパンシーを構成するとされ，最終的に発行銀行の書類，支払の拒絶が認められた。

「荷為替信用状に関する統一規則及び慣例」は，あくまでも信用状取引において適用される解釈規則であり，事例は信用状決済における紛争事例であり，貿易売買契約には適用されるものではなく，一応の参考とされるものである。貿易売買においては，一定のデ・ミニミス・ルールの適用の可能性はあるが，どの範囲までの過不足が認められるかについては，国により，慣習によって異なってくることもある。又，about, circa等の概数表示の概数許容範囲も同様に，その解釈は一様ではない。

重量貨物で重量誤差が発生することが予想される取引では，"〜％ more or less"のように，契約条件として過不足の許容範囲を明確にした，一定の過不足については認容される条項を規定する必要がある。以下に英文規定を示す。

> "Quantity set forth in the contract is subject to a variation of 10% more or less."
>
> ---
>
> 契約に規定される数量は，10％の過不足の変化量を条件とする。

5 引渡（船積）条件設定に伴うリスク

物品の引渡条件の基本的な規定として，FOB, CIF等の定型貿易条件の指定，物品の引渡（船積）の期日，物品の包装及び荷印等が定められる。

又，物品の引渡しに関連して，物品の引渡場所，物品の危険，所有権の移転が問題となる。

（1）売主の物品引渡義務に伴うリスク

CISGでは，売主の物品引渡しの基本的義務として，①物品の引渡し，②関係書類の交付，③物品の所有権の移転義務を定めている。さらに，物品引渡しの場所及び引渡義務の内容の規定（31条），運送に関連する義務として，物品の運送を伴う場合の売主による通知義務（32条），物品の引渡時期（33条），そして，売主の書類の交付義務（34条）を定めている。

【事例】

CIF（Incoterms 2010）条件の輸出契約で，積出港本船上で貨物を引き渡したが，商品は航海途中で大きな損傷を受けるという海難事故に遭遇した。買主側は，商品受領を拒絶し，代金の支払を拒否。しかし，売主側は，商品を積出港で納期限通りに船に積み込み，船荷証券を取得して，関係書類を買主側に交付したとして，買主側は商品の引き取り，商品代金の支払義務があるとして買主に請求。ただし，売主は海上貨物保険の付保を怠り，保険証券を交付していなかった。

CIFは，Cost（輸出港本船上で貨物を引き渡すまでの費用）と，Insurance and Freight（仕向港までの運賃と保険料）を込めた条件である。CIFの後には仕向港が記載される。例えば，CIF New York, Incoterms 2010と表示する。同条件の下では，売主は，輸出港本船上で貨物を引き渡し，仕向港まで運送する運送人と運送契約を締結して運賃を負担し，仕向港までの貨物保険を保険会社と保険契約を締結し保険料を負担する義務を負うことになる。関係書類を買主に交付する義務が売主に発生する。これらの履行を怠ると契約違反となる。

事例は，CIF条件の取引である。CIF条件に基づき，売主は，輸出港本船上で約定通りの物品を買主に引き渡し，運送契約を締結して，運賃を負担し，B/L他，関係書類を交付している。しかし，CIF条件のI (Insurance) に該当する売主の義務である，運送中の約定品の保険契約及び保険料の支払，及び買主への保険証券の提供を怠っており，売主の義務を完全に履行したことにはなら

ないことになる。

（2） 危険の移転と買主の代金支払義務

　危険が買主に移転した後に生じた物品の滅失又は損傷により，買主は代金の支払う義務を免れない（CISG 66条）が，売主が重大な契約違反を行った場合には，買主は売主の契約違反を理由として，救済を求めることができる（70条）。したがって，買主は，契約解除，履行請求，代替品の請求，物品の修補，減額請求，損害賠償請求ができることになる。

CISG第66条
　買主は，危険が自己に移転した後に生じた物品の滅失又は損傷により，代金を支払う義務を免れない。ただし，その滅失又は損傷が売主の作為又は不作為による場合は，この限りではない。

CISG第70条
　売主が重大な契約違反を行った場合には，前3条の規定は，買主が当該契約違反を理由として求めることができる救済を妨げるものではない。

（3） 物品の引渡場所とインコタームズ

　CISGでは，物品の引渡しに関して，売主は，「特定の場所」において引き渡す義務を負わない場合，物品の運送を伴う場合には，買主に送付するために，物品を最初の運送人に交付するとされる（31条 (a)）。又，売主は，運送に関連する義務として船積通知の義務を負う（32条1項）。又，物品に関する書類を交付する義務を負う場合には，契約に定める方式により，当該書類を交付しなければならない（34条）とされる。

　CIF（Incoterms 2010）条件の取引である場合は，インコタームズ2010規則がCISGに優先して適用される（CISGとインコタームズの関係は，55頁の（4）を参照願いたい）。上述の「特定の場所」は，CIF条件による引渡場所となる。CIF条件では，売主が輸出港本船の船上で物品を引渡し，物品の滅失毀損の危険は，

物品が本船の船上に置かれたときに売主から買主へ移転する。売主は指定仕向港へ物品を運送するための運送契約を結び，その費用及び運賃を負担する。又，運送中の物品の減失毀損の危険を担保するため，買主のために保険契約を締結し，保険料を負担することになる。又，売主は買主に船積通知を与え，運送書類を提供しなければならない点に留意しなければならない。

インコタームズ2010規則のCIF条件の売主の主要義務，買主の主要義務の概要は，以下の通りである。

1) 売主側の主要義務
▶売主は，自己の費用で輸出のための輸出承認書，許認可書類を取得し，一切の輸出通関手続をしなければならない。
▶売主は，指定仕向港までの物品運送の手配を自己の費用で行い，運送契約を締結しなければならない。
▶売主は，自己の費用で，貨物保険の手配をし，保険証券又は保険契約の証明書を買主に提供しなければならない。
▶売主は，船積港において，本船上で物品を引き渡さなければならない。
▶売主は，物品が船積港における本船上で貨物を買主に引き渡すまで，当該物品の減失，又は損傷に関する一切の危険を負担しなければならない。
▶売主は，物品の受取りを可能にするために，物品が本船上で引き渡された船積通知及び関連通知を買主に与えなければならない。

2) 買主側の主要義務
▶買主は，積出港本船上で貨物を受け取り，商品代金を支払わなければならない。
▶買主は，輸出港本船上で貨物を受け取り，以後の商品の減失毀損リスクを負担しなければならない。
▶買主は，約定品の輸入時に支払うべき関税，諸税，及び他，賦課金，並びに通関手続，費用を負担し，支払わなければならない。

（4） インコタームズとCISGの関係とその適用

インコタームズは，各種定型貿易条件に関して，物品の引渡し及び危険の移転場所，物品の引渡しに関連して，売主，買主の権利と義務，費用負担等が詳細に規定されている。一方，CISGにも，物品の引渡しに関して，インコタームズと同様の規定が置かれている。物品の引渡しに関連して，例えば，物品の引渡し，危険の移転問題が発生して，CISGとインコタームズに相違がある場合に，いずれを優先して適用するかが問題となる。この問題については，インコタームズの採用合意は，CISG第6条（条約の適用排除，任意規定性）[6]による当事者合意による同条約の規定の修正，変更となる。そして，当事者間で合意した慣習として，インコタームズが優先的に適用されることになる（9条1項）。

（5） インコタームズの法的性格とインコタームズ2010規則

1） 国際慣習としてのインコタームズ

貿易取引では，物品の引渡しに関しては，通常，FOB，CIF等貿易の略記号が用いられるが，これを定型貿易条件という。契約書に規定される引渡条件は，例えば，"The terms of delivery shall be CIF New York (Incoterms 2010)" と規定される。

インコタームズは私的機関である国際商業会議所が作成した定型貿易条件の国際的統一規則であり，その内容は，物品の引渡しに関する売主，買主の役割，権利と義務，費用，危険の移転など詳細に規定している。1936年に公表されて以後，1953年，'67，'70，'80，'90，2000年の改定を経て，最新の改定版は，2010年版である。インコタームズは，法律ではなく，原則的に当事者合意に基づく慣習として適用される。

CISG第9条1項で，当事者は，合意した慣習及び当事者間で確立した慣行に拘束されると規定している。又，同第9条2項で，当事者は，別段の合意が

ない限り，当事者双方が知り，又は知っているべきであった慣習であって，国際取引において，関係する特定の取引分野において同種の契約をする者に広く知られ，かつ，それらの者により通常遵守されているものが，黙示的に当事者間の契約又はその成立に適用されることとしたものとすると規定している。

2） インコタームズ2010規則

インコタームズ2010規則は，FOB，CIFなど3文字のコードで示された11条件が規定されており，各条件ごとに，売主と買主の間の費用，危険の移転の分岐点，売主と買主の各義務について，10項目（売主の義務：A1-A10，買主の義務：B1-B10）に分けて規律している。

例えば，A1は売主の物品の引渡義務が，B1は，買主の代金支払義務が，規定されている。インコタームズ2010規則の10項目は以下の通りである。

A　売主の義務	B　買主の義務
A1　売主の一般的義務(物品の引渡し)	B1　買主の一般的義務（代金の支払い）
A2　許可，認可，安全確認，他	B2　許可，認可，安全確認，他
A3　運送及び保険契約	B3　運送及び保険契約
A4　引渡し	B4　引渡しの受取り
A5　危険の移転	B5　危険の移転
A6　費用の負担	B6　費用の負担
A7　買主への通知	B7　売主への通知
A8　引渡書類	B8　引渡しの証拠
A9　照合，包装，荷印	B9　物品の検査
A10　情報による助力及び関連費用	B10　情報による助力及び関連費用

3） インコタームズ2010規則の各条件の概要

インコタームズ2010規則では，11条件を，引渡場所と引渡方法を基準に"E"terms，"F"terms，"C"terms，"D"termsの4グループに分類して，①現場渡し条件（"E"terms），②出荷地渡し条件（"F"terms），③出荷地渡しに運送，保険等の手配が含まれる引渡し条件（"C"terms），④仕向地渡し（"D"terms）

に分けている。

　又，運送手段により，定型貿易条件を分類して，①コンテナー船，航空機等あらゆる運送方法を利用するのに適した条件グループ（EXW, FCA, CPT, CIP, DAT, DAP, DDP），②在来船による運送を前提とする条件グループ（FAS, FOB, CTR, CIF）に区別している。

　インコタームズ2010規則全11条件の概要について，売主の義務を中心に，以下に説明する。

(いかなる（単数又は複数の）輸送手段にも適した規則)
①　EXW（工場渡）─EXW（指定引渡地を挿入）

　「工場渡」は，売主が，売主の施設又はその他の指定場所（工場，製造所，倉庫等）において物品を買主の処分に委ねたとき，引渡しの義務を果たすことになる。売主は，買主に対して，物品を積み込む義務を負わない，又，輸出通関義務もない。売主が物品を積み込み，輸出通関を行う場合は，FCAを使用すべきである。

②　FCA（運送人渡）─FCA（指定引渡地を挿入）

　「運送人渡」は，売主が，売主の施設又はその他の指定地で，買主によって指定された運送人又はその他の者に物品を引き渡すことを意味し，その時点で危険が買主に移転する。売主は輸出のための通関すること要求される。

③　CPT（輸送費込）─CPT（指定仕向地を挿入）

　「輸送費込」は，売主が，合意された場所で，売主によって指名された運送人又はその他の者に物品を引渡し，かつ，指定仕向地への物品を運ぶために必要な運送契約を締結し，その費用を支払わなければならない。売主の義務は物品を運送人に引き渡したときに，引渡しの義務を果たすことになり，又，危険もその時に買主に移転する。売主は輸出のために通関することを要求される。売主は，保険契約の締結，費用負担の義務はないが，買主が保険取得のために必要な情報を買主に提供する義務がある。売主が，運送契約の下で，仕向地に

おける荷降ろしに関連する費用を負担した場合には，当事者間で別段の合意がなければ，売主は，その費用を買主から回収する権利はない。

④　CIP（輸送費保険料込）―CIP（指定仕向地を挿入）

「輸送費保険料込」は，売主が合意された場所で，売主によって指名された運送人又はその他の者に物品を引き渡し，かつ，指定仕向地へ物品を運ぶために必要な運送契約を締結し，その費用を支払わなければならない。又，運送中における物品の滅失又は損傷についての買主の危険に対する保険契約を締結（合意がなければ，最低限［ICC約款C］）の補償範囲）しなければならない。売主の義務は物品を運送人に引き渡したときに，引渡しの義務を果たすことになり，又，危険もその時に買主に移転する。売主は輸出のために通関することを要求される。

売主が，運送契約の下で，仕向地における荷降ろしに関連する費用を負担した場合には，当事者間で別段の合意がなければ，売主は，その費用を買主から回収する権利はない。

⑤　DAT（ターミナル持込渡）―DAT（仕向港又は仕向地の指定ターミナルを挿入）

「ターミナル持込渡」は，指定仕向港又は仕向地における指定ターミナルで，物品が到着した輸送手段から荷降ろしされてから，買主の処分に委ねられたとき，売主が引渡しの義務を果たすことになる。「ターミナル」には，屋根があるか否かを問わず，埠頭，倉庫，コンテナ・ヤード，又は，道路，鉄道もしくは航空貨物ターミナル等の場所が含まれる。売主は，指定ターミナルまでの運送契約を自己の費用で手配し，又，その地点まで売主の危険と勘定となる。売主は，輸出通関義務を要求されるが，輸入通関手続の義務はない。輸入通関は買主の義務となる。

なお，物品をターミナルから他の場所へ輸送し，荷捌きすることを伴う費用と危険を売主が負担することを意図している場合は，DAP，DDPを使用すべきである。

⑥　DAP（仕向地持込渡）

「指定地向地渡」は，指定仕向地において，荷降ろしの準備ができている，到着した輸送手段の上で，物品が買主の処分に委ねられたとき，売主の引渡しの義務を果たしたことになる。売主は，指定地までの運送契約を自己の負担で手配し，又，その地点まで売主の危険と勘定となる。

売主は，輸出通関義を要求されるが，輸入通関手続の義務はない。輸入通関は買主の義務となる。売主が，運送契約の下で，仕向地における荷降ろしに関連する費用を負担した場合には，当事者間で別段の合意がなければ，売主は，その費用を買主から回収する権利はない。

なお，売主は指定地点までの物品の一切の危険と費用を負担。当事者は，その地点までの危険が売主の負担となるので，合意された仕向地内の地点をできる限り明瞭に特定すべきである。

⑦　DDP（関税込持込渡）—DDP（指定仕向地を挿入）

「関税込持込渡」は，物品が，指定仕向地において，荷降ろしの準備ができている到着した輸送手段の上で輸入通関を済ませ，買主の処分に委ねられたとき，売主が引渡しの義務を果たすことになる。売主は，指定地まで物品を運ぶことに伴う一切の費用と危険を負担し，輸出及び輸入通関の一切の手続を行い，輸出及び輸入のための関税を支払う義務を負う。

売主が，運送契約の下で，仕向地における荷降ろしに関連する費用を負担した場合には，当事者間で別段の合意がなければ，売主は，その費用を買主から回収する権利はない。

<u>（海上及び内陸水路運送のための規則）</u>

⑧　FAS（船側渡）—FAS（指定船積港を挿入）

「船側渡」は，物品が指定船積港において，買主によって指定された本船の船側（例えば，埠頭又は艀の上）に置かれたとき（又は，引渡物品を調達すること），売主が引渡しの義務を果たすことになる。物品の減失又は損傷の危険は，物品が本船の船側に置かれたときに移転し，買主が，その時以降の一切の費用

を負担しなければならない。「物品を調達」の言及は連続売買（洋上売買）を想定しており，その場合の危険の移転は転売契約締結時となる。売主は輸出のために通関することを要求される。

⑨　FOB（本船渡）—FOB（指定船積港を挿入）

「本船渡」は，売主が，指定船積港において買主によって指定された本船の船上で物品を引き渡す（又は，引渡物品を調達すること）で売主の引渡義務を果たすことになる。物品の滅失又は損傷の危険は，物品が本船の船上に置かれたときに移転し，買主は，その時以降の一切の費用を負担しなければならない。「物品を調達」の言及は連続売買（洋上売買）を想定しており，その場合の危険の移転は転売契約締結時となる。売主は輸出のために通関することを要求される。

⑩　CFR（運賃込）—CFR（指定仕向港を挿入）

「運賃込」は，売主が，本船の船上で物品を引き渡す（又は引渡物品を調達すること）ことで引渡しの義務を果たすことになる。物品の滅失又は損傷の危険は，物品が本船の船上に置かれたときに買主に移転する。売主は，指定仕向港へ物品を運ぶために必要な契約を締結し，その費用と運賃を負担する義務を負う。

売主が，仕向港における特定された地点での荷降ろしに関して，運送契約の下で費用を負担した場合，売主は，当事者間で別段の合意がなければ，その費用を買主から回収する権利はない。

「物品を調達」の言及は連続売買（洋上売買）を想定しており，その場合の危険の移転は転売契約締結時となる。売主は輸出のために通関することを要求される。

⑪　CIF（運賃保険料込）—CIF（指定仕向港を挿入）

「運賃保険料込」は，売主が，本船の船上で物品を引き渡す（又は引渡物品を調達すること）ことで引渡しの義務を果たすことになる。物品の滅失又は損傷

の危険は，物品が本船の船上に置かれたときに買主に移転する。

売主は，指定仕向港へ物品を運ぶために必要な運送契約を締結し，その費用と運賃を支払う義務を負う。又，運送中における物品の滅失又は損傷についての買主の危険に対する保険契約を締結（合意がなければ，最低限［ICC約款C］の補償範囲）しなければならない。

売主が，仕向港における特定された地点での荷降ろしに関して，運送契約の下で費用を負担した場合，売主は，当事者間で別段の合意がなければ，その費用を買主から回収する権利はない。「物品を調達」の言及は連続売買（洋上売買）を想定しており，その場合の危険の移転は転売契約締結時となる。売主は輸出のために通関することを要求される。

(6) 物品の滅失，毀損の危険の移転と所有権の移転について

1) 危険の移転

貿易売買取引では，国境を越えて，海上輸送，航空輸送，複合輸送が伴い，積込み，陸揚げ，運送途上での物品の滅失，毀損の事故は少なくない。このような事故が発生した場合，その損害を売主，買主のどちらが負担するかという問題が発生する。売主，買主の危険負担が問題であり，物品の危険移転時期が重要となる。

【事例】
日本のA社はFCA Osaka (Incoterms2010) 条件で中東ドバイのB社と輸出契約を締結した。A社は納期通りに大阪港コンテナ・ヤードで運送人に貨物を引き渡し，コンテナ船は中東ドバイに向けて大阪港を出港したが，途中のマラッカ海峡で，暴風雨に遭遇し，コンテナ船が沈没したために，貨物はB社に届かなかった。B社は，商品の引渡しがなかったとして，契約の解除，商品代金の支払を拒絶，損害賠償を請求してきた。これに対して，A社は契約通りに履行を完了しており，商品代金の支払を請求したため，両社の主張が対立して紛争に発展した。

CISGでは，売買契約が物品の運送を伴う場合において，売主が特定の場所において物品を交付する義務を負わないときは，危険は，売買契約に従って買主に送付するために物品を最初の運送人に交付した時に買主に移転する（67条1項）と定めている。

　貿易売買取引では，インコタームズの定型貿易条件が利用されることが多く，事例もインコタームズ2010規則のFCA条件を利用している。同規則では，各定型貿易条件ごとに物品の滅失毀損の危険の移転について規定しており，例えば，FCA Osaka (Incoterms 2010) 条件では，売主が，指定引渡地である大阪港のコンテナ・ヤードで運送人に物品を引き渡した時点で，貨物の滅失毀損の危険は売主から買主に移転する。買主B社は，大阪港のコンテナ・ヤードで貨物を引き渡された以降の物品の滅失毀損の一切の危険を負担する義務を負い，したがって，買主B社に商品代金の支払義務があることになる。

　FCA条件での取引では，買主は，貨物の海上途中の危険を担保する貨物保険を付保しておくべきであり，貨物保険を付保していれば，運送途中の貨物の滅失毀損による損失は貨物保険により填補されることになる。

2）　所有権の移転

　CISGでは，売主の義務として，物品の所有権を移転させる規定があるが，所有権が何時，何処で移転するかについては規定がされていない。又，インコタームズ2010規則にも，所有権の移転の規定はなく，所有権移転問題は，法廷地の国際私法に基づき決定される国家法によることになる。

　例えば，日本の国際私法規則である，法の適用に関する通則法（以下，通則法）に基づくと，物品の所有権の移転は，物権の得喪に関する問題として，その原因となる事実が完成した当時における目的物の所在地法による（通則法13条2項）とされる。例えば，日本法を準拠法とする場合，物権の設定及び移転は，当事者の意思表示によってその効力が生ずるとされている（民法176条）。

　物品の所有権の移転の問題は，売買契約当事者間の問題と売買契約当事者以外の第三者との間の問題があるが，売買契約当事者間で問題となる場合の売主側の対策として，物品の所有権の移転について，売買契約書に所有権留保の規

定を定めておくことが望まれる。

　売り主の立場から，代金の支払がされるまでは物品の所有権を留保する英文規定を以下に示す。

> "The title to the Goods delivered under this Contract shall not pass from Seller to Buyer until the payment of price for the Goods has been completed."
>
> ―――――――
>
> 　本契約に基づき引き渡された物品の所有権は，物品の代金支払が完済されない限り売主から買主に移転しないものとする。

（7）　包装及び荷印

　貿易売買取引においては，商品は船舶，航空機等の輸送手段により運送されるので，包装が悪いと商品が損傷する恐れがある。又，輸入国によっては，輸入通関において，包装について一定の条件を課している場合もある。売主の包装する基本的義務は，使用する定型貿易条件，又，輸送の形態，輸入国の規制により異なってくる。包装の方法は売主，買主にとって重要な関心事項であり，商品によっては，包装仕様書を利用することもある。

　商品が包装された後，荷印が付される。荷印は荷役作業において混同を防止するために必要であり，又，輸入国によっては，通関において，一定の荷印を付することを条件としている場合もある。売主，買主としては，包装条件と同様に荷印についても取り決めて，契約書に規定しておくことが大切である。

　CISGでは，物品の適合性において，収納，包装についても，契約適合性が求められており，売主は契約で定める方法で収納され，又は包装された物品を引き渡さなければならないと定めている（35条1項）。

6 納期（物品の引渡時期）に伴うリスク

納期では，納期の表示の仕方，納期と物品引渡場所の関係，納期の法的効果，納期厳守と損害賠償予約，分割積の許容是否がリスクを伴う問題を含む。なお，納期の用語に，引渡日（Time of Delivery）と船積日（Time of Shipment）[7]があるが，日本では四方が海に囲まれ，伝統的に積地条件であるFOB，FCA，CIF，CIP等の条件を使用することが多く，一般に船積日が使用されている。

（1） 納期の表示

CISGでは，物品の引渡期日が契約により定められている場合は，その期日（33条(a)），期間が契約によって定められている場合は，その期間内のいずれかの時（33条(b)），その他の場合は，契約締結後の合理的な期間内（33条(c)）と定められている。

貿易売買取引では，物品の引渡期日は，通常，当事者間で契約において取り決められる。引渡期日の指定の方法は，特定の日を指定することはなく，通常，次のような指定の方法が採られる。

1） 特定月の指定（単月積）

引渡期日について，特定の月を指定する方法，例えば，10月積み（October shipment又はShipment during October）とする。この場合は，10月1日から10月31日までに船積を完了すればよい。

2） 連月積

引渡期日を，例えば，10/11月の連月積み（October/November Shipment）と，連月で船積時期を示す方法がある。この場合，10月1日から11月30日までに船積を完了すればよく，その間に何回かに分割して船積することが認められている。

3） 契約日後，又はL/C受領後の一定期間内

引渡期日を，契約日後の一定期間内を示す方法，例えば，Shipment within ___ months after contract（契約日後__カ月以内の船積）となる。

又，L/C受領後の一定期間内を示す方法，例えば，Shipment within ___ days after receipt of L/C to be opened by（date）（(日付)）以内に開設される信用状入手後___日以内の船積）とする。

4） 直積み

特定の期間を指定するのではなく，例えば，Prompt shipment，又はImmediate shipment等の表現で示す方法がある。この場合，どれだけの期間内に引き渡すのかが曖昧となる。一般には，2週間から1カ月といわれるが，各地域の慣習により異なるので，できるだけこのような表現は避けるべきである。信用状統一規則（UCP600）には，書類の中に用いることが要件とされている場合を除き，prompt, immediately, as soon as possible というような語は，無視される（同規則3条）と定めている。

以上のように引渡期日を指定するとともに，引渡期日の証明の方法を定めておく必要がある。通常は，船荷証券等の運送書類の日付によって証明する方法が採られ，契約書に規定することが多い。例えば，次のような英文規定となる。

> "Date of Bill of Lading and/or other Transportation Document shall be accepted as a conclusive date of shipment."
>
> ───────────────
>
> 船荷証券又は他の運送書類の日付が決定的な船積日とされる。

（2） 納期違反の法的効果

CISGの下では，物品引渡期日の期限を越えて引渡しを行うと，不可抗力による免責を受けない限りは，売主による契約違反となり，買主は，売主の契約違反についての救済を受けることができる。

【事例】
　日本の輸入業者A社は，ドイツのメーカーB社から印刷機械3台を購入する売買契約を締結した。契約の納期に相当な遅延があり，A社はB社に引渡猶予期間として2週間の付加期間を与える通知を行ったが，B社からは引渡しが行われなかった。A社は，これ以上の遅延は猶予できないため，契約解除の通知を行った。

　売主が物品の引渡しに関して，納期遅延を犯した場合，買主が直ちに契約を解除できるか否かが問題となる。CISGの下では，契約の解除は限定的であり，売主の義務の不履行が「重大な契約違反」(fundamental breach) となる場合には，買主に契約解除権を認めている (49条1項 (a))。
　一般に，単なる納期の遅延が，重大な契約違反を構成することは難しい。例えば，契約商品が季節商品であり，納期の遅延がシーズン販売に間に合わないような場合等に限られることになる。
　納期が買主に重要である場合は，契約書に納期厳守の規定を定めておく必要がある。例えば，"The time of delivery is the essence of the contract"（納期は契約な重要な要素である）と規定しておれば，納期遅延は重大な契約違反となると考えられる。
　又，他の方法として，買主は，その遅延した義務の履行のために，売主に対して，履行の猶予期間として，合理的な長さの付加期間を与えることができる。同第47条1項では，買主は，売主による義務の履行のために合理的な長さの付加期間を定めることができると定めている。付加期間を設定すると，その期間内は，原則，契約違反の救済は求めることができない。付加期間が過ぎても履行がない場合は，買主は契約を解除することができる。同第49条1項 (b) では，引渡しがない場合において，買主が第47条1項の規定に基づいて定めた付加期間内に売主が物品を引き渡さず，又は売主が当該付加期間内に引き渡さない旨の意思表示をしたときと定めている。付加期間の規定を定めることは，買主が契約解除権を行使する場合に，重大な契約違反であることを証明する必要がなくなる。

事例では，A社は，納期日に引渡しがないため，B社に対して，2週間の付加期間の通知を与えたうえで，その付加期間が過ぎて履行がないので，契約解除の通知を行っている。付加期間は合理的な長さの期間が必要とされているが，個別の契約ごとに，商品の特性，引渡場所などの契約条件に応じて判断されることになる。

契約を解除した場合において，買主が，合理的方法で，合理的な期間内に，代替品を購入したときは，契約価格と代替的取引の価格の差額と，その他の損害賠償を請求することができる（75条）。

なお，引渡期日以前の引渡しが行われた場合には，買主は，これを受領することも，又拒絶することもできる（52条）。

（3） 分割積み許容と分割履行契約

物品の引渡しに関して，分割積みが認められるか否かが問題となる。連月積みの場合には，船積方法の性質上，慣習的に分割積みが認められている。それ以外は，船積に際して分割積みが認められるか否かは，CISGには規定がなく，各国家法や慣習等の解釈によることになる。大陸法系では一般に分割積みを認めるが，英米法系では，分割積みは認めていない。

分割積みの可否は，物品の引渡し，運送において重要な要素となるので，分割積みを許容するのか，禁止するのかを取り決めて，契約書に明記しておく必要がある。

英文規定としては，例えば，Partial shipment shall be allowed（分割積みを許容する），又はPartial shipment shall not be allowed（分割積みを許容しない）と規定しておけばよい。

分割積みを認める契約において，いずれかの船積分に関して，船積遅延や物品の品質不良が発生した場合に，全体としての契約違反となり，残された将来の船積分も契約解除できるのか，又は各船積分は個別の売買契約であり，残された将来の船積分は契約解除できないのかが問題となる。

CISGでは，将来の船積分についての契約解除権を与えている。同第73条2

項では，いずれかの引渡部分についての当事者の一方による義務の不履行が将来の引渡部分について重大な契約違反が生ずると判断する十分な根拠を相手方に与える場合には，当該相手方は，将来の引渡部分について契約の解除の意思表示をすることができる。ただし，この意思表示を合理的な期間内に行う場合に限ると定めている。

売主の立場からは，一部の船積分の契約違反が全体の契約に影響が及ばない趣旨の規定が重要となる。例えば，各船積分は，個別の売買契約として取り扱われる趣旨の規定が考えられる。以下に英文規定を以下に示す。

"In case of shipment or delivery in installments, each shipment or delivery shall be regarded as a separate and independent contract."

分割の船積又は引渡しの場合，各船積又は引渡しは別箇，独立した契約としてみなされるものとする。

（4） 納期厳守条件

商品が設備機械や完成品の組み込み部品，又，季節もので，納期日が特別の利害関係がある場合は，納期が非常に重要な条件となる。納期遅延が発生した場合に，付加期間を定めないで契約解除を行うためには，納期遅延が重大な契約違反となるのか否かが問題となり，買主の立場から，納期日が契約の重要な要素であることを契約書に規定することが望まれる。

簡単な英文規定を以下に示す。

"The time of delivery of the Goods is the essence of this contract."

商品の納期は契約の重要な要素である。

商品の納期遅延に関連して，納期遅延の損害賠償予約 (liquidated damages)

に関する規定が設けられることがある。損害賠償予約とは，契約当事者が予め相手方の契約違反の場合の損害賠償額を約定することをいう。英米法では，予想される実際の損害額よりも不当に過大な額を定める場合は，無効とされる恐れがある点に留意が必要である。又，中国では，契約法で，一定額の違約金を定めることができるとしている。ただし，契約で定めた違約金が生じた実損害より著しく高額である場合は，当事者は，人民法院又は仲裁機構に対して違約金の減額を請求することができるとしている（中国契約法114条：違約金）。日本では，民法で，当事者は，債務の不履行について予定することができるとして，この場合に，裁判所は，その額をその額を増減することはできないとしている（民法420条：賠償額の予定）。

契約書に損賠賠償予約を規定する方法としては，商品の引渡遅延がある場合に，例えば，1週間遅延する毎に契約金額の0.5％に相当する損害賠償を買主が請求できるとして，最高額を契約金額の10％までの額とする規定が考えられる。

簡単な損害賠償予約規定を以下に示す。

"Liquidated damages for delay in delivery shall be 0.5% of price of delayed goods per week, with a maximum of 10% of the price of delayed goods."

引渡遅延の損害賠償予約は，遅延貨物の価格の10％を限度に1週間遅延するごとに，価格の0.5％の損害賠償請求の額とする。

7 不可抗力条項設定に伴うリスク

(1) 不可抗力とは

　物品の引渡しが納期の期限を越えてしまう場合，又，履行ができなくなってしまう場合，売主の契約違反となり，買主は，損害賠償等の救済を受けることになる。その履行遅延や不履行の原因が不可抗力による場合，売主は免責を受けることができる。

　不可抗力の法概念は，各国で異なり，大陸法と英米法とに大別できる。英米法と大陸法の法概念は，以下の通りである。

① 大 陸 法

　不可抗力 (Force Majeure) とは，契約締結後，当事者が予見できない，当事者の責めに帰しえない事態，例えば，大災害や戦争，内乱等，当事者の支配を超える障害が原因で，義務履行が不能 (impossibility) となった場合，一定の要件のもとで，不履行当事者の法的責任，債務，その他の不利益を免れさせる標準として用いられる概念である。

② 英 米 法

　英米法では，契約目的の達成不能 (Frustration) 等の理論を発展させてきている。契約目的の達成不能とは，契約締結後，当事者の予見が不可能であり，当事者のいずれの責にも帰しえない事態の発生により当事者が予期した契約の目的が達成不能となることをいう。Frustrationの成立により，契約はそれ以後消滅し，当事者は履行期が到来する契約の債務を免れる。

（2） CISG第79条（債務者の支配を超えた障害による不履行）

CISGでは，不可抗力事態に対応する規定として，第79条1項で，当事者は，自己の義務の不履行が自己の支配を超える障害によって生じたこと及び契約の締結時に当該障害を考慮することも，当該障害又はその結果を回避し，又は克服することも自己に合理的に期待することができなかったことを証明する場合には，その不履行について責任を負わないと定めている。

CISGの下では，不履行当事者が不履行による損害賠償の免責を受けるためには，以下の事項を証明しなければならない。

① 自己の支配を超える障害の発生したこと
② 契約締結時に合理的に予見できなかった障害であり，当該障害を考慮することができなかったこと
③ 障害又はその結果の回避・克服の可能性がないこと

CISG第79条に基づく免責は不履行による損害賠償責任に限定されている。同条第5項では，この条の規定は，当事者が損害賠償の請求をする権利以外のこの条約に基づく権利を行使することを妨げないと定めている。例えば，契約の解除は妨げられない。

【事例】

日本企業A社とシンガポール企業B社が，機械設備供給契約を締結。A社は，X社にその設備の重要構成部分を下請生産委託していた。X社の下請製品の生産の稼働が労働争議が発生したため，納期が遅れる事態が発生した。A社は当該重要構成部分を他社から調達することができず，そのためA社の機械設備の完成，納入が大幅に遅れる事態になった。A社はB社に，下請会社X社の不可抗力事態発生により納期が遅れる旨通知した。B社はA社に，納期遅延による損害賠償を請求。A社は，履行遅延の原因は，下請会社X社の不可抗力事態の発生であるとして，免責を主張，双方当事者の主張が対立，不可抗力を巡り争われる。

事例では，A社はX社に対して，B社に納入する機械設備の重要構成部品の

下請製造委託をしていたが，X社の工場での労働争議により，A社への重要構成部品の引渡しが遅延したことが納期遅延の原因であり，A社はその部分については，他社から調達することができず，結果として，A社のB社への当該機械設備の引渡しが期限通りにできなかったのである。

CISGの下では，A社が不可抗力による免責を受けるためには，次の点が問題となる。

① 下請会社の不可抗力事態による不履行が，A社の支配を超える障害を構成し，免責されるか否か。
② 一工場のストライキや労働争議が，不可抗力事態となるか否か。

第79条2項では，第三者を履行に用いた場合の免責の特例として次のように定めている。

　当事者は，契約の全部又は一部を履行するために自己の使用した第三者による不履行により自己の不履行が生じた場合には，次の（a）及び（b）の要件が満たされるときに限り，責任を免れる。
　　（a）　当該当事者が1項の規定により責任を免れること。
　　（b）　当該当事者の使用した第三者に1項の規定を適用するとしたならば，当該第三者が責任を免れるであろうこと。

X社は，独立の事業者として，A社から，当該契約製品の重要構成部分の下請生産の委託をうけており，下請業者X社は第79条2項の「第三者」に該当することになる。なお，一般の供給業者や従業員は第三者に該当しない。

X社の工場の労働者のストライキが不可抗力事態に該当するか否かが問題である。ストライキといっても，政治的ストライキ等の合理的に予見できない事態であるなら，不履行の免責を受けると解されるが，恒常的に発生するような一部工場労働争議などでは，合理的に予見できる事態であり，又，自己の支配超える障害とは言い難く，不可抗力免責とはならないであろう。

A社とB社間の契約において，不可抗力による不履行免責が適用されないとなれば，A社はB社に対して損害賠償責任を負わなければならないことになる。

（3） 障害の通知義務

不可抗力に該当する債務の履行に対する障害が発生したために，履行ができなくなった当事者は，その障害を相手当事者に通知する義務がある。その通知を怠ったり，又，通知が相手方に到達しなかったことにより，その通知の不受領から発生する損害について責任を負わなければならない。

第79条4項では，履行をすることができない当事者は，相手方に対し，1項に規定する障害及びそれが自己の履行をする能力に及ぼす影響について通知しなければならない。当該当事者は，自己がその障害を知り，又は知るべきであった時から合理的な期間内に相手方がその通知を受けなかった場合には，それを受けなかったことによって生じた損害を賠償する責任を負うと定めている。

（4） 不可抗力条項

長期継続的契約等では，契約期間中に当事者の支配を超える種々の障害が発生することがあるが，どのような事態が不可抗力として履行免責を受けるのかについては，適用される法律により，例えば，大陸法系，英米法系により解釈が異なり，又，CISGも不可抗力に関して全て網羅しているものではなく，具体的な不可抗力事態についての規定が設けられていない。

契約書に，具体的な不可抗力事態を明記した，不可抗力条項を定めておくべきである。

不可抗力条項に記載される不可抗力事態としては，以下の事態が挙げられるが，これらの事態を当事者交渉において，できるだけ具体的，詳細に取り決めて，契約書に規定することが望まれる。

不可抗力事態は，以下のように分類することができる。

① 天災（Natural Disasters）

　火災（fire），地震（earthquake），津波（tidal wave），洪水（floods），台風（typhoon），暴風雨（storm），疫病（epidemics），他

② 人災（Man-made Disasters）

戦争 (war), 動乱 (civil commotion), 暴動 (riot), 反乱 (mutinees), 原子力事故 (nuclear incident), 他
③ 政府命令, 制限, 禁止 (government order, restriction, prohibition) 輸出・入禁止 (export and/or import prohibition), 通貨規制 (currency restriction)
④ 合理的な支配を越える状況 (circumstances beyond the reasonable control)
⑤ 免責対象となるか否かについて争いのある障害として, 労働争議 (labour disputes), 原材料, 運送, エネルギー等の当事者の支配を超える調達不能 (inability beyond the reasonable control to obtain raw materials, transportation, energy), 他

上に挙げた不可抗力事態に関して, 不可抗力事態の範囲を限定することを望む場合は, 限定列挙にして, 規定される事態に限定する方法が採られる。不可抗力事態の範囲を広げることを望む場合は, 例示列挙として, 規定された以外の事態も含む方法が採られる。例示列挙では, 不可抗力事態を例示的に列挙して, 例えば, "force majeure including but not limited to …" として不可抗力事態を列挙して, 最後の部分に "any other act beyond the reasonable control of the affected party" と記載することによって, 記載されていない事態も適用される可能性を残すことになる。

以下に, 一般的な不可抗力条項規定を示す。

1) Neither party shall be liable to the other party for any failure or delay in the performance of any of its obligations under this Agreement for the time and to the extent such failure or delay is caused by directly or indirectly by force majeure including but not limited to fires, earthquakes, floods, tidal waves, storms, epidemics, wars (declared or undeclared), commotions, port congestions, nuclear incidents, or inability due to caused beyond the affected party's reasonable control timely to obtain necessary and proper labor,

materials, components, energy, fuel, transportation, or acts of the public enemy, acts of government or its agencies, Act of God or any other act beyond the reasonable control of the affected party.
2) Such affected party has given notice of the occurrence of such event of force majeure to the other party hereto and makes best efforts to discharge its obligations at the earliest reasonable time.
3) If such party so rendered is incapable of performing for a continuous period of three (3) months or more, the other party may terminate this Agreement immediately upon notice to the non-performing party.

---

1) いずれの当事者も，他方当事者に対して，かかる不履行又は遅延が直接又は間接的に，火災，地震，洪水，津波，暴風，疫病，戦争（宣戦布告にかかわらず），動乱，港湾滞留，原子力事故，又は，必要，適切な労働，資材，構成部品，エネルギー，燃料，運送を適宜に確保することが，影響を受ける当事者の合理的支配を超える原因にる不能，敵対行為，政府及び政府機関の行為，天災，又は影響を受けた当事者の合理的な支配を超える他の行為に限らず含まれる不可抗力により生じた不履行又は遅延の範囲及び期間において本契約に基づく不履行，又は遅延に対して免責されるものとする。
2) かかる当事者は他方当事者に対して不可抗力事態発生の通知をし，できる限り早期に義務の履行をすべく最大の努力をするものとする。
3) かかる不可抗力の影響を受けた当事者が（3）カ月以上の期間履行することができない場合，他方当事者は不履行当事者対する通知により直ちに本契約を解除することができる。

(5) ハードシップによる再協議

契約締結後に当事者の責任のない，当事者の支配を超える不測の事態が発生して，当事者の履行に要する費用が増加し，又は当事者の受領する履行の価値

が減少し，それによって，契約の均衡に重大な変更が生じた場合，例えば，急激な超インフレーション，為替相場の急激な変動により，当事者双方，又は一方が契約上の義務を履行することが困難となった場合をハードシップ (hardship) といい，不利な立場の当事者は，契約内容を事情の変更に適応させるために，相手方に契約内容の再交渉を要請する権利を認めている。

　不可抗力事態とハードシップの関係については，それぞれの事態が重複することも考えられるが，不可抗力は，その義務不履行について免責を受けることを目的としており，一方，ハードシップは，原契約内容の再交渉をしたうえで，改定された契約内容の下で契約を維持して，契約の履行を行うことを目的としている点が異なる。

　長期継続的取引契約では，種々の不測の事態の発生が想定されるので，国際取引契約では，契約書に，不可抗力条項 (force majeure clause) と共に，ハードシップ条項 (hardship clause) が規定されることが一般的になってきている。

　以下に簡単な英文規定を示す。

"The parties hereto declare it to be in their intention that the provisions of this Agreement shall operate between the parties hereto fairly without detriment to the interests o the other party hereto and this understanding forms the basis upon which this Agreement has been negotiated and entered into. If, prior to or during the course of the performance of this Agreement, the terms contained herein shall cease to be fair or become inequitable due to factors beyond the control of the parties hereto, including circumstances subsisting at the date hereof, then the parties hereto shall discuss how far such situation can be taken into account and shall further reviews any or all contents hereof as may be necessary."

　本契約当事者は，本契約の条項は，本契約の他方当事者の利益に損害を当て得ることなく，本契約当事者間で公正に作用するものであることを意図していることを宣言し，その理解が本契約が交渉，締結された基本精神

を構成するものである。万が一，本契約履行前，又は期間中，本契約書に含まれる条件が本契約日に存在する状況を含み，本契約当事者の支配を超える要因により公正でなくなり，又は不平等になった場合は，その時は，本契約当事者は，かかる状況をどの範囲まで考慮するか協議し，さらに必要に応じて本契約のあらゆる内容を再検討するものとする。

CISGには，ハードシップの規定は設けられていない。このような状況が発生した場合には，CISGの下では，同第7条2項に基づき，まずは，CISGの基礎をなす一般原則に従い，又はこのような原則がない場合には，国際私法の準則により適用される法に従って解釈されることになるが，法の一般原則として利用されているユニドロワ国際商事契約原則（2010）には，ハードシップの規定が設けられている[8]。

8 品質条件，物品の適合性に伴うリスク

(1) 契約に定める商品の指定と品質条件

契約商品を特定するために，通常，契約書に商品説明（description）に，商品の明細，及び品質条件を規定する。例えば，"Brushless Motor Roller bearing "Five Star" brand, Specification NoK340, made in Japan"（"Five Star"の商標の，日本製で，仕様書番号K340のBrushless Motor Roller）などと記載する。

商品の品質決定の方法は，商品の特性により，様々であり，例えば，以下に説明する，見本売買（sale by sample），仕様書売買（sale by specification），銘柄，又は商標売買（sale by brand or sale by trade mark），標準売買（sale by standard），"as is basis"売買等である。

① 見本売買

見本によって商品の品質の規準として，売買が行われるもので，雑貨，繊維製品，加工品の売買によく用いられている。

② 仕様書売買

精密機器，工具の売買によく用いられており，仕様書，図面などにより商品の品質基準として，売買が行われる。

③ 銘柄，商標売買

商標には出所表示機能，品質保証機能の性格があるが，一般によく周知されている商標の商品の売買によく用いられている。

④ 標準品売買

米，麦などの穀物，綿花などのように同一の品質の商品の保証が難しい商品の先物の売買によく用いられている。標準品見本を品質基準とするが，見本売買のように，同一の品質を要件としなく，品質の相違がある場合は，価格調整が行われる。

⑤ "as is basis" 売買

中古品，中古自動車等の売買に用いられる。"as is basis"売買では，商品の品質については買主が危険を負担することを意味する。With all faults（瑕疵を問わない条件），No warranty（無保証の条件）の売買となる。

（2） CISGに基づく物品の適合性

物品の品質上の瑕疵に関する売主の義務については，日本の民法では，瑕疵担保責任と債務不履行責任により解決されるが，CISGでは，同第35条（物品の適合性）に規定が定められており，物品の適合性により一元的に処理される。
CISGに基づく物品の契約適合性では，契約に定める物品の契約適合性と黙

示の要件への適合性で構成されている。特に黙示の要件への適合性については，物品の通常目的の保証及び特定目的の保証責任が売主に課されることになる。

当事者は，契約において，物品の使用，品質をできる限り詳細，明確に規定することを心がけなければならない。

買主の立場から，購入する物品に関して，物品の使用目的，転売する国の品質基準や法令上の制限等についても売主に明示的に知らせて，契約書に規定することが大切である。

――【事例】――
　ドイツの輸入業者A社は，ニュージーランドの法人B社から海産物を輸入した。A社は，荷受けした貨物を検査したところ，ドイツの法令上の基準値を超える濃度のカドミウムを含んでいるために一般的に安全でないとしたことを理由に，契約を解除して代金の支払を拒否した。B社は，法令上の基準は，食品が最適な状態にあるための条件を示したものであり，法的な拘束力のある上限ではないとして，契約に適合した商品を引き渡していると主張して，貨物の引取りと代金の支払を要求したため，両者の主張が対立して紛争に発展した。

事例は，買主の国の規制と物品の契約適合性に関する問題である。参考事例に，ドイツの裁判所で争われた事件（ドイツ最高裁判所，1995年3月8日判決）があるが，判決では，当該法令は，健康当局によって推奨されている基準であって，それを超えた濃度であっても，食べられるものである以上，カドミウムの濃度自体は契約適合性を失うものではなく，B社は，契約違反を犯していないと判示している。

CISGでは，契約に定める物品の適合性に関して，同第35条1項で，売主は，契約に定める数量，品質及び種類に適合し，かつ，契約に定める方法で収納され，又は包装された物品を引き渡さなければならないと定めている。

又，物品の黙示の要件への適合性に関して，同第35条2項では，以下のように定めている。

　　当事者が別段の合意をした場合を除くほか，物品は，次の要件を満たさな

い限り，契約に適合しないものとする。
- (a) 同種の物品が通常使用されるであろう目的に適したものであること。
- (b) 契約の締結時に売主に対して明示的又は黙示的に知らされていた特定の目的に適したものであること。ただし，状況からみて，買主が売主の技能及び判断に依存せず，又は依存することが不合理であった場合は，この限りでない。
- (c) 売主が買主に対して見本又はひな形として示した物品と同じ品質を有するものであること。
- (d) 同種の物品にとって通常の方法により，又はこのような方法がない場合にはその物品の保存及び保護に適した方法により，収納され，又は包装されていること。

買主の立場から，購入する物品が，特定の使用目的の場合，又，物品を販売する国の品質基準や法令上の制限等がある場合，売主に，それらを明示的に知らせて，契約書に規定することが大切である。

事例のように，買主の国又は物品が使用される国の公法上の規制を満たす商品を輸入する場合は，その規制に適合することを条件とすることを契約書に規定しておくか，又は，当該規制に適合する商品を供給することを買主に事前に知らせておく必要がある。例えば，輸入地の法令基準を満たすことを条件とする英文条項例を以下に示す。

"The Goods shall conform to all the requirements, standards, rules and regulations by ＿＿ Government."

商品は＿＿政府による，あらゆる要請，標準，規則及び規制に適合するものとする。

売主の観点から，売主は物品の引渡しにおいて，契約で定める適合性に加えて黙示の要件の適合性を満たす物品を引き渡す義務が課されていることに留意

しなければならない。黙示の要件の適合性である商品性，特定目的の適合性は不明瞭なものであり，売主にとりリスクの高い義務規定である。売主としては，契約書に品質条件，保証規定（本章8（6）「契約書に規定される保証条項」を参照）を設けて，同第35条2項の商品性，特定目的の適合性の保証を排除しておくことが望まれる。

　以下に，一定の保証規定を設けたうえでの，商品性，特定目的の適合性の保証を排除する契約条項規定を示す。

> "Express warranty set forth above is in lieu of all other warranties or warranties whatsoever, whether express or implied or statutory (UN Convention on Contracts for the International Sale of the Goods, 1980), including but not limited to conformity of the goods, implied warranties of merchantability and fitness for a particular purpose."
>
> 　上述に規定する明示の保証は，他の保証及び商品の適合性，商品性及び特定の目的の適合性の黙示保証を含み，明示又は黙示，又は法定上（国際物品売買契約に関する国連条約1980年）の全ての保証にとって代わるものである。

（3）　収納，包装の契約適合性

　CISGでは，物品の収納，包装に関しても契約適合性の規定が定められている。同第35条2項(d)では，同種の物品にとって通常の方法により，又はこのような方法がない場合にはその物品の保存及び保護に適した方法により，収納され，又は包装されていることと定めている。

　貿易売買取引においては，収納方法，包装，荷印は，物品の輸送，通関においても関係してくる事項であり，売主，買主双方にとって重要であるので，契約書に明確に定めておく必要がある。

（4） 物品適合性の基準時
　　　　―何時契約に適合していなければならないか―

　売主が契約に適合した物品を引き渡す義務を負うが，物品の適合性はどの時点が基準となるかが問題である。CISGでは，危険が買主に移転した時としている。同第36条1項では，売主は，契約及びこの条約に従い，危険が買主に移転した時に存在していた不適合について責任を負うものとし，当該不適合が危険の移転した時の後に明らかになった場合においても責任を負うと定めている。

（5） 隠れた瑕疵の保証責任

　CISG第36条1項の後段では，当該不適合が危険の移転した時の後に明らかになった場合においても責任を負うとしている。この規定によると，隠れた瑕疵についても，危険の移転時に生じていたものであれば，売主は責任を問われることになる。又，同第39条2項では，2年間の除斥期間が設けられている。同項では，買主は，いかなる場合にも，自己に物品が現実に交付された日から2年以内に売主に対して1項に規定する通知を行わないときは，この期間制限と契約上の保証期間とが一致しない場合を除くほか，物品の不適合を援用する権利を失うとしている。

　日本の民法では，瑕疵担保責任の期間は1年間（商人間取引では6ヵ月（商法524条2項）とされており，CISGでは，物品交付の日から2年以内に売主に通知を行わないと，物品の不適合を援用する権利を失うとしている（CISG 39条2項）。

　売主の観点から，CISGに基づく保証期間が日本の瑕疵担保責任期間より長いことに留意して，契約書において，保証期間を短く設定しておくことが望まれる。

（6） 契約書に規定される保証条項

　長期継続的契約において設けられる保証条項規定では、一般に、保証期間、保証範囲、欠陥商品の通知、救済、改善措置（修理、交換、返金）、又、売主の立場から、保証制限、賠償制限の規定が定められる。
　保証条項規定を各項目別に示す。

1） 保証の範囲、内容の特定の規定

"Seller warrants that Products shall be free from any defects in materials and workmanship, and be conformity with kind and quality as specified in this Agreement."

売主は、製品が材質、出来映えにおいて欠陥がなく、本契約で記載された種類及び品質であることを保証する。

2） 保証期間の規定

"The period of warranty shall exist for ＿＿ months from the date of the relative Bill of Lading."

保証期間は当該船荷証券の日付より＿＿＿カ月間存続する。

3） 瑕疵の通知の規定

"If Buyer should find any defects or non-conformity in Products at any time during the warranty period, Buyer shall give notice in writing thereof to Seller specifying the nature of the defects or the lack of conformity of Products within 30 days of such occurrence."

買主が保証期間中のいかなるときも製品の欠陥，不適合を発見した場合は，買主は，その発見より30日以内に，その欠陥，不適合の性質を特定した通知を書面で売主に与えるものとする。

4） 救済に関する規定

"If Seller, upon their inspection after receipt of the claim by Buyer, has determined that the claimed Products should fail to conform to the foregoing warranty, Seller shall, at Seller's option and at its cost, (1) repair such non-conforming Products, or (2) replace such non-conforming Products ; or (3) refund the price received for the non-conforming Products."

売主が，買主の請求を受領した後の検査において，請求の製品が上述の保証規定に合致していないと判断した場合，売主は自己の選択と負担において，(1) 係る不適合の製品を修理するか，又は (2) 係る不適合の製品を交換するか，又は (3) 係る不適合の製品に関して受領した代金を返金するものとする。

5） 売主の立場から規定される，保証責任制限規定

"EXCEPT FOR THE EXPRESS WARRANTY SET FORTH ABOVE, SELLER GRANTS NO OTHER WARRANTIES, EXPRESSLY OR IMPLIEDLLY AS TO THEIR MERCHANTABILITY AND THEIR FITNESS FOR ANY PURPOSE.OR AS TO THE CONFORMITY OF THE GOODS UNDER UNITED NATIONS CONVENTION ON CONTRACTS FOR THE INTERNATIONAL SALE OF GOODS 1980."

上記に記載した明示の保証を除き，売主は，その商品性及びいかなる目

> 的の適合性，又，1980年国際物品売買に関する国際連合条約の物品の適合性に関して，他の明示，黙示の保証を許諾しない。

6) 売主の立場から規定される，損害賠償の範囲の制限規定

> "SELLER'S LIABILITY UNDER THIS WARRANTY SHALL BE LIMITED TO THE REPLACEMENT OR REPAIRMENT OF DEFECTIVE PRODUCTS OR REFUNDMENT OF THE PRICE FOR SUCH PRODUCTS. IN NO EVENT SHALL SELLER BE LIABLE FOR ANY SPECIAL, CONSEQUENTIAL OR INCIDENTAL DAMAGES FOR BREACH OF WARRANTY."
>
> 本保証に基づく売主の責任は，係る製品の交換，修理，代金の返還に限られるものとする。いかなる場合においても，売主は，保証違反に対する，特別，結果的，又は付随的損害の責任も負担するものではない。

9　物品の検査義務と瑕疵通知義務に伴うリスク

　CISGの下では，買主は，売主から引き渡される物品の検査義務，又，瑕疵が発見された場合の通知義務が課されている。検査，通知義務を怠ると請求する権利を失うことになるので注意しなければならない。

（1）　買主の物品検査義務とその時期

　買主の物品検査，及び検査時期について，CISG第38条1項では，買主は，状況に応じて実行可能な限り短い期間内に，物品を検査し，又は検査させなければならないとしている。検査時期である「実行可能な限り」の起算時は，買主への物品引渡時点である。ただし，同条2項で，契約が物品の運送を伴う場

合には，検査は，物品が仕向地に到達した後まで延期することができるとしており，例えば，FOB，CFR，CIF，FCA，CPT，CIP条件では，運送が伴う船積地での引渡条件であり，積出港の本船上で，又は最初の運送人に物品の引渡しが行われるが，同2項の適用を受けて，物品の検査の起算時は，物品が仕向地に到着したときとされる。買主は，物品が仕向地に到着したら，できるだけ速やかに物品検査を行わなければならない。

（2） 買主の物品の不適合の通知義務と通知の内容と時期

CISG第39条1項では，物品の不適合を買主が主張する場合に，不適合の通知を売主宛に行う義務を買主に課している。買主は，物品の不適合を発見し，又は，発見すべきであった時から合理的な期間内に売主に対して不適合の性質を特定した通知を行わない場合には，物品の不適合を援用する権利を失うとしている。合理的な期間は非常に短い期間が想定されている。買主は物品の不適合の適宜の通知を怠ると，請求する権利を失うことになる（なお，同2項では，2年間の除斥期間が定められている。この点に関しては，本章8（5）の「隠れた瑕疵の保証責任」を参照願いたい）。

【事例】
日本の商社A社は，オーストラリア企業B社から繊維製品を輸入し，商品は仕向地の荷揚港に到着したが，A社が到着した商品を検査しないで，そのまま転売先であるX社に送付し，X社の倉庫に搬入された。程なくして，転売先のX社から商品の品質上のクレームが届き，最終的に不良品として全品返却されてきた。A社は直ちにB社に対して商品の品質不良クレームを提起して，商品の全品返品と商品代金の償還及び損害賠償を請求を行った。A社はB社のクレームを全面的に拒絶したため，紛争に発展してしまった。

事例では，商品が品質不良であることは認定されたが，ただし，物品が仕向地に到着したときに，買主が速やかに検査を行わなかったこと，又，買主が，合理的な期間内に，不適合の性質の明細を示した通知を売主宛に行っていな

かったことから，買主は，請求する権利を失っているとして，買主側の請求が退けられている。

　検査時期及び通知時期は，非常に短期間とする判例がでており，買主にとり非常に厳しい義務となる。買主の立場を考慮すると，買主の検査義務，通知義務を緩和する工夫が必要である。CISG第38，39条は任意規定であり，当事者間の合意で同条の規定を修正することができる。

　通常は，物品検査，請求通知の規定が契約書に規定されるが，同規定においては「物品の検査は実行可能な限り短い期間内」に，又「不適合の通知は合理的期間内」に行わなければ買主の請求権が喪失するとされている点を考慮して，取引事情に応じた，具体的な検査時期及び通知期限の特約を設けることは，買主にとり非常に重要な契約対策といえよう。買主側の観点から，以下の条項が考えられる。

"Buyer may examine the Goods at any time and at any place at its sole discretion. Buyer shall not lose any rights to remedies under CISG or any other applicable law for reason of any delay of examination or of notice of non-conformity, nor for reason of the lack of specificity of the nature of the non-conformity."

買主は自己の選択でいかなるとき及び場所で商品を検査することができる。買主は検査のいかなる遅延，又は不適合の通知，又は不適合の性質を特定することを怠った理由からCISG，又は他のいかなる適用法に基づいても，救済を受ける権利を喪失しないものとする。

10　決済条件設定に伴うリスク

　CISGの下での，買主の基本的義務は，①代金の支払，②物品引渡しの受領である。同第53条では，買主は，契約及びこの条約に従い，物品の代金を支

払い, 及び物品の引渡しを受領しなければならないと定めている。

物品の代金の支払方法については, 通常, 当事者間で取り決められ, 契約書に決済条件として規定される。

(1) 貿易売買の決済手段

貿易売買において採用されている決済手段は多種, 多様であるが, 一般的に, ①送金決済, ②荷為替手形決済 (D/P, D/A手形), ③信用状付荷為替手形決済が利用されている。

上述の決済手段を選択するうえで, 決済リスクの高い手段, リスクの低い安全な手段, 又, 決済手続にかかるコスト, 及び決済手続の煩雑さの程度を考慮して各取引に適応する適切な決済手段を選択することが大切である。又, 決済リスクの高い手段を採用するときは, リスク担保対策を講じておく必要がある。

なお, 決済手段の選択においては, 各国の為替管理制度[9]に基づく決済手段の規制の有無, その規制内容を事前に調査しておく必要がある。

(2) 決済手段の設定

貿易売買契約では, 決済条件の性格を認識して, 当事者間で取り決められた決済条件を契約書に明確に規定しておくことが大切である。

1) 送金決済

近年, 貿易取引のグローバル化が振興しており, 欧米でよく利用されている送金決済方式が, アジア諸国を含みグローバルに普及しており, 我が国の貿易決済における送金決済の比率は飛躍的に増大している。

送金決済では, 通常, 銀行経由で送金がされており, 前払い方式とオープンアカウント方式 (後払い方式, 例えば, 送状日後30日払い, 掛け売り方式, 例えば, 月末締切の翌月10日払い方式) がある。

前払い方式は，売主にとり安全な決済であるが，買主にとっては，商品が引き渡されなかったり，不良品質の商品が引き渡されるといったリスクがあることに留意する必要がある。

オープンアカウント方式では，商品を引き渡した後の決済となるので，売主にとり代金回収のリスクがある。

① 銀行送金前払い方式

銀行送金前払いは，売主にとり最もリスクの低い決済方式である。一方，買主にとり，商品の引渡しが支払後となるので，商品引渡しに関するリスクが高い。

前払い方式の支払期日は，以下のように指定することになる。

(a) 物品の引渡しを基準として支払日を指定

例えば，「物品引渡約定日の遅くとも30日以前の支払」("payment at least 30 days before the agreed date of delivery of the goods")

(b) 契約日の一定期間内として支払期限を指定

例えば，「契約日後30日以内の支払」("payment within 30 days from the date of the contract")

(c) 他の決済方式との組み合わせ

例えば，「契約金額の30％を契約日後30日以内の前払い」("payment for 30% of the whole price, within 30 days from the date of the contract")；［残金70％を荷為替信用状決済による］("payment for the remaining 70% of the whole price by the documentary letter of credit")

銀行送金前払い方式の英文例を以下に示す。

"The payment for the full price of the Products shall be remitted in advance by Buyer through telegraphic transfer to the bank account of Seller in Seller's country at least (　) days before the agreed date of the delivery of the Products（又は，within（　）days from the date of the contractのいずれか選択）."

　　製品の全代価の支払は，買主により，遅くとも製品の引渡約定日より（　）日以前（又は，契約日から（　）日以内に，のいずれか選択）に売主の国の売主の銀行の口座に電信送金により振り込まれるものとする。

② オープンアカウント

　後述，(a)，(b) のオープンアカウントの決済方式は，後払い方式となり，売主にとり決済リスクが高くなる。万が一，代金決済がされなかった場合に備えて第三者保証又は担保を考慮する必要がある。例えば，送り状日後30日払いのオープンアカウント決済では，買主は，銀行発行のスタンドバイ信用状[10]，又は保証状の提供を条件とすることが考えられる。

　(a)　銀行送金後払い

　　銀行送金後払い方式の英文例を，以下に示す。

"The payment for the full price of the Products shall be remitted by Buyer through telegraphic transfer to the bank account of Seller in Seller's country within（　）days after the relative invoice date."

　　製品の全額の支払は，買主により，当該送り状日より（　）日以内に売主の国の売主の銀行口座に，電信送金で振り込まれるものとする。

　(b)　掛売決済方式

　　長期継続的取引，例えば，販売店契約，OEM供給契約等では，継続的に個別取引が行われるので，一定期間にまとめて支払う方式も考えられる。

　　以下に，掛売り方式の英文例を示す。

第 3 章　貿易売買契約の主要条件の各種条件，条項のリスク対策　91

> "The payment for the price of the Products shall be remitted by Buyer through telegraphic transfer to the bank account of Seller in Seller's country within the end of the following month after sum up of the invoices at the every 10 day of the month."
>
> ---
>
> 製品代価の支払は，毎月の10日目に送り状締切日として次の月の最終日以内に買主によって，売主の国の，売主の銀行口座に電信送金で振り込まれるものとする。

2) 荷為替手形による取立決済

売主が振り出す為替手形 (bill of exchange) に，船荷証券 (bill of lading) 等の船積書類を添付して組み合わせることで，荷為替手形 (documentary bill of exchange) となる。

荷為替手形決済では，売主が貨物を船積して，船積書類 (shipping documents) を揃えて，買主又は銀行宛に振り出す為替手形に添付して，為替銀行に荷為替手形代金の取り立てを依頼する。この決済では，代金取立完了後に支払いが行われることになる。ただし，信用状が付いている場合，輸出手形保険が付保されている場合は，通常，売主が自己の取引銀行に荷為替手形を振り出すと，銀行が当該手形を買取り，手形代金を支払ってくれる買為替決済となる。

船積書類には，船荷証券 (bill of lading)，又は他の運送書類 (transportation documents)，商業送状 (commercial invoice)，保険証券 (insurance policy)，梱包明細書 (packing list)，原産地証明書 (certificate of origin) 等がある。

手形の条件には，次の2つの条件がある。

　(a)　支払渡し条件 (Documents against Payment：D/P)

　　買主の手形代金の支払と引き換えに船積書類が引き渡される手形条件。

　(b)　引受渡し条件 (Documents against Acceptance：D/A)

　　買主が，手形の呈示をうけて，手形を引き受けることと引き換えに船積

書類が引き渡される手形条件。

荷為替手形決済による代金取立て決済は，売主にとり，決済リスクの高い手段であり，与信決済条件になるので，与信管理，担保対策を考慮する必要がある。与信リスク担保の方法としては，例えば，手形保険の付保，国際ファクタリング，信用状付荷為替手形決済などがある。

荷為替手形決済の英文条項例を以下に示す。

"The payment for the price of the Products shall be made by D/P (Documents against Payment) at sigh draft to be drawn by Seller against Buyer."

製品代価の支払は，買主宛てに売主により振り出された支払渡し条件による一覧払手形により決済されるものとする。

3） 信用状付荷為替手形決済

信用状は売主が銀行又は買主宛てに振り出す荷為替手形に関して，買主の取引銀行がその手形代金の支払を確約する書状であり，売主が，信用状条件に合致した荷為替手形を振り出す限り，手形代金の支払を受けることができる。

信用状は買主の取引銀行の荷為替手形の支払保証がされているため，売主にとり決済リスクの低い，安全な決済手段であるといえる。

荷為替信用状決済の英文条項例を，以下に示す。

"The payment of the price of the Products shall be made by means of an irrevocable documentary letter of credit available for the Seller's draft at sight to be opened by Buyer through a prime and leading bank satisfactory to Seller within ( ) days after conclusion of the contract."

製品の代価の支払は，買主が，本契約締結後（ ）日以内に売主が満足する一流の銀行を通じて開設される，売主の一覧払手形に適応する取り消

し不能信用状により行われるものとする。

11　信用状の性格，機能と信用状決済のリスク

（1）　信用状の性格と機能

　荷為替信用状は，貿易取引を容易にするために銀行によって提供される便益であり，荷為替手形決済の回収担保となるものである。発行銀行は，信用状条件が充足されることを条件として，手形代金の支払の確約をするものである。信用状取引の特徴である，信用状の性格，機能に関する基本原則を以下に挙げる。

①　信用状独立抽象性の原則：信用状と契約との関係
　信用状はその性質上，信用状の基礎となることのできる売買契約，その他の契約とは別個の取引である。契約の言及が信用状に含まれていても銀行はその契約とは無関係であり，又このような契約により何ら拘束されない。受益者は銀行間，発行依頼人と発行銀行の契約関係を援用することはできない（UCP 4 条 (a)）。

②　書類取引の原則：書類と物品，サービス又は履行との関係
　信用状取引において，銀行は，書類を取り扱うのであり，その書類が関係することのできる物品，サービス，又は履行を扱うものではない（UCP 5 条）。信用状は，信用状の条件を充足する書類の呈示を条件に履行される銀行間の書類取引であり荷為替信用状は，当該信用状が関係する物品，又は役務の契約とは関係なく，信用状条件が要求する書類のみに基づいて支払を確実にするものである。

③　厳密一致の原則：ディスクレパンシーのある書類の拒絶

　指定に基づき行為する指定銀行，もしあれば確認銀行，又は発行銀行が，信用状に基づく呈示書類が外見上信用状条件を充足していないと決定した場合には，その銀行はオナー（honour）すること，又は買い取ることを拒絶することができる（UCP 16条（a））。信用状は，信用状条件と提供書類の不一致がある場合には，発行銀行は書類拒絶することができる。信用状決済は，荷為替手形決済を確実にする担保として機能はするが，信用状条件と提供書類の不一致（ディスクレパンシー）による書類拒絶リスクがある点に留意が必要である。

（２）　荷為替信用状による代金決済の仕組み

　荷為替信用状による代金決済は，一般的に，以下のような流れで利用されている。

①　買主の信用状提供義務の発生
　売主，買主の間で締結される貿易売買契約の決済条件が，荷為替信用状決済の場合，買主はまず，信用状の発行手続，提供義務が発生する。

②　買主の取引銀行への信用状の発行依頼
　買主は信用状開設依頼者として，自己の取引銀行に信用状の開設を依頼する。この場合，信用状を発行する銀行を発行銀行（issuing bank）という。

③　発行銀行による信用状の発行と受益者への通知
　開設依頼を受けた発行銀行は，通知銀行を通じて受益者（売主）に信用状を通知する。この場合，通知銀行（advising bank）とは，発行銀行が，受益者所在地の自己の本支店又はコルレス銀行に依頼して，受益者に信用状の発行を通知してもらう，この通知を行う銀行である。

④ 受益者による貨物の船積と船積書類,荷為替手形の買取依頼

信用状の通知を受けた受益者は物品を船積し,船積書類,為替手形を整えて,荷為替手形と信用状他必要書類を買取銀行に呈示する。

⑤ 買取銀行による買取と発行銀行への書類発送

買取銀行は,船積書類が文面上信用状条件と合致しているか否かを点検する。合致していると判断したときには,手形の支払,引受,買取を行い,発行銀行に手形支払通知書と船積書類を送付する。

⑥ 発行銀行による発行依頼人への支払請求と船積書類の交付

船積書類送付を受けた発行銀行は,船積書類が信用状条件に合致しているかを点検,船積書類を受理するか否かを決定する。同時に発行依頼人(輸入者)へ支払請求,支払又は引受後に船積書類を発行依頼人に引き渡す。

図表3-1 荷為替信用状による代金決済の流れ

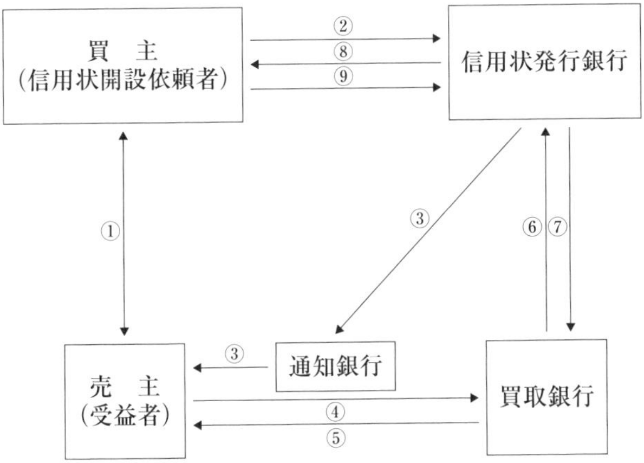

①売買契約L/C決済　⑥荷為替手形送付と支払請求
②L/C発行依頼　　　⑦代金支払
③L/C発行通知　　　⑧船積書類到着通知と船積書類の交付
④為替手形買取依頼　⑨代金支払の受入れ
⑤代金支払

⑦　輸入者による荷物の引取り

買主は，発行銀行から，船荷証券，その他の書類を受け取り，船荷証券の原本を運送会社に提示して，貨物を引き取る。

（3）　信用状取引と荷為替信用状に関する統一規則及び慣例

信用状取引に関係して銀行を含む取引利害関係者の間で，信用状に関する解釈で，トラブル，紛争が発生することがあるが，ほとんどの国の法律には，信用状についての規定がなく，一般には，信用状に国際商業会議所（International Chamber of Commerce：ICC）が制定した信用状統一規則に準拠することを記載して，信用状統一規則を解釈のよりどころとしている。信用状統一規則は，信用状のトラブル，紛争において大きな役割を果たしている。

信用状統一規則に準拠する旨の信用状適用文言としては，次のような文言が信用状に挿入される。

"The Uniform Customs and Practice for Documentary Credit, 2007 Revision, ICC Publication No.600 shall apply to the Credit Concerned."

荷為替信用状に関する統一規則及び慣例，2007年改訂版ICC publication No.600は当該信用状に適用されるものとする。

「荷為替信用状に関する統一規則及び慣例」は，国際経済の復興とともに，荷為替信用状が利用が増大して，信用状を取り扱う銀行の処理が様々であり，その相違から商事紛争の発生が多くなり，この実情を解決するために，国際商業会議所（ICC）が中心となって，「荷為替信用状に関する統一規則及び慣例」が作成され，1933年に制定された。

以後，数次の改正が行われており，最新版は，2007年改訂版のUCP600である。

(4) 信用状決済に伴うトラブルリスク

1) 信用状厳密一致の原則とトラブルリスク

信用状厳密一致の原則に基づき，発行銀行は，外見上，信用状条件と提供書類に不一致がある場合には，発行銀行は書類拒絶することができる (UCP 16条 (a))。一方，信用状条件と提供書類が合致している場合は，発行銀行は受益者に対して支払義務がある (UCP 15条 (a))。

信用状決済では，信用状条件と提供書類の不一致（ディスクレパンシー）による書類拒絶のリスクがある。

──【事例】──
450トンの穀類（グランドナッツ）の売買契約が締結され，決済条件は，信用状決済であり，買主の依頼に基づき，発行銀行は売主を受益者とする取消不能信用状を開設し，通知銀行経由受益者（売主）に信用状の通知がされた。その信用状の条件では，商品名は "Coromandel groundnut kernels, dry, decorticated" となっており，商業送り状，船荷証券，保険証券，他の書類を要求していた。

貨物が船積された後，受益者（売主）が呈示した書類を買取銀行から発行銀行に送付されたが，その書類のなかで，船荷証券に "machine shelled groundnut kernels" と記載されていたため，発行銀行から船荷証券面の商品名が正確に記述されていないとして，ディスクレパンシーを理由に書類拒絶がされてきた。買取銀行は，再度，当該書類と船積された商品が "Coromandel groundnut" であることの検査機関発行の証明書を添えて発行銀行に送付したが，書類は再度拒絶，受理されなかったため，双方の見解が対立して紛争に発展してしまい，信用状条件と提供書類における厳密一致の原則の解釈を巡り争われた。

上記は，信用状の条件と提供書類における厳密一致の原則の解釈を巡って争われた事例である。この事例は1940年代の古い判例であるが，商品の記述は

全ての書類において,信用状条件と正確に一致していなければならないとして,発行銀行の書類の拒絶を認めている。

発行銀行の書類点検は,信用状厳密一致の原則に基づき行われるが,厳密一致がどの程度まで適用されるのか,書類点検標準が問題となる。

従来,この原則は,書類が信用状条件と全く同じでなければならないとされていた[11]。しかし,最近では,厳密一致の原則の標準解釈は緩やかになっている。

信用状統一規則（UCP600）では,商業送状は,信用状中に現れている記述と合致していなければならない（UCP18条（c））と定めており,厳密一致の原則が適用されることになる[12]。しかし,商業送状以外の書類においては,信用状の記述と食い違わない一般的用語によって記載することができる（UCP14条（e））と定めており,厳密一致の原則を緩和している[13]。

事例では,商業送状の商品記載は信用状と合致しており,船荷証券の貨物名記述が信用状の記述と相違があり,この書類の呈示が信用状条件を充足しているか否かが問題となっているが,UCP600第14条（e）では,商業送状以外の書類は,信用状の条件と全く同じである必要はなく,信用状の記述と食い違わない一般的用語によって記載することができるとされている。

事例における船荷証券に記載されている商品記述は,信用状の記述と食い違わない一般的用語によって記載されており,信用状条件と充足する書類呈示であると解するべきであり,UCP600の下では,発行銀行に支払義務があると解するべきである。

事例のようなディスクレパンシーに伴うトラブルは,当事者の利害が対立して紛争にまで発展することが少なからずある。そのようなトラブルのADRによる迅速,安価な解決方法にドックデックがある（第5章, 3（2）6)「ドックデック」を参照頂きたい）。ドックデックでは,デスクレパンシー問題等の専門家による判定が行われ,その判定には強制力はないが,早期解決が期待できる。

2) 信用状の独立抽象性と書類取引の原則とトラブルリスク

信用状はその性質上,信用状の基礎となる売買契約,その他の契約とは別個

の取引である。契約の言及が信用状に含まれていても銀行は，その契約とは無関係である（UCP4条）。

【事例】

日本の輸入業者A社は韓国の輸出業者B社との間に，縫製品の輸入契約を締結。決済は信用状条件と貨物は連月積の二分割積とした。A社は，B社を受益者とする信用状を開設した。最初の貨物は船積され，信用状に基づき決済が行われた。A社は貨物を受け取ったが，貨物は相当程度の不良品質の商品であることが判明。A社は，当然に第二回目の貨物も品質不良がでることが分かっており，第二回目の船積に対する信用状に基づく支払の差し止めを発行銀行に求めた。発行銀行からは，信用状独立抽象性の原則，及び書類取引の原則を理由に，A社の支払の差し止めの要求は認められないとする回答が返ってきたという。

信用状決済においては，信用状の書類取引の原則から，信用状条件と充足する書類が呈示される場合は，たとえ船積された貨物が品質不良であることが明らかであっても，輸入業者A社は，発行銀行に対して支払を行わなければならない。したがって，A社としては，不良品質の商品に関しては，売買契約上の契約違反，義務不履行を理由に，売買契約上の請求をB社に求めることになる。

UCP第5条では，銀行は，書類を取り扱うのであり，その書類が関係する物品，サービス，履行を扱うのではないと定めている。又，UCP第4条で，受益者は銀行間，発行依頼人と発行銀行の契約関係を援用することはできないと定めている。

12　与信に伴うリスクの対応と管理対策

貿易売買取引における決済の遅延，代金不払いが発生した場合，その代金回収は，国内取引と比較して，非常に困難であり，時間と費用がかかることになる。できる限り，そのようなトラブルを避ける方策，又，万が一発生した場合

の対策をとっておく必要がある。

　大企業では与信管理部門が，取引相手の信用調査を行い，取引の決済方式，及びその内容を審査し，支払遅延のペナルティ，与信の限度額など，貿易取引全体のプロセスにおいて，決済対策，与信に対するリスク管理を行っている。中小企業では，そのような専門部署を置いていなく，国際決済における，例えば，オープンアカウント決済，為替手形取立決済を採用した場合，売主にとりリスクが大きく，与信管理が必要となるが，与信管理の甘さから代金回収トラブルが発生して，最終的に回収できなくなってしまっているケースが少なくない。

（1） 与信リスクの対応

┌─【事例】─────────────────────────
　取引の当初は荷為替信用状決済であったが，途中で銀行送金後払いのオープンアカウントに変更依頼を受け，売主のA社は，オープンアカウントがA社にとり大きなリスクを負うことになるが，何ら与信担保の策を講じないで，又，相手の信用調査もしないで，変更依頼を安易に承諾してしまった。当初，決済は順調になされていたが，ある時点から代金送金が遅延気味となっていたが，何ら対策もとらないで，請求が曖昧なまま，取引を継続していたため，未回収代金が数千万円に累積してしまっていた。そのような状況下で買主B社は，資金繰りに詰まり，倒産してしまい代金回収ができなくなってしまった。
└─────────────────────────────

　事例のように，取引が継続する場合に，信用状決済から，リスクの高いオープンアカウントに変更依頼がされることがある。決済変更依頼の要因には，主に次のような事情が考えられる。

　（a）　買主の資金繰りが悪くなっている。
　（b）　信用状に係る費用がかさみ，複雑な書類整備の為，費用の安い，手続の簡単な銀行送金によるオープンアカウントに変更することで費用負

担を少なくし，又，手続の煩雑さを回避する。
- (c) 市場の市況が好調で，買主の購買意欲があるが，信用状開設の金額限度枠があり，限度枠を超える注文について，オープンアカウントの決済を依頼される。

　いずれの事情においても，契約書に定められた決済条件は，原則，変更をしない姿勢が大切である。特に (a) のように，相手の資金繰りが悪い状況下においては，決済変更はしてはならないことである。(b)，(c) のような要因の場合でも，相手の信用調査を行ったうえで，慎重に変更依頼に対応する必要がある。又，変更する場合には，後述する与信担保を取っておくことが大切である。

(2) 与信管理対策

　貿易売買契約における決済条件に関する売主の与信管理対策の基本事項を，以下に挙げる。

① 取引相手先の信用を調査する

　取引を開始する前に，まずは，相手先の信用調査を行うことが大切である。信用調査の方法には，専門の調査機関，例えばDun & Bradstreet等に調査依頼する方法がある。又，トレードレファレンス (trade reference) といって，同業者から信用関係情報を得ることも，又，銀行照会 (bank reference) による企業情報も効果的な情報となる。

　継続的に取引を行う場合は，当初は信用状況が良くても，その状況が長く持続するとは限らないため，定期的な信用調査を怠らないことが大切である。

② 契約書に支払条件を明記，安易に決済条件は変更はしない

　貿易取引に際しては，契約書を作成して，契約書に決済条件，その他の取引条件，紛争解決条件等を明確に定めておくことが大切である。そして，事例で説明したように，決済条件を安易には変更しないことを心がけることが大切で

ある。

③　オープンアカウント，荷為替手形取立決済では，与信担保を確保する

決済手段がオープンアカウント，荷為替手形取立決済の場合，売主にとり，与信リスクが伴うので，万が一の決済遅延，不払いの対策として，与信担保を取っておくことが大切である。

④　売掛残高勘定書を作成して遅延債権を確認する

売掛残高勘定書（statement of account）の作成を心がけることが大切である。勘定書の内容は，送り状番号（Invoice No.），契約番号（Contract No.）及び日付，金額，決済，支払残高，遅延利息等が記載される。この勘定書を英文で作成しておいて，相手方に送付して遅延債権残高の確認を行っておくことが大切である。債権回収の手続を行う際に，重要な参考書類，証拠となる。

⑤　相手先の信用不安が発生した場合，決済条件の変更，取引停止を考慮する

相手方の信用不安が発生し，支払遅延，不履行が明らかに予想される場合，予防的対策として，安全な決済手段，例えば，送金前払い，又は信用状決済に変更すること，又，時には契約履行の停止を考慮することが大切である。

（3）　与信リスクの担保の方法について

送金前払い，信用状決済の場合には与信リスクがなく，担保を考える必要がないが，オープンアカウント，荷為替手形取立決済では，与信リスクがあるため，与信リスク担保を取る必要がある。与信リスク担保の方法としては，以下の方法が考えられる。

①　スタンバイ信用状，保証状

スタンバイ信用状は多様な機能，種類の請求払保証である。スタンバイ信用状の種類の中で，商業スタンバイ信用状（commercial stand-by credit）

は，物品代金の不払いの際に，その支払義務を担保する。

買主が，買主の取引銀行に，売主を名宛人とする一定金額のスタンドバイ信用状を開設する。売主は，不払いが発生したら，そのスタンバイ信用状の金額の範囲内で償還を受けることができる。欧州等の銀行では，保証状（letter of guarantee）を発行するが，米国では銀行の保証状の発効が規制されているため，スタンドバイ信用状を利用している。

② 貿易保険

貿易保険は，輸入制限や為替取引制限等の非常危険及び契約相手先の破産，債務履行遅延等の信用危険を填補する保険であり，日本では，独立行政法人日本貿易保険（NEXI：Nippon Export and Investment Insurance）が運営をしている。貿易売買契約における代金決済の与信担保として利用できる。

貿易保険の種類は複数あるが，貿易売買に関しては，輸出，仲介契約において，船積前から代金回収までのリスクをカバーする貿易一般保険，中小企業が行う輸出契約において，代金回収不能のリスクをカバーする中小企業輸出代金保険，荷為替手形の不渡りによる損失をカバーする輸出手形保険等がある。

③ 国際ファクタリング

国際ファクタリングは，オープンアカウント決済，荷為替取立手形決済等の場合に，ファクタリング会社が売主の代金回収リスクを引き受け，その代金債権を保証する制度である。日本のファクタリング会社の多くは，銀行の系列会社であり，海外にあるネットワークを通じて国際ファクタリング業務を行っている。

（4） 信用不安の抗弁権
　　―買主の支払い不能状況の下での履行の停止―

契約締結後，履行期が到来する前に，相手方が履行しないことが明らかになった場合，そのような状況の下でも，当事者は契約を履行しなければならないか

という事態が発生する場合がある。

> 【事例】
> 日本企業の売主A社は，米国企業の買主B社との間で継続的供給契約に基づき，船積後60日払いの銀行送金決済で，商品を供給していたが，B社からの支払が遅延するようになっていた。そのような状況の下，B社の財務状況が悪化し，民事再生の申立てを行うという情報を入手した。A社には未だ履行期が到来していない貨物があり，破産状態のB社に出荷するべきか否かが問題となった。

契約締結後に履行期が到来する前に，相手方が履行しないことが明らかになった場合，そのような状況の下でも，当事者は契約を履行しなければならないか，又，すでに船積した輸送途上の貨物の交付を拒むことができるかという事態にどのように対応すべきが問題となる。

1) 買主の支払い不能状況の下での履行の停止

CISGでは，相手方の契約違反が予想される場合，予防的な救済策として，他方当事者の契約履行の停止，貨物の交付を拒むことを認める規定を定めている。

第71条1項では，当事者の一方は，次のいずれかの理由によって相手方がその義務の実質的な自己の義務の履行を停止することができると定めている。

　（a）　相手方の履行をする能力又は相手方の信用力の著しい不足
　（b）　契約の履行の準備又は契約の履行における相手方の行動

CISGの下では，契約の当事者が，履行期の到来時に相手方当事者の義務の実質的な部分を履行しないであることが判明した場合には，自己の義務の履行を停止することができることになる。

事例では買主B社が破産状態にあり，B社の実質的義務である決済が履行されないことが予想され，同1項(b)に該当すると解される。日本では，「信用不安の抗弁権」に相当し，民法には明文規定は無いが，これを認める判例がみられる。

事例のように，買主B社が決済できないことが明らかな場合，B社が破産の申立てをしてしまうと，権利行使が制限されて回収の見込みがなくなってしまうことになるので，売主A社としては，商品を船積履行するより，履行を停止することが賢明であると考えるべきである。その場合，売主A社は，直ちに履行を停止したことを相手方B社に通知しなければならない。A社からの履行停止の通知に対して，B社が適当な担保を提供した場合（例えば，一流銀行による取消不能信用状の発行，又は一流銀行による保証状等）は，履行を再開しなければならない。

第71条3項では，履行を停止した当事者は，物品の発送の前後を問わず，相手方に対して履行を停止した旨を直ちに通知しなければならず，又，相手方がその履行について適切な保証を提供した場合には，自己の履行を再開しなければならないと定めている。

2） 買主の支払不能状況のもとでの買主への運送品の交付の拒否

買主が支払不能状態に陥っていることが判明した時点で，貨物がすでに買主向けに船積されてしまっている場合がある。

例えば，買主の支払不能状態の状況で，荷為替手形が交付されている場合に，売主が，貨物を買主へ交付することを拒み，取り戻すことができるか否かが問題となることがある。

CISGでは，運送品の交付を拒むことができる規定が設けられている。第71条2項で，売主が，1項に規定する事情が明らかになる前に物品をすでに発送している場合には，物品を取得する権限を与える書類を買主が有しているときであっても，売主は，買主への物品の交付を妨げることができる。同2項の規定は，物品に関する売主と買主との間の権利についてのみ規定するとしている。

貨物がすでに船積されている場合に，その貨物を取り戻すことについて，売主が買主への物品を引き渡さないように運送人に対して指示することができるか否かが問題となるが，売主から運送品差し止めの指示を受けた運送人がその指示に従うか否かについては，CISGには規定されていない。荷送人（売主）と運送人との間の問題の処理については，同規定の適用はない。荷送人と運送

人との問題は，運送契約上における問題となるので，当該運送契約の約款及び運送法に基づく処理となる。

13 遅延債権回収に伴うリスク

決済代金の支払遅延が発生したときに，どのように対処するかは重要な問題である。支払期日になっても，支払がなく，1～2カ月遅れて支払われるといった場合，この傾向が継続すると遅延債権が累積していき，大きな金額に膨れ上がってしまうことがよくあることなので厳しく対応するように心がけるべきである。売掛債権勘定書の作成，送付，遅延利息の請求，取引の停止，リスクの少ない，安全な決済条件への変更等の対策を講じる必要がある。

（1） 支払期日の到来と支払い義務の発生

CISGの下では，買主は，支払期日の到来とともに代金を支払う義務が発生し，売主は，遅滞の効果のための請求，催告を必要としない。支払時期の到来により，同条約条の救済が認められ，遅延利息も起算される。

CISG第59条では，売主によるいかなる要求又はいかなる手続の順守も要することなく，買主は，契約若しくはこの条約によって定められた期日又はこれらから決定することができる期日に代金を支払わなければならないと定めている。

（2） 遅延債権の回収の手順

遅延債権の回収には様々な方法が考えられるが，一般に次の方法が考えられる。

① 当事者による請求

まずは，当事者が直接相手方に遅延債権の回収についての請求をすることから始まる。請求に際して，statement of account（売掛残高勘定書）を送付して，遅延債権の確認をしておくことが大切である。又，請求は継続的に行い，期限を設けることを忘れてはならない。

最後通告は厳しい内容で，期限付きの通告を出し，支払がない場合は，第三者による手段，法的手段をとることを考えなければならない。最後通告で，そのことをほのめかす警告を与えることも，時には，相手方に支払を促すうえで効果がある。

② 第三者（弁護士等）による請求，催告

当事者による請求では回収が難しい場合は，訴訟や仲裁等の最終的強制的解決手段をとる前に，第三者である，弁護士に遅延債権の回収のため催告，交渉を依頼し，弁護士から，相手方に催告をしてもらい，債権回収交渉をしてもらうことも効果的な方法である。

③ 債権回収機関による請求

当事者の交渉では解決できない債権の回収を，債権回収機関に任せる方法もある。債権回収機関は，第三者として，債権者の代わりに，回収活動を行うことになる。

〈訴訟，仲裁等の強制的解決手段の利用〉

　　最終的回収手段としては，訴訟又は，契約書に仲裁条項が規定されている場合は，仲裁による手続をとることになる。ただ，このような法的手段は，時間と費用が相当かかることを考慮して慎重に決定する必要がある。又，勝訴した場合でも，相手方に財産がなければ，債権の回収はできないので，法的手段をとる前には，相手方の財産調査をしておく必要がある。

（3） 遅延利息の請求

　支払時期の到来において，代金が支払われていない場合に，その代金が支払われてない金額に遅延利息が発生する。売主は，遅延債権に対する利息の請求を忘れてはならない。CISGでは，当事者の一方が代金その他金銭を期限を過ぎても支払わない場合には，相手方は，損害賠償の請求を妨げられることなく，その金銭の利息を請求することができる（78条）と定めている。同条では，利率についての定めが置かれていない。利率の決定については，CISGの基礎を成す一般原則に従い，又はこのような原則がない場合には，国際私法の準則に従い決定される準拠法に基づき利率が決定されることになる（7条2項）。例えば，日本法を準拠法として適用されるなら，商事法定利率は年率6％である。なお，遅延利息の利率については，当事者の約定が優先するので，契約書に予め，遅延利息規定を設けることも考えられる。

（4） 遅延債権の消滅時効の管理

　訴訟や仲裁による債権回収を考える場合，遅延債権の消滅時効を考えておく必要がある。例えば，支払遅延が発生して，その請求を曖昧にしたまま，何年もの間，取立を行わないで放置していた遅延債権の回収について，会計事務処理の都合で，遅延債権の処理が必要となって，その遅延債権の最終的取立を行う段階で，当該債権が消滅時効，又は出訴制限[14]の期間が満了し，権利が消滅していることがある。

　CISGには消滅時効についての定めは置かれていない。消滅時効や出訴制限の期間は準拠法により異なることに留意して，適切，適宜に請求するを心がけることが大切である。

14　貨物保険条件設定に伴うリスク

　貿易取引契約の履行に伴い，国際運送される貨物は，例えば，海上運送途上において，船舶の沈没，座礁，衝突，船火事，他，貨物の盗難，破損，雨濡れ等の様々な危険が潜在的に存在している。このような事故に伴い貨物に損害が生じた場合に，運送人の補償がない場合や，十分な補償が得られないことがある。貨物保険はそのような危険による損害をカバーする保険である。
　CISGでは，国際運送途上の物品の減失，毀損をカバーする貨物保険の規定はない。貨物保険を付保するか否かについては，契約上の義務として付保する場合，又，契約上の義務ではないが，運送中の貨物の減失毀損について危険を負担する当事者が，リスク管理の一環として付保する場合がある。
　契約上の義務に関しては，契約書に規定される保険条件に基づき保険を付ける場合，又，インコタームズ2010規則のCIP，CIF条件では，売主の義務として保険契約の付保に関する規定があり，その規定に基づき保険を付ける場合がある。
　貨物保険の付保については，売主，買主のいずれが保険を手配する，保険契約の当事者となるのか，又，どのような内容の保険条件とするのかが問題となる。なお，貨物保険では，航空貨物，海上貨物等の保険があるが，本書では，海上貨物保険を取り上げる。

（1）　貿易契約と貨物保険の手配者

　海上運送中の貨物の減失，毀損の危険に対応して，誰が保険を手配して保険契約を締結するかについては，運送中の貨物の減失，毀損の危険を負担する，売主又は買主のいずれかの当事者が保険契約の手配，契約者となる。通常，インコタームズ2010規則に基づき，貨物運送中の減失，毀損の危険を，売主又は買主のいずれが負担するかによって，その危険を負担する者が，保険の手配，保険契約を締結することになる。なお，インコタームズ2010規則のCIF，CIP

条件では，同規則A3(b)に保険契約の規定があり，売主は，買主のために，保険を付保する義務がある。

インコタームズ2010規則に基づき，売主，買主のいずれが保険の手配，契約を締結する当事者となるかを以下に示す。

インコタームズ2010規則に基づく保険の手配者，契約者

①EXW：買主手配，②FCA：買主手配，③CPT：買主手配，
④CIP：売主手配，⑤DAT：売主手配，⑥DES：売主手配，
⑦DDP：売主手配，⑧FAS：買主手配，⑨FOB：買主手配，
⑩CFR：買主手配，⑪CIF：売主手配

（2） 保険契約の内容と保険証券

海上貨物保険は，一般に，MARポリシー・フォームとともに協会貨物約款(Institute Cargo Clause) (A)・(B)・(C) (1982年制定，2009年1月1日から改定版使用開始) が用いられており，その約款に基づく保険内容となる。

1） 保険期間

保険期間は，保険者（保険会社）が，どこから，どこまでの間に発生した損害を填補するのか，保険者が責任を負担する期間をいう。

保険期間は，運送開始のために，貨物が保険証券記載の仕出地の倉庫又は保管所を離れたときから，仕向地にある最終倉庫又は保管所に荷降ろしが完了したときに終了する。ただし，最終倉庫に搬入されていなくても，いかなる場合でも，荷降ろし完了後60日を経過すれば保険期間は終了する。

2） 保険条件

ロンドン国際保険業協会の協会貨物約款によれば，保険契約は，保険者が損

害を填補する範囲により，①ICC（A），②ICC（B），③ICC（C）の3種類の保険条件があり，それぞれの条件により損害填補の範囲が異なる。ICC（A）は損害填補の範囲が広い条件をいう。具体的には，次のような事故に対応する。①火災・爆発，②船舶の沈没・座礁，③船舶・輸送用具の衝突等，④積込み・荷降しの際の水没又は落下による梱包1個ごとの全損，⑤海，河川の水の輸送用具等への侵入，⑥地震・噴火・雷，⑦共同海損（分担額），⑧救助料，⑨その他の損害（破損・曲がり，盗難，不足，漏出・汚染，他），⑩非保険者が関与しない荷造りの不完全。

ICC（A）は，以上の全ての事故に対応する保険条件である。ICC（B）では，⑨の事故損害は填補されない。ICC（C）では，④，⑤，⑥の事故及び⑨の事故損害は填補されないことに留意する必要がある。

上記約款は，2009年1月1日制定の新協会貨物約款によるものである。従来の旧貨物約款では，ALL RISKS，WA，FPAの3種類の保険条件であるが，新協会貨物約款のICC（A）がALL RISKS，ICC（B）がWA，ICC（C）がFPAに対応し，ほぼ同様の内容の保険条件である。

なお，保険者が免責される損害には，以下の損害がある。

①運送の遅延による損害，②保険の目的物の固有の欠陥・性質による損害，③被保険者の故意による損害，④原子力危険による損害，⑤テロ危険による損害，⑥戦争，ストライキ，暴動による損害

3） 戦争危険，ストライキ危険の特約

戦争危険及びストライキ危険は，協会貨物約款によると，保険者の免責損害となり，特別約款により担保されることになる。したがって，戦争危険及びストライキ危険は，別途割増料金を払って，特別約款を含む必要がある。

4） 保険金額

保険金額は，1回の事故について支払われる保険金の上限金額をいう。

保険金額は，一般に，CIF価格の110％で，CIF価格に希望利益10％分を加算した金額となる。

5) 保険証券

　保険証券（Insurance Policy）は，保険契約の証拠として保険者から交付される証拠証券であり，通常，裏書，引渡しによって譲渡される。貿易売買取引において利用される保険証券は英文保険証券であり，MARポリシー・フォームかS.G.フォームが利用されている。

（3） CIP，CIF条件と貨物保険

　インコタームズ2010規則のCIP，CIF条件に，保険契約の規定（規則A3（b））があり，売主は買主のために保険を手配し，保険契約を締結する義務を負うことになる。

　同規則では，CIP，CIF条件の下で，売主は買主のために以下の条件，内容を含む保険を保険者と契約する義務を負担する。

① 売主は自己の費用により，少なくとも協会貨物約款の（C）条件又は同種の約款によって規定されている，最低限の補償範囲を満たす貨物保険を取得しなければならない。

② その保険金額は，少なくとも契約で定められている価格プラス10％（希望利益）を補償する金額であり，契約と同じ通貨で表示しなければならない。

③ その保険の補償期間は，物品が本船に積み込まれてから仕向港に到着するまで有効でなければならない。

④ 保険証券又は保険による補償についてのその他の証拠を買主に提供しなければならない。

⑤ 買主の依頼，危険及び費用により，買主が追加の保険を取得するために必要とする情報を買主に提供しなければならない。

（4） 契約書に規定される保険条件

　CIP，CIF条件での売買契約では，契約書に規定される保険条件は，本章

14―(3)で述べた保険の内容を考慮しながら作成する必要がある。例えば，保険金額で表示する通貨及び額，損害が発生した時の填補される範囲，保険期間，戦争危険やストライキ危険等が検討事項となる。

CIP，CIF条件の場合，売主は買主のために保険契約を締結する義務を負担するが，インコタームズ2010規定では，保険の内容は，期間，条件について，最低の必要条件が規定されており，製造製品等には不十分であり，当事者間で，適切な条件の保険を付保することを合意して契約書に規定しておく必要がある。

下記の保険条件の英文例では，110％の保険金額として，協会貨物約款(A)条件に倉庫間約款を付けて，特別追加約款となるWar Risk，SRCCは，買主の要求によって，買主負担で付保する趣旨の規定である。

"On the sale by CIP or CIF condition, Seller shall, on at its own expense, insure the Product on ICC Clause (A) for the period commencing at the time when the Product leaves warehouse or place of storage at the commencement of the transit until the time of arrival thereof at warehouse or place of storage at the port of unloading and in the amount of the Contract Price plus ten (10) percent thereof on the contract currency. Any additional insurance, such as War Risks, SRCC Risks, etc. if required by Buyer, may be effected by Seller at the expense of Buyer subject to receipt of notice by Buyer."

CIP又はCIF条件での売買の場合は，売主は，自己の費用と危険で，製品が，運送の開始の倉庫又は保管所から出荷するときから始まり，荷降し港の倉庫又は保管所に到着する時までの期間，契約価格に10％を加えた金額の契約通貨で，協会貨物約款の(A)条件での貨物保険を付保するものとする。追加の保険，例えば，War Risks，SRCC Risksは，買主からの通知を受領することを条件に買主の費用で，売主により付保することができる。

（5） FCA, CIP, CPTとFOB, CIF, CFRの危険の移転場所が異なる問題点

FCA, CIP, CPTは，航空輸送，コンテナ輸送等に用いられる貿易条件で，貨物の危険移転は，最初の運送人に引き渡した時点で売主から買主に移転する。一方，FOB, CIF, CFRは，在来船のみに使用される貿易条件であり，貨物の危険移転は，積出港本船上において貨物が引き渡された時点で，危険は売主から買主に移転する。

現在でも，いまだに，FCA, CIP, CPTとFOB, CIF, CFRの正確な使い分けがされておらず，航空輸送，コンテナ船が利用されるのに関わらず，FOB, CIF, CFRが使用されている例が非常に多い。

例えば，FOB条件で，貨物をコンテナ・ヤードで引き渡した場合，FOB条件は積出港本船上で危険が売主から買主に移転するので，コンテナ・ヤードから本船上で貨物を引き渡すまでの間は，無保険状態の区間となる。その間に貨物にトラブルが発生した場合に，保険の問題が生じるリスクがあることに留意する必要がある。このような問題を避けるためには，航空輸送，コンテナ，複合輸送のあらゆる輸送手段に対応するCIP条件と在来船にのみ使用されるFOB条件を適切に使い分けることが肝心である。

上記の例では，コンテナ船輸送であるので，FOBとするのではなく，FCAとすべきである。

（6） 荷為替信用状決済と保険証券の内容

保険証券は主要船積書類の1つであり，荷為替信用状決済において，保険証券を含め，信用状が要求する船積書類の内容が信用状の記載と厳格に一致していなければならない。信用状の記載と保険証券の内容が一致していない場合，手形代金の支払が拒絶されることになる。

CIF, CIP条件で，信用状決済の場合，売主の立場から，信用状記載の保険内容に一致した条件の保険証券又は保険書類を揃えることが重要である。

「荷為替信用状に関する統一規則及び慣例」（UCP600）では，同第28条に「保

険書類及び担保範囲」に関する規定が置かれているが，主要な事項を以下に挙げる。

① 保険書類が一通より多い原本により発行されている場合は，全ての原本が提示されていなければならない（28条b）。
② 保険証券の日付は，船積日より遅くないものでなければならない（28条e）。
③ 保険金額は最低物品のCIF又はCIP価格の110％以上で，信用状と同一の通貨で表示されなければならない（28条fi及びfii）。

15　製品に付される商標権に伴うリスク

　貿易売買契約の対象となる製品でも，長期の継続的取引となる販売店契約に基づき売買される製品では，通常，売主の商標を付けた製品が多い。売主の商標の付いた製品が，海外の販売店を通して，販売市場で流通することになるが，自社商標のグローバル化の推進，確立に伴う商標の管理が重要な問題となる。

【事例】
日本のメーカーA社はインドネシア市場における独占販売店にインドネシアの輸入業者B社を任命して，A社ブランドの商品をインドネシア市場で，B社を通じて販売していた。インドネシアで契約製品の販売が促進されている状況下において，インドネシアでのA社ブランドの模倣品対策のために，インドネシアで商標登録する旨の連絡がB社からA社に届いたが，A社はそれに対して何の返事もせずに放置していた。その後B社からは何ら連絡がなく，6～7年の時が経過して，A社が，B社の販売実績が芳しくないことを理由に販売店契約の解約通知をしたところ，B社から不当解約であるとの反論があり，又，解約するに際して，B社から登録した商標の返還については，A社に対して高額な商標買取の要求がなされた。A社は，その時になって初めて自社商標がB社に登録されていることを知ったという。B社との交渉では解決できず，契約終了，商標返還を巡って紛争にまで発展してしまった。

事例のような販売店による商標の登録問題，契約解消に伴う，商標返還問題は少なからず発生している。
　商標の働きは，商標を付した製品を他の製品から識別させることにあり，商標の機能として，出所表示機能，品質保証機能，広告機能が挙げられる。商標の目的の1つとして，商標が象徴している背後の「のれん」，すなわち営業上の信用を守ることが挙げられる。
　商標権などの知的財産権は，日本の特許庁に出願，登録されていても，外国まで権利が及ぶものではないので，重要な製品市場となる国，地域が想定される場合には，外国でも出願しておくことが重要である。外国で権利を取得しておけば，現地の企業が自社製品の模倣品を製造・販売している場合に，権利侵害として差し止めることができる。
　販売店契約において，売主が契約製品に付される商標を海外現地市場で出願，登録していない場合に，販売店が契約製品に付された商標を守るために現地市場で，売主の承諾得て，又，時には，売主には無断で商標を自己の名義で登録するケースがあるが，販売店契約が終了するときに，売主と販売店との間に登録商標の返還に係るトラブルが発生することが少なからずある。又，販売店が，契約期間中に，売主に無断で，売主の商標を改ざんして使用していることがあり，又，その商標を販売店名義で登録してしまっていることがある。
　そのような販売店による無断登録や改ざんに対する予防的対応が大切である。
　売主としては，まずは，販売地域において，自己の名義で商標を登録することが大切である。そして，販売店基本契約書に販売店の商標尊重義務規定を設けて，商標の所有権の確認及び使用目的の制限，無断登録の禁止，商標の改ざんの禁止，契約期間終了後の使用制限等の内容の規定を定めておくことが大切である。以下の英文規定は，販売店契約の商標尊重義務規定である。

1) Seller shall authorize Distributor to use Trademark for the sole purpose of selling and distributing Products in Territory pursuant to this Agreement during the term of this Agreement.
2) Trademark is and shall continue to be the property of Seller exclusively and may be used by Distributor only as provided herein. Distributor shall not apply for registration, nor cause such registration to be made identical or similar to Trademark in Territory or anywhere else.
3) Distributor shall use Trademark strictly in the manner instructed or designated by Seller. Distributor shall not modify the manner for use of Trademark, nor combine Trademark with any other letters, names, trademarks or design.
4) Upon termination of this Agreement in any manner, Distributor shall immediately cease to use Trademark.

---

1) 売主は販売店に本契約に関連して本契約期間中領域において製品を販売、配給する唯一の目的のために商標を使用することを認めるものとする。
2) 商標は専属的に売主の所有にあり、所有し続けるものとする。販売店は、領域において、又、他のいかなる地域においても、商標と同一又は類似の登録の申請をしないし、又、係る商標を登録させないものとする。
3) 販売店は商標を売主が指示する方法で厳格に使用するものとする。販売店は、商標の使用する方法を修正しないし、又、商標と他のいかなる文字、名称、商標又は意匠と組み合わせないものとする。
4) 本契約のいかなる終了においても、販売店は直ちに商標の使用を中止するものとする。

16　物品の引渡における知的財産権に基づく第三者の権利の侵害リスク

　輸出した製品，輸入した製品が，輸出・入先の国地域又は転売先の国，地域で，第三者の商標権，特許権等の知的財産権を侵害している危険がある。
　CISGでは，第42条で，知的財産権に基づく第三者の権利又は請求の対象となっていない物品を引き渡す義務を売主に課している。売主にとり，いかなる場合において，買主に対して責任を負担しなければならないのかを認識して，適切な対応，対策が求められる。
　第42条1項では，売主は，自己が契約の締結時に知り，又は知らないことはあり得なかった工業所有権その他の知的財産権に基づく第三者の権利又は請求の対象となっていない物品を引き渡さなければならない旨定めている。売主は，いかなる場合に責任負うのか，以下の2つの事例を挙げて検討する。

（1）　知的財産権に基づく第三者の権利・請求に対する売主の義務

【事例】
　日本のA社がXマークを付した商品をアメリカのB社との間で輸出契約を締結し，商品をアメリカ向けに出荷した。B社が，その商品をアメリカ国内で販売したところ，第三者のY社からXマークはY社の商標権を侵害しているとして，販売差止及び損害賠償請求の訴えを提起され，B社は敗訴した。敗訴したB社はA社に対して売買契約違反を理由に損害賠償の訴えを提起し，知的財産権に基づく第三者の権利侵害でのA社の責任を巡り争われた。

　事例では，第三者Y社とB社との間で争われた商標権侵害訴訟で敗訴したB社がA社に契約違反による損害賠償を請求している。第42条1項では，売主が契約締結時に知っていた，又は知らないことはあり得なかった知的財産権に基づく第三者の請求を要件としているので，物品引渡し後の不当な第三者の請求

については，売主の責任対象とはならない。売主は，一定の制限に基づき，第三者の権利，請求に対して，責任を負うものである。又，買主は，合理的な期間内に，売主に対して第三者の権利，又は請求の性質を特定した通知をしない場合は，請求する権利を失うことになる（43条1項）。

CISG第42条1項の但し書き，及び同第2項において，売主の義務に関する一定の制限的な条件が規定されている。規定を要約すると，第三者の権利又は請求の対象となっていない物品を引き渡す売主の義務は，以下に挙げる場合に限られる。

① 売主が責任を負うのは，第三者の権利又は請求が，売主が契約締結時に知り，又は知らないことはあり得なかった知的財産権に基づく第三者の権利又は請求に限られる。

② 第三者の権利又は請求は次の国の法律の下での工業所有権その他の知的財産権に基づく場合に制限される。

（A）ある国において物品が転売され，又は他の方法によって使用されることを当事者双方が契約の締結時に想定していた場合は，当該国の法。

（B）その他の場合には，買主が営業所を有する国の法。

③ 同42条に基づく売主の義務について，売主は次の場合，責任を負わない。

（A）買主が第三者の権利又は請求を知り，又は知るべきであったときから売主に対してそのような権利又は請求の性質を特定した通知を行っていない場合。

（B）そのような権利又は請求が，買主によって提供された技術的図面，デザイン・公式その他の明細に売主が従った結果発生した場合。

第42条に基づく売主の義務は，上記の売主の義務に対する制限項目を慎重に検討する必要がある。事例については，契約内容により，又，前後の事実関係によって，その結果が異なることに留意する必要がある。買主が適切な通知を売主に与えることを怠っている場合は，売主は責任を負わない。又，買主の提供した技術的図面，設計，製法その他の指定に売主が従ったことによって生じた場合も，売主は責任を負わないことになる。

（2） 買主指示の商標の製品が第三者の権利を侵害している場合の売主の責任

>【事例】
>
>イタリアの売主A社は，フランスの買主B社との間で靴の売買契約を締結した。B社は，第三者が保有する著名商標のマークを商品に付して商品を供給することをA社に要請し，A社はその要請に従い，そのマークを付した商品を引き渡した。フランスのB社は国内でその商品を販売したところ，第三者である商標権の保有者から商標権侵害で訴えられ，賠償請求に応じて賠償金の支払を強いられた。B社は，賠償金の損失を取り戻すため，A社に対して，売買契約違反による損害賠償請求を裁判所に提訴したため，売主A社の責任を巡り争われた。

　事例のケースでは，CISG第42条1項，2項を引用して，買主B社は，その侵害の可能性を知らなかったはずはないとして，又，買主B社は売主A社に対してそのマークを製品に付することを指示しているとして，売主A社は買主B社に対する責任はないと判示している。結果として，買主B社の請求は退けられている。

〈知的財産権侵害関係規定〉

　特許や商標等の知的財産権は，「権利の属地性の原則」から，登録された権利はその登録された国，地域にのみに及ぶものであり，他の地域，国にはその権利が及ばない。したがって，輸出又は輸入しようとする商品に付されるマークをすでに第三者が登録，使用している場合があり，その場合には，第三者の権利侵害問題が発生する恐れがあるので，そのマークを付した商品が販売される国，地域において，第三者の権利を侵害していないかの知的財産権に関する侵害調査をしたうえで，その商品の輸出・入取引を行うことが大切である。

　売主の立場から知的財産権侵害規定を考えると，万が一第三者の権利侵害が発生した場合に，買主に対して侵害に関する通知を売主に与える義務を課して

おくこと，又，侵害責任を負わない趣旨の規定を設けておくことが大切である。以下に英文条項規定例を示す。

---

1) "Buyer shall promptly inform Seller of any claim made against Buyer by his customers or third parties concerning the intellectual properties on goods delivered."

買主は，引き渡された商品に関する知的財産権に関して，買主の顧客又は第三者から，買主に為されたいかなる請求（クレーム）についても，直ちに，売主に通知するものとする。

2) "Buyer shall hold the Seller harmless from and shall waive any claim against Seller for any liability for infringement of patent, utility model, design, trademark, copyright or other intellectual property rights in the Products whether in the Buyer's country or any other counties."

買主は，買主の国又は他のいかなる国においても，製品に関する特許，実用新案，意匠，商標又は他の知的財産権の侵害に関して売主を免責し，又，売主に対する請求を放棄するものとする。

【注】
1) CISG第51条2項に，買主は，完全な引渡し又は契約に適合した引渡しが行われないことが重大な契約違反となる場合に限り，その契約の全部を解除する旨の意思表示をすることができるとある。
2) CISG第52条2項に，売主が契約に定める数量を超過する物品を引き渡す場合には，買主は，超過する部分の引渡しを受領し，又はその受領を拒絶することができる。買主は，超過する部分の全部又は一部の引渡しを受領した場合には，その部分について契約価格に応じて代金を支払わなければならないとある。
3) 「荷為替信用状に関する統一規則及び慣例」は，国際商業会議所（ICC）が作成した荷為替信用状に適用される統一規則である。2007年に改定されており，

現在は，2007年改定版（UCP600）が適用される。
4) 信用状に記載された信用状の金額又は数量若しくは単価に関連して用いられたabout又はapproximatelyという語は，それが言及する金額，数量又は単価の10％を超えない過不足の許容範囲（tolerance not to exceed 10% more or 10%less than….）が容認される。
5) 信用状が，包装単位の数又は個々の品目の数を定めることによって数量を記載しないこと，かつ使用金額の合計が，信用状の金額を超えないことを条件として，物品数量の5％を超えない過不足の許容範囲（tolerance not to exceed 5% less than…）が容認される。
6) CISGの規定は原則として任意規定であり売買契約の当事者自治を尊重している。同第6条では，当事者は，この条約の適用を排除することができるものとし，第12条の規定に従うことを条件として，この条約のいかなる規定も，その適用を制限し，又はその効力を変更することができると規定している。したがって，インコタームズ2010規則の定型貿易条件の当事者間合意による採用は，CISGの物品の引渡し，危険の移転の規定の一部を修正合意していると解釈される。
7) Delivery（引渡し）は，物品又はその所有権を相手方に移転させることを意味し，Shipment（船積）とは，物品を輸送手段を使って物理的に船積することを意味する。
8) ユニドロワ国際商事契約原則（2010）第6.2.2条（ハードシップの定義）では，次のように規定している。
　ある出来事が生じたため，当事者の履行費用が増加し，又は当事者の受領する履行の価値が減少して，契約の均衡に重大な変更がもたらされた場合において，次にあげる要件が満たされる場合には，ハードシップが存在する。
　　(a) その出来事が生じたとき，又は不利益を被った当事者がそれを知るに至った時が，契約締結後であること。
　　(b) その出来事は，契約締結時に，不利益を被った当事者により合理的に考慮され得るものではなかったこと。
　　(c) その出来事は，不利益を被った当事者の支配を超えるものであること。
　　(d) その出来事のリスクが，不利な立場の当事者により引き受けられていなかったこと。
　又，同原則第6.2.3条（ハードシップの効果）でも，次のように規定している。
　　① ハードシップとされる場合には，不利益を被った当事者は，再交渉

を要請することができる。この要請は，不当に遅滞することなく，それが基礎づけられる根拠を示さなければならない。
②　再交渉を要請しても，それだけでは，不利益を被った当事者が履行を留保する権利を与えるものではない。
③　合理的期間内に合意に達しえないときは，各当事者は裁判所に次項の判断を求めることができる。
④　裁判所は，ハードシップがあると認めたときには，それが合理的であれば，以下の各号の判断を行うことができる。
　(a)　裁判所の定める期日及び条件により，契約を解消すること。
　(b)　契約の均衡を回復させるという観点から，契約を改訂すること。
9)　日本では，1988年に新たに「外国為替外国貿易法」が施行され，「管理」が削除され，日本の金融・資本市場の活性化を目的に，国際決済等の規制が撤廃され，国際決済の自由化により，決済手段の選択は大幅にひろがっている。一方，アジア諸国や発展途上国では未だに為替管理制度により決済手段の規制が残されているので，当該国の為替管理制度の調査は欠かせない。
10)　スタンドバイ信用状とは，請求支払保証と同義の保証の一形態である。米国では，銀行が直接に保証状を発行することが規制されていることから，保証状に代わって，スタンドバイ信用状が利用されている。スタンドバイ信用状は，その利用目的により機能の異なる数種の信用状がある。貿易売買取引では，例えば，売主側が，90日の与信のオープンアカウント条件の決済を合意する場合，与信の担保として，買主側の取引銀行から，売主を受益者とするスタンドバイ信用状を発行することを条件とすることにより，万が一，買主が決済しない場合は，売主は，一定の形式の書面請求を提示することにより，当該スタンドバイ信用状に基づき，銀行から支払を受けることができる。
11)　信用条件と書類は全く同じでなければならないとする，厳密一致の原則は厳格に守られるべきであるとする法解釈が，英国を中心になされていた。例えば，信用状と提供書類のディスクレパンシーを巡る事件，Equitable Trust Co. v. Dawson Partner, Ltd., 1927, J. H. Rayner & Co., Ltd. and the Oilseeds Trading Co., Ltd. v. Hambros Bank Ltd., 1943では，信用状条件と提供書類は全く同一でなければな旨の判旨がなされている。
12)　UCP第18条(c)では，商業送り状における物品，サービス，又は履行の記述は，信用状中に現れている記述と合致していなければならないと定めている。
13)　UCP第14条(e)では，商業送り状以外の書類においては，もし記載されて

いる場合には，物品，サービス又は履行の記述は，信用状における記述と違わない信用状におけるその記述と食い違わない一般的用語によって記載されることができると定めている。

14) 日本民法の下では，商品代金は2年間の短期消滅時効債権である。英米法では，時効を取得時効と消滅時効を区別して，消滅時効は，訴権の消滅，出訴制限（statute of limitation）となる。中国では，債権の消滅時効について，訴訟時効として，特殊な債権として，国際貨物売買契約と技術輸出入契約の紛争を原因とする訴訟の提起又は仲裁の申立ての期限を4年としている（中国契約法129条）。

第4章

貿易売買契約の契約期間,解約条項,一般条項,紛争処理条項

　一般条項は英語では,"General Conditions"とか"General Terms and Conditions"という名称で使用されている。契約期間,解約条項,一般条項,紛争処理条項は,契約の種類や内容のいかんに問わず設けられる条項で,各種取引契約に共通して使用され,その内容は概ね定型化されている。一般条項では,契約期間,終了条項,不可抗力条項,通知条項,譲渡条項,権利放棄条項,分離条項,標題条項,言語条項,完全合意条項などが規定される。紛争処理条項には,準拠法条項と仲裁条項又は裁判管轄条項が規定される。

1　契約期間と契約の更新,延長条項

(1)　期間条項

　契約期間に関して,期間の定めがある契約と期間の定めのない契約に大別で

きる。期間の定めのある場合は定められた期間有効であり，期間が過ぎれば終了する。

期間を定めていない場合は，一方当事者が他方当事者に解約の通知により終了する（解約は一定期間の事前通知が必要）。

期間の定めのある契約の契約期間の規定例を以下に示す。

"This Agreement shall be valid and in force for a period of (　　) years from the date appearing at first above written upon the signing of the parties."

本契約は当事者の署名に基づき，本契約書の冒頭記載の日付より（　　）年間有効とする。

（2） 更新条項

契約期間が満了すれば契約は終了する。ただし，期間の満了後も契約の延長，更新により契約が継続することは多く，通常は，契約書には更新の規定が設けられる。

契約期間自動更新の規定例を以下に示す。

"This Agreement shall be renewed automatically on a year to year basis unless either party gives the other party a written notice not to renew this Agreement at least (　　) days before the termination of this Agreement or it renewal term."

本契約はいずれかの当事者が他方の当事者に対して本契約及び延長期間の終了の少なくとも（　　）日の以前に本契約を終了される書面の通知がない限り，1年ごとに自動更新されるものとする。

2 中途解約条項

　契約途中において何らかの理由で，契約を解除する場合がある。中途解約は，理由もなく一方的に解約することは問題である。理由もなく一方的解約をした場合は，当事者間で紛争が発生することが多い。理由なき一方的解約を制限する裁判例は多くある。

　解約の理由としては，①相手当事者の契約の違反，不履行を理由とする解約がある。契約違反による解約条項は，通常，契約違反の通知をして，一定の付加期間内に，その違反が改善されない場合，解約通知により解約する旨の規定となる。②相手方の破産，倒産などの当該契約を継続することに支障が生じる特定の事態を理由とする解約がある。

　特定事由が発生した場合，当該国の法律により制限を受けない限りは，通知により即時解約ができると考えられる。特定事由による解約条項では，具体的に特定の事態を列挙して規定される。

　中途解約の英文規定を以下に示す。

（1）"In the event either of the parties hereto defaults in or fails to perform any of the provisions of this Agreement and if other party gives to such defaulting party a notice in writing of such default, then, if such default is not cured within fourteen (14) days after the giving of such notice, the party giving such notice may terminate this Agreement at any time thereafter by giving a written notice of termination of this Agreement to such defaulting party."

　　本契約当事者のいずれかが本契約のいかなる条項にも不履行をした場合，他方当事者は，不履行当事者に対して不履行の通知を書面で行い，その不履行が通知後14日以内に改善されない場合には，通知を与えた当事者は，それ以降は何時でも，書面による契約終了通知を不履行当事者に与えることにより本契約を終了することができる。

(2)　"Either of the parties hereto may terminate this Agreement forthwith by written notice to the other party in the event of such other party's bankruptcy, insolvency, dissolution, modification, consolidation, receivership proceedings affecting the operation of business for any reason and/or reorganization by the third party."

　　本契約当事者のいずれかは，他方当事者が，破産，倒産，解散，合併，いかなる理由にせよ，事業運営に影響を与える管財人手続又は第三者による再編する場合，他方当事者に対する書面による通知により直ちに契約を解除することができる。

3　一般条項

(1)　不可抗力条項

　不可抗力条項とは，当事者の支配を超える不測の事態によって契約上の義務の履行が不可能となった場合の，履行不能の当事者を免責する条項である。不可抗力条項では，何が不可抗力事態であるか，不可抗力により免責の適用を受ける事態を詳細に列挙する。

　不可抗力事態の発生により履行することができなくなった当事者は，相手方当事者に不可抗力事態発生の通知義務が規定される。この通知義務を怠ることによって，相手方が損害を被った場合には，損害賠償の義務責任が発生することに留意する必要がある。不可抗力事態が継続することによる取引への影響を考慮して，契約の処理規定が置かれることが多い。契約の処理の内容は，各種取引により様々であり，取引の実情に応じた規定が大切である。処理内容としては，例えば，履行の延長の期限を設けて，期限を過ぎる場合には，契約を解除する規定が挙げられる（不可抗力については，第3章7「不可抗力条項設定に伴

うリスク」を参照願いたい)。

以下に不可抗力条項の英文規定を示す。

（1） "Neither party shall be liable for a failure to perform any part of this Agreement or for any delay in the performance of any part of this Agreement due to the occurrence of any event of FORCE MAJEURE including but not limited to war (whether declared or not), civil war, riots and revolutions, typhoon, storms, cyclones, earthquakes, tidal waves, floods, destruction by lightning, explosions, fires, destruction of machines of factories and of any kind of installations, boycotts, lock-outs, industrial disturbances, shortage of power supply, fuel or other energy, restrictions or prohibitions imposed by government or local government such as exportation or importation prohibition, embargoes, currency restrictions, etc., or any other impediment beyond the control of such party."

（2） "On the occurrence of any event of FORCE MAJEURE, affecting party shall give notice to the other party of full particulars of such event of Force Majeure without delay."

（1） いずれの当事者も，他方当事者に対して，かかる不履行又は履行遅延が，戦争（宣戦布告の有無に関わらず）内乱，暴動，革命，台風，暴風雨，サイクロン，地震，津波，洪水，雷，爆発，火災による破壊，工場機械，他の施設の破壊，ボイコット，ロックアウト，産業災害，電力，燃料，他のエネルギーの不足，政府，地方政府により課される規制，禁止，例えば，輸出入の禁止，制限，通貨規制等，又，かかる当事者の支配を超えるいかなる他の事態に限らず含む不可抗力事態による場合には責任を負わないものとする。

（2） 不可抗力事態が発生したら，影響を受けた当事者は遅滞なくかかる不可抗力事態の詳細を他方当事者に通知するものとする。

（2） 通知条項

契約の一方当事者が相手当事者に契約に基づく又は関係する通知，要請，要求をする場合の通知の手段が規定される。契約の終了通知などの重要事項の通知は，通知条項に基づき通知することが大切である。契約終了の意思表示を通知条項に規定された通りの通知方法を使用しないで通知したことで，その通知の効力が争われることもある点，留意が必要である。通知条項では，通常，通知手段，当事者の宛先，通知の効力の発生時期等が規定される。

通知条項の英文規定を以下に示す。

"Any and all notices called for hereunder shall be in writing and be given by registered mail or international courier or e-mail, fax to be followed by registered mail or international courier to the parties at their respective office first above written or to any address of which a party notifies the other of its changed address hereunder. Notices mentioned above shall be deemed to be received and made effective when dispatched."

本契約に基づき要求される全ての通知は，当事者宛に，書留郵便，国際宅急便，又はe-mail，ファックス（書留郵便又は国際宅急便による確認）で，冒頭記載の各当事者の事務所，又は本条項に基づき他方当事者に住所変更通知した住所宛に与えられるものとする。本契約に基づく通知は，発信されたときに受領され，効力が発生すると見なされる。

（3） 譲渡条項

契約当事者の一方が契約上の地位や権利を第三者に譲渡することを契約の譲渡という。長期の継続的取引の場合は，当事者相互の信頼関係を基礎とする契約関係が重視される。契約譲渡の結果，契約上の権利や地位が第三者に譲渡，

継承されることは，当事者双方にとり重大な関心事項であり，当事者に重大な影響を与えることがある。契約書に譲渡の規定を設けない場合，その法的解釈はケース，準拠法により異なり，明確ではない。したがって，契約書に譲渡に関する規定を設けておく必要がある。

契約書に規定される譲渡条項は，通常，相手方の同意無くしては契約上の地位や権利を譲渡できない旨の規定が設けられる。例えば，次のような条項である。

> "Either of the parties shall not assign or transfer this Agreement or any right, interest or duty hereunder without the other party's prior written consent."
>
> いずれの当事者も他方の当事者の事前の書面の合意がない限りは本契約，本契約のいかなる権利，権益又は義務を譲渡，移転してはならないものとする。

〈契約上の地位の移転の場合は，譲渡はどのように取り扱われるか。〉

契約上の地位の移転でも，企業買収のような契約に基づく個別の権利，義務の移転となる事業譲渡の場合と会社の分割，合併のような場合の法律上の効果による包括移転の場合とでは事情が異なる。前者の場合は，相手当事者の同意が必要とされる。後者の場合は，譲渡制限条項の有無にかかわらず，相手当事者の同意は不要と解されている。

企業買収等による契約上の地位の移転を考えると，個別の契約上の権利の譲渡と区別して譲渡の規定を考える必要がある。企業買収等により，自動的に契約上の地位が移転され包括的に継承される場合は，相手側の同意をなくしても移転させることができる規定が考えられる。

> ① 譲受人，継承者に移転し，効果が生じる規定
> "This Agreement shall be binding upon and inure to the benefit of the successors and assignee of the either of the parties hereto."

本契約は，本契約当事者のいずれかの承継人，譲受人のために効力を生じ，又，拘束する。

② 契約上の地位の移転と個別の権利譲渡を区別した譲渡制限規定

"This Agreement shall not be assigned by either party hereto except with the written consent of the other party, unless such assignment shall be to its successor or to the assignee of substantially all of its business and assets."

本契約は，いずれの当事者によっても，他方当事者の書面による同意なくして，譲渡することはできない。ただし，譲渡がその営業及び資産の実質的に全部を承継人，又は譲受人に為される場合は，この限りではない。

（4） 権利放棄条項

「権利放棄条項（waiver clause）」，又は「権利不放棄条項（non-waiver clause）」という標題が使われる。一方の当事者が契約違反を犯したときに，相手方が適宜にその違反を指摘して権利行使をしない場合，又は権利行使が遅れた場合があっても，契約に基づく権利の行使を妨げるものではないことを確認する規定である。

例えば，一方の当事者が契約違反を犯した場合，その時に権利を行使しないことがあるが，後日に同様の契約違反に対して権利を行使した時に，あの時に権利を行使しなかったことは，権利を放棄したものであり，もはや契約違反とはならないと主張されることがあるので，そのような事態にならないようにするための規定である。

権利請求の不行使が権利放棄とはならない旨の規定を以下に示す。

"No failure by any party to insist upon the strict performance of any covenant, duty, agreement or condition of this Agreement or to exercise

> any right or remedy consequent upon a breach thereof shall constitute a waiver of any such breach or any other covenant, agreement, term or condition."

> 本契約の約束事項，債務，合意又は条件の厳格な履行を主張すること，又は契約違反に伴う権利又は救済を行使，求めることを怠ることは，かかる違反又は他の約束，合意，条件を放棄するものではない。

（5） 標題条項

　契約書には，通常，契約の標題と各条項の標題が規定される。標題を規定する目的は，契約及び各条項の趣旨，内容が，一見して分かるようにするためにある。標題は，それ自体に法的効果や拘束力があるものではなく，その趣旨，内容を理解するうえでの参考にすぎない。したがって，契約，条項の内容，趣旨に沿った簡潔な標題が望ましい。
　標題と契約，条項の趣旨，内容が異なる場合には，契約，条項の規定内容が優先的に解釈されることになる。
　標題条項の英文規定を，以下に示す。

> "All headings referred to in this Agreement are inserted for convenience of reference only and shall not affect the interpretation of any of the provisions of this Agreement."

> 本契約に使用される条項の標題は，参照の便宜のためにのみ規定されており，本契約の条項の解釈に影響を与えないものとする。

（6） 言語条項

　契約書の正文とする言語の指定は，以下に例示するように，①単独の条項を

設ける場合，②末尾文言において指定する場合がある。

> ①　"This Agreement is in the English language, executed in originals, one duplicate original to be retained by each party of this Agreement."
>
> ―――――――――――
>
> この契約は英語で正文を作成し，各当事者が正文一部を保持する。
>
> ②　"Both parties hereto have caused this Agreement in English and in duplicate to be signed by their duly authorized representatives."
>
> ―――――――――――
>
> 本契約当事者は正当に権限を有する代表者に，本契約書を英語で正副2通締結させしめた。

　英語が契約書の正文として作成され，日本語が翻訳文として作成されることがある。その場合，翻訳文はあくまでも契約書正文言語の解釈上の参考にすぎなく，正文言語が全ての点において翻訳文に優先して解釈される点に留意する必要がある。契約書の正文言語を日本語と英語とすることがあるが，両言語の間で解釈の相違が発生することがよくあり，その場合に，解釈上の優先順序が問題となる。そのような場合の予防策として，契約書にいずれの言語が優先的に解釈されるのかを定めておくべきである。
　二言語正文の場合の解釈優先順位の規定を，以下に示す。

> "This Agreement shall be executed in the English language and in the Japanese language, but in the event of any inconsistency or difference between the two language of this Agreement, the English language shall prevail in all respects."
>
> ―――――――――――
>
> 本契約書は英語と日本語で作成する。契約書の両文の間に不一致又は相違があるときは，英文が全ての点について支配する。

（7） 完全合意条項

　契約の成立に至るまでには，契約交渉が積み重ねられており，口頭，文書による約束，コミットメント，合意がなされており，最終契約書はそれらを統合して作成されるものである。したがって，契約当事者の意思を解釈する唯一の根拠であることを明確にしておく必要がある。完全合意条項は，契約書が当事者間の唯一，完全な合意であり，それ以前の口頭，文書の約束，合意等に優先する趣旨の確認規定がなされる。統合条項（merger clause）ともいわれる。

　英米法の法則に，口頭証拠排除の原則（Parol Evidence Rule）がある。最終契約書に調印されたら，その契約書と異なることを口頭，書面の証拠を用いて証明することを許さないとする法則である。この法則から英文国際契約書では，通常，同趣旨の規定としての完全合意条項が規定される（完全合意条項については，第2章6「完全合意と契約の修正，変更リスク」を参照願いたい）。

　完全合意条項の英文規定を以下に示す。

"This Agreement constitutes the entire and complete agreement among the parties concerning the subject matter of this Agreement and supersedes all prior agreements. There are no representations, inducements, promises or agreements, oral or otherwise among the parties not embodied in this Agreement.

No amendment, change from this Agreement shall be binding on any party unless executed in writing by their authorized representative of the parties hereto."

本契約は本契約の対象事項に関する当事者間の唯一完全なる合意を構成し，全ての以前の合意に優先する。本契約書に含まれていない，口頭又は他の方式の当事者間のいかなる表示，誘引，約束又は合意も存在しない。

本契約の修正，変更は，本契約当事者の正当に権限を有する代表者により，書面で締結されない限り，当事者を拘束しないものとする。

4 紛争解決関係条項

(1) 準拠法条項

1) 契約の準拠法とは何か

　国際取引では，法律や言語，習慣などの異なる当事者間で行われる取引であり，又，事業所が国境を越えて異なる国に所在する当事者間の取引となり，契約の成立，有効性，履行，解釈について，法的問題が発生した場合に，いずれの国の法律を適用するのかという法の適用の問題を常に含む。

　例えば，日本企業と中国企業との間で貿易売買契約上の法律問題が発生したときに，日本の法律，又は中国の法律のいずれの法律を適用するのかという法の抵触が起こる。そのような法の抵触については，国際私法規律により，適用される法律が指定される。その指定された法を準拠法という。例えば，指定された法が日本となれば，準拠法日本法であり，民法，商法が適用されることになる。

　日本の国際私法は，平成19年施行の「法の適用に関する通則法」である。

2) 準拠法条項は何のために規定するのか

　貿易売買契約等の国際契約の準拠法の決定に関しては，ほとんどの国が，当事者の意思に任せる，当事者自治の原則を採用している。日本の「法の適用に関する通則法」では，同第7条（当事者による準拠法の選択）に，法律行為の成立及び効力は，当事者が当該法律行為の当時に選択した地の法によると定めている。

　国際契約では，通常，契約書に準拠法規定が設けられるが，当事者自治の原則に従い，まずは，その準拠法条項で指定された法に従って，解釈され，解決されることになる。

準拠法条項は，例えば，日本法を準拠法として指定する場合，以下のような規定となる。

> "This Agreement shall be governed and construed by and under the laws of Japan."
>
> ―
>
> 本契約は日本法により解釈され，支配されるものとする。

3） 準拠法条項で指定する法律はどのようなものがあるか

国際契約書の準拠法条項を作成するうえで，指定される法律の種類には，国家法と条約等の非国家法がある。

一般には，国家法が指定される。国家法選択においては，①自国地の法律，②相手国の法律，③第三国の法律の指定，④他（紛争処理地の法等）が考えられる。いずれの国家法を指定するかは，当事者の交渉，合意によっていずれの国家法も指定することができる。例えば，第三国の法律として，英国法，ニューヨーク州法，アジアではシンガポール法などが指定されていることがある。

4） 非国家法とはどのような法か

国際取引を円滑に遂行するうえで，どの国においても同じ内容の統一した法によって規律されることが望ましく，国連の国際商取引法委員会（UNCIATRAL）が，法の統一化作業を行っており，現在まで数多くの条約を作成しており，それ等の条約が統一私法として，非国家法の役割を果たしている。例えば，貿易売買契約（国際物品売買契約）の分野では，CISGが統一私法として大きな役割を果たしている。又，法の一般原則であるユニドロワ国際商事契約原則（2010）も非国家法として適用されることがある。

ユニドロワ国際商事契約原則（2010）とは，私法統一国際協会（UNIDROIT）が国際商事契約のための一般的準則を定めるために作成したものでる。同原則は国家法でも条約でも，モデル法でもなく各国の契約法及び債権法に共通する原則を要約したものである。仲裁事件において，これをlex mercatoria（商慣

習法)として，これに準拠した仲裁判断を下す例がある。

5) ウィーン売買条約は準拠法としてどのように適用されるか

ウィーン売買条約（以下，CISG）の適用基準については，第1条1項で次のように規定している。

> この条約は，営業所が異なる国に所在する当事者間の物品売買契約について，次のいずれかの場合に適用する。
> (a) これらの国がいずれも締約国である場合
> (b) 国際私法の準則によれば締約国の法の適用が導かれる場合

① 契約相手の営業所の所在地国がCISG締約国の場合

日本はCISG締約国であるので，契約相手の営業所の所在国が条約締約国である場合，国際物品売買契約の準拠法は，CISGが適用されることになる。例えば，中国に営業所の在る中国企業との貿易取引契約はCISGが適用される。

② 契約相手当事者の営業所の所在地がCISG非締約国の場合

非締約国に営業所のある当事者との貿易取引契約であっても，準拠法が日本法となる場合は，同第1条1項(b)に基づき，CISGが適用される。例えば，This Agreement shall be governed by the laws of Japan（本契約は日本法により支配される）と契約書に準拠法規定が設けられているの場合は，CISGが適用される。

(2) 紛争解決条項

国際契約では当事者が国境を越えた，遠く離れた隔地者間の取引となり，将来に，当事者間に契約から紛争が発生した場合に，どこで，どのような解決手段を利用するかを予め選択して，契約書に挿入することが一般的である。

国際契約の当事者は，通常，最終的，強制的解決手段である，裁判か仲裁を選択して，裁判を選択する場合は，管轄裁判所を指定して，裁判管轄条項を契

約書に規定する。一方，仲裁を選択する場合は，仲裁地，仲裁機関，仲裁規則等を指定した，有効な仲裁条項を契約書に規定する。いずれの解決手段を選択するかは，当事者の合意により，自由に取り決めることができる。

1） 裁判管轄条項

国際取引紛争から発生する紛争は，各国の内国裁判所が管轄することになるが，国家機関である各国裁判所による解決では，国境の壁があり，どこの国，地域の裁判所に管轄権があるのか，国際裁判管轄権が問題となる。

裁判による解決を選択する場合，契約書に国際裁判管轄合意の規定を設けておくことが大切である。裁判管轄条項 (Jurisdiction Clause) を以下に示す。

> "The courts of Japan shall have exclusive jurisdiction over all disputes which may arise between the parties out of or in connection with this Agreement."
>
> ―――――――――――
>
> 本契約から，又は，本契約に関連して当事者間に発生する全ての紛争に関して，日本国裁判所が，専属的裁判管轄権を有する。

2） 仲裁条項

国際商取引紛争処理において仲裁を選択する場合，仲裁の利用は，当事者の紛争を仲裁で解決する旨の仲裁合意を要件とする。適切な仲裁合意が重要となる。仲裁条項作成のポイントは，仲裁に付託する紛争の特定，仲裁地の特定，仲裁機関及び仲裁規則を特定して，具体的，明確に規定することが大切である。仲裁条項 (arbitration clause) を以下に示す。

> "All disputes, controversies, or differences which may arise between the parties hereto, out of or in relation to or in connection with this Agreement shall be finally settled by arbitration to be held in (都市名), Japan in accordance with the Commercial Arbitration Rules of the Japan

Commercial Arbitration Association. The award rendered by the arbitrator(s) shall be final and binding upon the parties hereto."

　この契約から，又はこの契約に関連して，あるいは本契約の違反から，当事者の間に生ずることがある全ての紛争，論争又は意見の相違は，日本商事仲裁協会の商事仲裁規則に従って，日本国（都市名）において仲裁により最終的に解決されるものとする。仲裁人によりなされた判断は最終的であり，当事者を拘束するものとする。

第5章

トラブル，紛争発生に伴うリスクとその対応

1 契約違反に対する救済

(1) 契約違反に対する救済，違反の効果概観

　貿易売買契約において，売主又は買主が，契約又は法律に定められた義務を履行しない場合，又，不履行の結果，当事者間にトラブル，紛争が発生した場合に，どのような請求，救済措置を相手側に行うことができるのかが問題となる。
　ウィーン売買条約（以下，CISG）では，売主が契約又は条約に定められた義務を履行しない場合，買主に対する救済として，履行請求，契約解除，代金の減額，損害賠償の請求等がある。又，買主の義務不履行，契約違反に対して売主に与えられる救済としては，履行請求，契約解除，損害賠償等の救済方法があり，これら救済に関する詳細の規定が設けられている。

1） 無過失責任の原則

日本の契約法では，債務者がその責めに帰すべき事由により債務の本旨に従った履行をしないことを債務不履行（日本民法415条）として，その中には，履行遅滞，履行不能，不完全履行の3つの態様があり，過失責任の原則を採用している。

これに対して，CISGでは，契約違反の効果として権利請求を行うためには，相手方の義務不履行，契約違反が存在すればよい。原則として全ての義務不履行，契約違反に対して責任を追及されうる，無過失責任の原則を基本的に採用している。

2） 重大な契約違反による契約解除

日本法を含む大陸法では，履行請求は，一般に認められているが，英米法では，損害賠償を原則としており，履行請求は一般に認められなく，損害賠償では不十分な場合に限り，契約通りの履行請求を衡平法上の例外的救済として認めている。

CISGは，英米法と大陸法を融合させた結果，履行請求，契約解除は「重大な契約違反」(Fundamental Breach of Contract)を理由とすることに限定している。何が「重大な契約違反」であるかについては，その定義は抽象的である。

当事者の一方が行った契約違反が，その契約に基づいて期待することができるものを実質的に奪うような不利益を生じさせる場合は重大とされるが，その契約違反の結果が，予見された合理的な期待利益の喪失に相当するか否かが問題となる。その判断はケースごとに解釈されることになる。尚，契約解除は，契約解除の合理的な通知が要求されることに留意しておく必要がある。

CISG第25条

　当事者の一方が行った契約違反は，相手方がその契約に基づいて期待することができたものを実質的に奪うような不利益を当該相手方に生じさせる場合には，重大なものとする。ただし，契約違反を行った当事者がそのような結果を予見せず，かつ，同様の状況の下において当該当事者と同種の合理的な者がそのような結果を予見しなかったであろう場合は，この限り

ではない。

同第26条
　契約の解除の意思表示は，相手方に対する通知によって行われた場合に限り，その効力を有する。

（2）　売主の契約違反による買主に与えられる救済方法

　売主が，契約又は法律に定められた義務を履行しないケースとして，例えば，商品の引渡しがない場合，遅延している場合，又，引き渡された物品に不適合（瑕疵）がある場合等が典型例として挙げられる。売主の義務不履行，契約違反に対する買主の救済方法について，事例を挙げて簡単に紹介する。

1）　物品の契約不適合に対する救済方法

【事例】
　日本の家具輸入業者A社（買主）は，オーストリアの家具メーカーB社（売主）から革張りの椅子を購入した。B社から送られてきた商品を国内の顧客に転売したところ，商品に瑕疵があるとして顧客からクレームを受けた。A社が行った品質検査の結果，重大な瑕疵があることが発見された。A社は，まずは，B社に対して，瑕疵の詳細を説明した通知を行ったうえで，どのような救済方法を請求すべきであろうか。

　上述の物品の不適合のクレーム事例はよく発生する問題である。売主の義務不履行，契約違反に対して，買主は売主に対してどのような請求をすることができるのか，又，その救済方法が法律上認められるものか否かが問題となる。
　CISGの下では，事例のようなB社（売主）の義務不履行，契約違反に対して，A社（買主）は，次のような請求を行うことができる。

　①　代替品の引渡請求，
　②　瑕疵の修補請求，
　③　契約解除による受領拒絶，又は

④　代金減額,

のいずれかの救済を選択することができる。

⑤　上記のいずれの請求においても, 損害賠償及び発生する損失の請求を妨げることはない。

① 　代替品の引渡請求

売主から引き渡された商品に瑕疵があり, 契約不適合な場合, 買主は, 履行請求権のひとつとして, 売主に代替品の引渡しを請求できる。ただし, 物品の契約不適合が「重大な契約違反」となる場合に限られ, 又, 瑕疵の通知は合理的期間内に行われ, かつ請求の意思表示を合理的な期間内に行わなければならない。

　CISG第46条2項

　　買主は, 物品が契約に適合しない場合には, 代替品の引渡しを請求することができる。ただし, その不適合が重大な契約違反となり, かつ, その請求を第39条に規定する通知の際に又はその後の合理的な期間内に行う場合に限る。

② 　瑕疵の修補請求

売主から引き渡された物品の不適合（瑕疵）が重大でなく, 重大な契約違反とはならない場合でも, 買主は, 瑕疵部分の修補の請求をすることができる。その請求は, 瑕疵の通知の際か, 又はその後の合理的期間内に行わなければならないし, 又, その請求がすべての状況に照らして不合理でない場合に限られる。

　CISG第46条3項

　　買主は, 物品が契約に適合しない場合には, すべての状況に照らして不合理であるときを除くほか, 売主に対し, その不適合を修補によって追完することを請求することができる。その請求は, 第39条に規定する通知の際に又はその後の合理的な期間内に行わなければならない。

修補請求は代替品の引渡し請求とともに，履行請求の一形態である。売主が瑕疵の修補を行った結果，その瑕疵が改善されない場合は，買主は，修理をした後も商品が契約に適合しなかったことを理由に，重大な契約違反に該当するとされる場合に，契約の解除ができる。買主の契約解除の意思表示は，その修理後に，合理的な期間内に行われなければならない。

③　契約解除による受領拒絶，及び契約解除後の代替取引
　(i)　契約解除による受領拒絶
売主から引き渡された商品に瑕疵がある場合，物品の契約不適合を理由に，買主は，契約を解除して，商品の受領を拒否することができる。ただし，物品不適合を理由とする契約解除は，重大な契約違反に限られ，その意思表示は合理的な期間内に行わなければならない。

買主にとり，契約を解除するには，契約又は条約に基づく売主の義務の不履行が重大な契約違反となる場合でなければならない（49条1項 (a)）。その契約違反が重大な契約違反であるか否か，すなわち，その契約に基づいて期待することができるものを実質的に奪うような不利益を生じさせる，予見された合理的な期待利益の喪失に相当するか否かが問題となる（25条）。又，契約解除の合理的な通知が要求される（26条）ことに留意しておく必要がある。

　(ii)　契約解除後の代替取引
買主は，契約を解除することを前提に，合理的な方法で，かつ，契約解除後の合理的期間内に代替取引ができる。その場合には，物品の最初の契約価格と代替品購入価格との差額分が損害として，又，その他の損害の賠償請求を行うことができる。
　CISG第75条
　　契約が解除された場合において，合理的な方法で，かつ，解除後の合理的な期間内に，買主が代替品を購入し，又は売主が物品を再売却したときは，損害賠償の請求をする当事者は，契約価格とこのような代替取引における価格との差額及び前条の規定に従って求めることができるその他の損害賠

償を請求することができる。

④ 代金減額

売主から引き渡された商品に瑕疵がある場合，その物品を保持することを前提とした代金減額による救済方法がある。

代金減額の方式は，引渡しのときに，契約に適合していれば有したであろう物品の価値を比例算定方式に応じて減額することができる。ただし，売主がCISG第37条（売主の引渡期日前の追完）又第48条（売主の引渡期日後の追完）に基づき追完した場合，又は売主の追完を買主が拒否した場合には，代金減額の権利を失うことになる。

CISG第50条

> 物品が契約に適合しない場合には，代金が既に支払われたか否かを問わず，買主は，現実に引き渡された物品が引渡時において有した価値が契約に適合する物品であったとしたならば当該引渡時において有したであろう価値に対して有する割合と同じ割合により，代金を減額することができる。ただし，売主が第37条若しくは第48条の規定に基づきその義務の不履行を追完した場合又は買主がこれらの規定に基づく売主による履行を受け入れることを拒絶した場合には，買主は，代金を減額することができない。

⑤ 損害賠償

売主の契約違反に対して，買主は，売主への通知によって，損害賠償の請求ができる。損害賠償は，単独で，又は，履行請求，契約解除，代金減額の救済と並行的に請求することができる。損害賠償の範囲は，遺失利益を含めて，契約違反の結果として被った損失に等しい額を損害賠償として請求ができる。

CISG第74条

> 当時者の一方による契約違反についての損害賠償の額は，当該契約違反により相手方が被った損失（得るはずであった利益の喪失を含む。）に等しい額とする。そのような損害賠償の額は，契約違反を行った当事者が契約の締結時に知り，又は知っているべきであった事実及び事情に照らし，当該

当事者が契約違反から生じ得る結果として契約の締結時に予見し，又は予見すべきであった損失の額を超えることができない。

2) 物品の引渡遅延，不履行に対する救済

【事例】
日本の輸入業者A社（買主）は，ドイツのメーカーB社（売主）から印刷機械3台を購入する売買契約を締結した。契約の納期に相当な遅延があり，A社はB社に引渡猶予期間として2週間の付加期間を与える通告を行ったが，B社からは商品の引渡しが行われなかった。A社は，これ以上の遅延は猶予できないため，最終的に契約解除の通知をB社に与えた。

CISGでは，契約解除するには，「重大な契約違反」に相当する場合と付加期間解除に限られる。以下にそれぞれの救済方法について紹介する。

① 重大な契約違反による契約解除

一般に，単なる納期の遅延が，重大な契約違反を構成することは難しい。例えば，契約商品が季節商品であり，納期の遅延がシーズン販売に間に合わないような場合等に限られることになる。したがって，納期が買主に重要である場合は，契約書に納期厳守の規定を定めておく必要がある。例えば，"The time of delivery is the essence of the contract"（納期は契約な重要な要素である）と規定しておれば，納期遅延は重大な契約違反となるであろう。

② 付加期間による契約解除

売主の履行がない場合に，売主に履行を請求することについて，履行に猶予期間を与えるための付加期間を付与することができる。事例では，買主A社は，納期日に引渡しがないため，売主B社に対して，2週間の付加期間の通知を与えたうえで，その付加期間が過ぎて履行がないので，契約解除の通知を行っている。

付加期間は合理的な長さの期間が必要とされているが，個別の契約ごとに，

商品の特性，引渡場所などの契約条件に応じて判断されることになる。

契約を解除した場合において，買主が，合理的な方法で，合理的な期間内に，代替品を購入したときは，契約価格と代替的取引の価格の差額と，その他の損害賠償を請求することができる（75条）。

CISG第47条1項

買主は，売主による義務の履行のために合理的な長さの付加期間を定めることができる。

同第49条1項（b）

（1）買主は，次のいずれかの場合には，契約解除の意思表示をすることができる。

(b) 引渡しがない場合において，買主が第47条1項の規定に基づいて定めた付加期間内に売主が物品を引き渡さず，又は売主が当該付加期間内に引き渡さない旨の意思表示をしたとき。

（3） 買主の契約違反に対する売主の救済

【事例】
日本の機械メーカーB社（売主）は，韓国の輸入業社A社（買主）に，包装機械3台を，CIF条件で，インボイス日後30日払いで契約を締結して，同製品を韓国向けに出荷した。貨物は韓国の港に到着したが，A社は同貨物を引き取らず，又，期日通りの支払もされなかった。A社（買主）は，B社（売主）に対してどのように請求すべきであろうか。

売主側の義務不履行，契約違反，例えば，商品の契約不適合，履行遅延等の理由により引取拒絶，代金の不払いが発生している場合が少なからずある。事例では，売主は契約通りの履行をしていることを前提にして，買主の義務不履行に対して，売主は，どのような請求をすべきか。買主の義務の不履行に対する売主の救済方法には，①履行請求，②契約解除，③損害賠償，④利息の請求がある。

CISGでは，第53条に，買主は，契約及びこの条約に従い，物品の代金を支払い，及び物品の引渡しを受領しなければならないと買主の基本的義務を定めている。

以下に，買主による契約違反についての救済について具体的に紹介する。

1） 履行請求—代金の支払，引渡しの受領請求—

売主B社は，まずは，代金の支払，商品の引取りを，買主A社に対して請求することができる。その場合，B社はA社の義務の履行のための合理的な長さの付加期間を定めて請求することが大切である。

CISGでは，買主の義務の不履行，契約違反に対して，売主に与えられる救済については，CISG第61条1項（a）に第62条から第65条までに規定する権利を行使することができると定めている。同第62条は，代金の支払，引渡しの受領請求に関する規定，同第63条は，履行のための付加期間の規定，同第64条は，契約解除の意思表示に関する規定が定められている。

2） 契約の解除の意思表示

売主B社は，商品代金の支払，引取りがないことを理由に，契約を解除することができる。

契約解除の規定は同第64条にあり，契約解除は，買主の義務不履行が「重大なる契約違反」となる場合に限定されている。そして，同第63条には，買主の義務の履行のための合理的な期間の付加期間の定めることができる旨の規定があり，その付加期間に履行がない場合に，売主は契約解除ができる。

代金の支払期限が過ぎて支払がない場合は，一般に，支払の催告がなされる。B社としては，支払の期限を設けた支払催告をA社に与えたうえで，その期限が過ぎて支払がない場合には，A社に対して契約解除の通知を与えることができる。

3） 損害賠償

損害賠償については，同第61条1項(b)に規定があり，売主は，同第74条か

ら同第77条までの規定に従って，他の権利行使とともに，損害賠償の請求をすることができる。

売主が契約を解除して，その後に物品を第三者に転売した場合には，契約価格と代替取引における価格との差額を請求することができ，他の損害賠償も請求することができる (75条)。

4) 利息の請求

商品代金その他の支払われる金額が支払われてない場合は，損害賠償の請求を妨げることなく，その金額の利息を請求することができる (78条)。

CISGには，利率について定められていない。利率の決定については，最終的には，国際私法の準則に基づき適用される準拠法に従い決定されることになる。通常は法定利率が適用される。日本法が準拠法の場合，商事債権の利息の法定利率は年6分である。

なお，利息の発生時期及び利率については，当事者間で予め決めておいて，契約書に規定することができるとされる。例えば，以下の英文規定が考えられる。

"If either of the party does not make any payment when it falls due, the other party is entitled to interest at the rate of eight per cent (8%) upon that unpaid amount from the time when payment is due to the time of payment."

当事者のいずれかが支払期日に支払をしない場合，他方当事者は，支払期日が到来した日から8％の料率の利息の権利を有する。

(4) 損害の軽減義務,物品の保存義務

1) 損害の軽減義務

売主,買主の契約違反により,損害賠償を請求する当事者は,契約違反から生ずる損失を軽減するための合理的な措置を講じる必要がある。損失軽減措置を取らなかった場合には,契約違反当事者は,損失を軽減されるべきであった金額だけ,損害賠償額の減額を求めることがきる。

損害賠償を請求する当事者は,損害の軽減のため,状況に応じて合理的な措置をとらなければならない。具体的にどのような措置をとるかは,各ケースにより異なるが,請求する当事者は,実務上,できる限り損害を軽減させる努力をすることが大切である。

CISG第77条

> 契約違反を援用する当事者は,当該契約違反から生ずる損失(得るはずであった利益の喪失を含む。)を軽減するため,状況に応じて合理的な措置をとらなければならない。当該当事者がそのような措置をとらなかった場合には,契約違反を行った当事者は,軽減されるべきであった損失額を損害賠償の額から減額することを請求することができる。

2) 物品の保存義務

CISGでは,物品の滅失又は減価を防ぐことを目的として,物品を管理するのに最も適した当事者に,その契約違反の有無を問わず,物品の保存義務を負わせている。

例えば,買主が物品の引取り,代金の支払を行わない場合,売主が,その物品を占有している場合,売主は,物品を保存する義務がある。又,売主が保存義務を怠った場合には,その責任を負う(85条)ことに留意する必要がある。

一方,買主が物品を受領することを拒絶する権利を行使する場合には,当該物品を保存するため,状況に応じて合理的な措置をとらなければならない。又,買主は,自己の支出した合理的な費用について売主から償還を受けるまで,当

該物品を保持することができる (86条1項)。

2 トラブル，紛争発生の対応

(1) 当事者交渉
　　　―交渉に際しての留意事項―

　国際商取引紛争の解決方法のなかで，最も効果的な方法は当事者交渉による解決であり，大方の紛争は当事者交渉によって解決されている。当事者交渉で解決できない一部の紛争が調停・仲裁や訴訟により解決されることになる。したがって，紛争当事者にとり，どのような態度で，又，方法で交渉に臨むかが重要な問題となる。

(2) 交渉の手順と留意事項

　当事者交渉では，交渉を開始する前に，紛争内容，事実関係を整理して，何が問題であるかを整理しておくことが大切である。請求，交渉は相手方への通知から始まる。したがって，当事者及び通知先の確認は大切である。次に交渉において大切なことは，請求内容の説明，解決案の提示である。
　交渉の手順の要点としては，
　（1）　交渉前の留意事項，
　（2）　相手方への通知の留意事項，
　（3）　請求内容の留意事項，
　（4）　解決案提示の留意事項
が挙げられる。以上の各段階での留意事項を検討したうえで，相手当事者との解決交渉を通して，解決策を当事者双方が協調して見出す努力をして，円満解決を図ることが，国際商取引紛争の解決では大切である。

1） 交渉前の留意事項

当事者交渉では，交渉を開始する前に，当事者の確認，紛争内容，事実関係，関係資料を，又，請求，主張の法的根拠も整理，確認しておくことが大切である。

①　当事者の確認

相手先に請求，交渉を行う前に，まずは，紛争当事者が誰であるか，請求相手先は誰になるのかを確認することが大切である。貿易売買契約上の紛争では，紛争当事者は売主，買主が当事者となる。国際商取引では，契約の直接の当事者以外に，複数の当事者が関与することが少なからずあり，売主，買主以外の第三者は，原則，契約上の責任を負わないことに留意しておく必要がある。例えば，貿易売買取引では，代理店が取引に介在することがあるが，代理店は，基本的に，本人のために，取引の媒介，仲介，又は代理を行うものであり，取引契約の契約当事者ではないことを留意しておくべきである。請求を代理店に行うのか，直接本人に請求するのかは，それぞれの取引を慎重に検討したうえで請求する必要がある。なお，間接的に関係のある当事者には通知の写しを送付することになる。

②　事実関係，関係資料（証拠）の確認と請求，主張の根拠の確認

例えば，商品売買の品質上の瑕疵，商品の納期遅延，商品代金の未払いなどのトラブルでは，請求の通知，交渉を始める前に，関係する事実及び関係資料（証拠）を確認することが大切である。具体的には，関係取引契約の交渉，契約成立の経緯，契約の条件，又，契約履行の段階での経緯，トラブル，紛争が発生してからの経緯，経過など，各段階での事実関係を検討，確認することが大切である。

事実関係を証明する，証拠となる契約書，交換文書，通信記録，他の証拠物などを整理，確認しておくことが大切である。関係証拠は，自己の主張，請求をより確かなものとし，相手側の説得に大きな役割を果たすことになる。並行して，自己の主張，請求が，法的な観点から，妥当なものであるか否か，又，

交渉が決裂して，仲裁や訴訟になった場合に，当該事件において，弱い立場にあるのか，強い立場にあるのかを検討しておくべきである。

③　紛争解決に至るまでにかかるコストの検討

当事者交渉において，和解するか，又は，仲裁や訴訟で争うか判断するうえで大切なことは，和解金額だけで判断するのではなく，仲裁，訴訟で争う場合にかかる手続費用，及び弁護士費用の具体的金額を考慮することが有益である。

例えば，和解金額の交渉において，紛争解決に要する費用を考慮して，その金額を増減することも解決を早める要因になる。交渉が決裂して，紛争に発展した場合，かかる手続費用，弁護士費用が，当事者にとり大きな負担となる場合もある。

2）　相手方への通知の留意事項

請求，交渉開始の第一の基本は相手方への適宜，適切な通知である。通知が遅れることは，問題の解決を遅らせる原因ともなり，又，時には通知が遅れたことにより，法的に請求権の放棄とみなされ，請求が認められなくなることもある。例えば，契約書などに規定されたクレーム通知期間が大幅に過ぎてから初めてのクレーム通知をしたことで，クレームの請求権を放棄しているとして，請求，主張が認められなかった裁判例もある。

通知の手段であるが，ファックス，e-mail，郵便，書留郵便，配達証明付郵便，他があるが，いずれの手段を使うかを検討しなければならない。例えば，電話での通知では，記録が残らないので，重要な内容の場合は，書面で確認して郵送しておくべきである。e-mailでの通知の場合も，通知の内容によっては，ファックスや郵便で確認しておくべきである。又，国際契約では，契約書に通知条項が挿入されていることが少なからずあるが，その場合は，その契約書に規定されている通知条項で指定されている通知手段で通知することが大切である。

3） 請求内容の留意事項

　クレイマント（請求者）にとり，クレイミー（被請求者）に対する請求内容の提示は慎重でなければならない。例えば，商品売買における品質不良が問題となっている場合，クレイマントの立場から請求の内容を検討すると，売主の契約違反に対する買主の救済は次の請求が考えられる。①全品を返品して代替商品を請求する（特定履行請求），②契約を解除して全品を返品，損害賠償の請求をする（契約解除，損害賠償請求），③商品代金の減額による商品の引取り（代金の減額による引取り），④修理，修繕（商品の修理，修繕）。上記に挙げた請求は，買主に対する法的救済であり，一定の要件を満たしておかなければならない。又，クレイマントは，双方の損失をできるだけ軽減する適切な措置（損害軽減義務）をとらなければならない。又，買主が物品の引渡しの受領を拒否して，代金を支払っていない場合，物品を保存するための合理的な措置（物品の保存義務）をとることも大切である。

4） 解決（和解）案提示の留意事項

①　Without Prejudice Offer

　解決案を提案をするとき，相手側が同意しないことも考慮しておく必要がある。解決案には，承諾の回答期限を設けておくこと，又，期限が過ぎた場合，拒否された場合には，解決案は最初から無効（null and void from the beginning）であることを明記しておくことが大切である。

　解決案の内容は，通常は，譲歩をした請求となり，裁判や仲裁において行う権利請求の内容と比べて低いものである。相手側が解決案に応じなく，和解交渉が行き詰った場合には，訴訟や仲裁の手段が取られることになれば，和解交渉の時に提示されている解決案が証拠として提出されることがあり，解決案を提示した当事者にとり不利となる場合がある。例えば，交渉の当時に解決案として提示した文書が証拠として提出されることで，責任の有無，賠償額に影響を与える恐れがある。

　"Without Prejudice" は英米法の下で利用される用語である。和解交渉に

おいて、一方当事者の解決案の提示において、"Without Prejudice"を表示した解決案の申し出（offer）は、当事者の権利、既得権を失うことなく提示された申し出であることを意味する。和解案が拒否され、和解が不成立の場合は、権利関係に不利益を与えることなく、基本的立場を主張する権利を損なうものではなく、その点を争う権利を留保するものである。解決案のofferが拒否され、訴訟となった場合には、解決案の申し出が証拠として用いられないofferをいう。

Without prejudice offerを利用する場合は、例えば、解決案申出の文章の前に、"Without prejudice to our every rights and contentions, we propose …"（当方の主張と権利を損なうことなく…を提示する）等と記載する。

② In full and final settlement offer

被請求者が、請求者のクレームに対して、解決案を提示する場合、又は、請求者のクレームを承諾する場合に、最終的解決としての提示、承諾であることを確認しておくことが大切である。解決案の提示には"In full and final settlement" offerと"part settlement" offerがある。

"In full and final settlement" offerは、相手側がacceptすることで完全解決を意味する。英米法の下では、"accord and satisfaction"、"estoppel"により最終解決としてのその条件に拘束される。

"part settlement" offerに対してacceptがされても、一部解決となり、最終解決とはならない。さらに別の請求が可能となる。したがって、交渉において、解決案を提示する時には、"In full and final settlement" offerの表示が大切となる。表示の方法は、解決案の提示部分の後に"in full and final settlement"を付記する。例えば、"We will pay you US$10,000 in full and final settlement of your account and any claim you may have against us."（当社は、貴社の勘定及び貴社が当社に対して有するいかなる請求の完全かつ最終の解決として1万米ドルを支払います）と表示する。

(3) 和解と和解契約書の作成

1） 和解とは

和解とは当事者間の紛争解決の合意であり，契約である。

日本民法第695条では，「和解は，当事者が互いに譲歩をしてその間に存する争いをやめることを約することによって，その効力を生ずる」と規定しており，和解は，申込と承諾によって成立する契約である。

国際商取引紛争の場合，国境を越える取引であり，合意書は英語等，外国語で作成されることが多い。和解は英語で，Settlement，又はCompromiseといい，当事者間の紛争を終了させる紛争解決のAgreement（合意）であり，Contract（契約）である。英米法の下では契約成立の要件に，約因（consideration）が要求されるが，紛争解決の契約も同様に約因が要求される。約因とは，一方の約束に対する他方の反対給付，又は反対給付の約束（例えば，一方当事者の請求権の取り下げの約束に対する他方当事者の和解金の支払の約束）である。

2） 和解契約書の作成

和解の方式は，原則自由であるが，円満解決の合意に達したら，文書で確認しておくことが大切である。

和解契約書の英文例の記載内容のポイントは，以下の通りである。

① 契約日：通常，和解契約書の冒頭に，契約日として日付が記載される。
② 当事者の表示：各当事者の記述，会社名，設立準拠法，主たる事務所の住所が記載される。
③ 紛争の内容：和解の対象となった紛争を，具体的に特定する記述がなされる。
④ 紛争解決の合意：紛争解決の当事者の合意表明の記述がなされる。
⑤ 最終解決の確認：紛争解決合意は最終かつ完全解決（in full and final settlement）の確認がなされる。

⑥　費用負担：紛争解決に要した費用の当事者分担が記載される。

⑦　請求権の放棄：完全，最終解決である表明と共に，請求権を放棄 (disclaim and discharge) することを確認する記載がなされる。

⑧　期限の利益の喪失：分割弁済などの場合は，万が一の不履行などが発生した場合の措置として，期限の利益の喪失規定 (acceleration clause) が記載される。

⑨　紛争解決条項：万が一，和解内容が履行されない場合に備えて，紛争解決条項の記載がなされる。

⑩　準拠法条項：和解契約の準拠法が記載される。

⑪　当事者の署名

簡単な英文和解契約書を以下に示す。

（和解契約書の英文例）

SETTLEMENT AGREEMENT

An Settlement Agreement entered into as of _ the date, 201_ between ABC Corporation①, a Japanese corporation having its principal office at ⋯ (hereinafter called ABC)②, and XYZ Corporation, ⋯ corporation having its principal office at ⋯ (hereinafter called XYZ)

Witness：

ABC have been in dispute with XYZ over the sale of 200 sets of Video Recorders under Contract No.S-102. ABC and XYZ have reached an agreement of settling the above dispute amicably under the terms as set forth in this Agreement. ③

It is hereby agreed by way of compromise and settlement of the said dispute as follows： ④

1）　XYZ agree to pay ABC US$30,000- in full and final settlement⑤ of any and all claims which ABC have or may have against XYZ, or XYZ have or may have against ABC arising out of the sale of 200 sets of Video Recorders under Contract No.S-102.

2) Payment of US$30,000 referred to Clause 1) above shall be paid in installments as mentioned in the Schedule (A) as attached hereto by remitting the bank account to be designated by ABC.

3) Each party agrees to bear its own costs incurred as a result of dispute between the parties. ⑥

4) XYZ and ABC agree to disclaim and discharge any claims, loss and damages relating to the sale of 200 sets of Video Recorders under Contract No.S-102. ⑦

5) In the event XYZ make default in payment of any installment as mentioned in the Schedule A, all sums due as specified herein shall immediately become due and payable. ⑧

6) All disputes, controversies or differences which may arise between the parties hereto, out of or in relation to or in connection with this Agreement shall be finally settled by arbitration in Japan in accordance with the Commercial Arbitration Rules of the Japan Commercial Arbitration Association. ⑨

7) This Agreement shall be governed and construed by the laws of Japan. ⑩

In witness whereof, the parties hereto have executed this Agreement in English and in duplicate as of the day and year first above referred to.

　　　　　ABC Corporation　　　　　　　XYZ Corporation

　　　　　　　　⑪　　　　　　　　　　　　　⑪

　　　　　(Signed)：　　　　　　　　　(Signed：)

(和文)

和解契約書

　…に主たる事務所を有する日本法人であるABC株式会社（以後ABCと称する）と…に主たる事務所を有する…法人であるXYZ株式会社（以後XYZと称する）との間に201__年__月__日に締結された和解契約書は，以下のことを証する。

　ABCはXYZとの間に，契約番号S-102に基づくビデオレコーダー200セットの売買に関して争っていた。ABCとXYZは，かかる紛争を本契約書に記載された条件に基づき円満に解決することの合意に達した。

　よって，かかる争いを以下の通り和解することに合意する。

1）　契約番号S-102に基づくビデオレコーダー200セットの売買から発生する，ABCがXYZに対して有していた，又有するかもしれない，又は，XYZがABCに対して有していた，又有するかもしれない，あらゆる請求の完全かつ最終の解決として，ABCはXYZに3万米ドルを支払うことに合意する。
2）　本条項1）に規定される3万米ドルの支払は，本契約書に添付される付表(A)に記載される通りの分割で，ABCが指定する銀行口座に送金されるものとする。
3）　各当事者は，本契約当事者間の紛争の結果発生した各自の費用は自己負担とする。
4）　契約番号S-102に基づくビデオレコーダー200セットの売買に関する如何なる請求，損害，損失に対する権利を放棄することに合意する。
5）　万が一XYZが付表(A)に記載された分割のいかなる支払も怠るならば，本契約書に記載された支払うべき全額が直ちに支払われるものと

する。
6） 本契約から又は関連して，当事者の間に生ずることがある全ての紛争，論争又は意見の相違は，（一社）日本商事仲裁協会商事仲裁協会の商事仲裁規則に従って，日本，（都市名）において仲裁により最終的に解決されるものとする。
7） 本契約は日本の法律に従い支配され，解釈されるものとする。

上述の証として，本契約当事者は，本契約書を英語で2部，冒頭記載年月日に締結した。

ABC株式会社　　　　　　　　　　　　　XYZ株式会社

3　当事者交渉が決裂した場合の次の解決手段

　当事者間の和解交渉が決裂した場合，次の解決手段には，国家機関による解決手続である裁判，そして，当事者自治による解決手続であるADR（裁判外紛争解決手段）がある。ADRには，拘束的ADRと非拘束的ADRがある。
　当事者交渉が決裂した場合の次の解決手段のプロセスを図表5-1に示す。

（1）　ADR（裁判外紛争解決手段）

　ADRとは英語で，Alternative Dispute Resolutionの頭文字をとったものであり，裁判外紛争解決手続をいう。ADRは，裁判という国家機関による解決方法によらないで，当事者自治に基づき紛争を解決する方法をいう。具体的には，当事者合意により，当事者間の紛争解決を公平，独立な第三者に委ねる

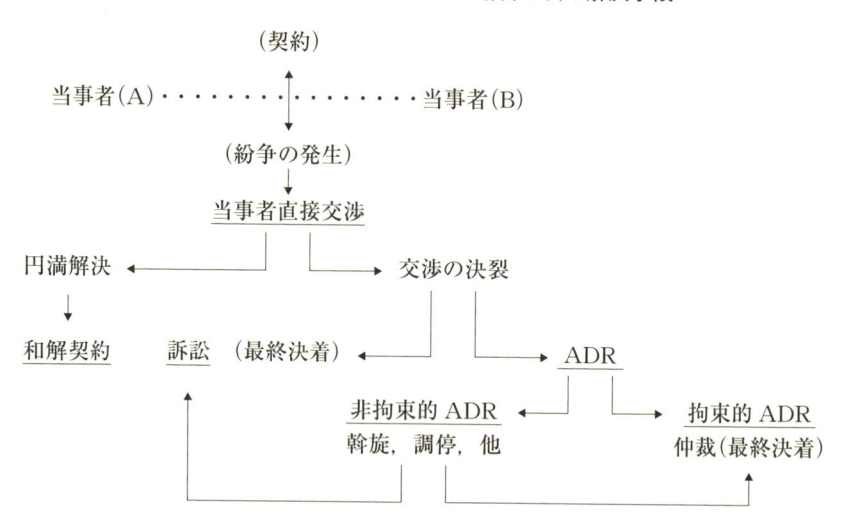

図表5-1 和解できなかった場合の次の解決手段

```
                    (契約)
当事者(A)・・・・・・↕・・・・・・当事者(B)
                 (紛争の発生)
                 当事者直接交渉
        ┌─────────┴─────────┐
     円満解決              交渉の決裂
        ↓                    │
     和解契約  訴訟（最終決着）←─┤         ADR
                  ↑              ├──────┬──────┐
                  │         非拘束的ADR ←── 拘束的ADR
                  │         斡旋，調停，他    仲裁(最終決着)
                  └──────────────┘
```

解決手続をいう。仲裁，調停がその典型例であるが，他に数多くのADRが利用されている。

ADRの特徴は，裁判との比較において以下の点が挙げられる。
① 非公開：ADRは原則非公開で手続が行われ一般に公開されない。
② 迅速性：手続の開始から終了までが迅速に行われる。
③ 柔軟性：当事者の合意により手続を柔軟，簡単に進めることができる。
④ 専門性：当事者合意により事案に対応した専門家，実務家による解決。
⑤ 経済性：ADRにかかる費用は裁判と比べて安価である。

（2） 各種ADRについて

ADRには様々な種類の手続があり，その性格を認識して，トラブル，紛争事案に応じた，より適したADRを利用することが大切である。以下に主要なADRにつき簡単に紹介する。

1） 仲　裁

仲裁（Arbitration）とは，当事者が紛争の解決を公平，中立な第三者に委ね，かかる第三者の判断に従うことで解決する手続をいう。かかる判断を仲裁判断というが，仲裁判断は，法（仲裁法）によって裁判所の確定判決と同一の効力を有するとされている。仲裁は拘束的ADRである。

2） 調　停

調停（Mediation/Conciliation）とは，当事者間の紛争の解決につき，公平，中立な第三者（調停人）に入ってもらい，調停人の下で当事者が交渉をして協調的，建設的に解決する方法である。調停人の役割は当事者の話し合い，交渉を促進して和解に導くことにある。調停人から和解案が提示される場合が多いが，当事者はその和解案を受け入れるか否かは自由であり，その和解案には拘束されない。調停は非拘束的ADRである。

3） ミーダブ

ミーダブ（Med-Arb）は，非拘束的ADRである調停（Mediation）と拘束的ADRである仲裁（Arbitration）を組み合わせた解決方法である。手続としては，まずは，調停を行い，調停で解決ができない場合に，拘束的かつ最終的解決手続である仲裁に移行する方法である。又，仲裁手続において，仲裁判断に至る前，仲裁手続中に，一旦仲裁手続を停止して調停に移行する方法がある。この手続をアーブ・メッド（Arb-Med）ともいう。

4） ミニトライアル

ミニトライアル（Mini-trial）は，公平，中立な第三者が手続を主宰し，各当事者はそれぞれの代表者が出席して，簡略化した形式で弁論を行い，当事者間の和解交渉を促進して解決に導く手続である。公平，中立な第三者は，それぞれの当事者に質問を行い，又，当事者と個別に，又，両当事者双方参加の会合を開催することができ，当事者の要求に応じて，争点についての見解，評価を示すことができる。ミニトライアルは1970年代後半においてアメリカで生ま

れた当事者和解促進のための解決手続で，主に民間機関で運営されている。"Trial"という「裁判」の名称がついているが，「裁判」とは関係のない手続である。

5）ディスピュート・ボード

海外建設，プラント契約において利用されているADRである。ディスピュート・ボード（Dispute Boards）とは，個別プロジェクトごとに設置する紛争処理委員会のことをいう。通常，中立・独立の3人の経験ある技術者，法律家によって構成され，プロジェクトの着工時から竣工後の保証期間を終えるまで存続，機能することになる。

ディスピュート・ボードは，契約の履行過程において発生するトラブル，例えば，コスト増や工事期間の延長に対して誰が責任をとるかで当事者間の見解の不一致，トラブルが発生し，紛争に発展することがあるが，紛争が大きくなり，訴訟や仲裁に至る前に，当事者間で解決できない紛争について，当事者とは独立した立場の専門家によって構成される組織であるディスピュート・ボードが勧告や裁定を下し，早い段階で解決を可能にする制度である。勧告，裁定は当事者に対する強制力はもたない。

6）ドックデック

ドックデック（DOCDEX）の，正式名称は"Documentary Credit Dispute Resolution Expertise：DCDEX"である。国際商業会議所(ICC)の専門機関による信用状に関する紛争解決のための制度である。

International Center for Expertiseが事務局としてドックデックを扱っている。ICC信用状取引のトラブルを事務局に持ち込まれたら，ICC DOCDEX Ruleに基づき手続が行われる。専門家リスト（銀行，金融関係専門家，弁護士などが登録されている）から選任された3名の専門家がパネルを構成し，書類審理によって裁定を下す。ドックデックの手続は，次の紛争に利用される。

① 信用状統一規則（UCP）に準拠する信用状に関する紛争
② 荷為替信用状に基づく銀行間補償に関する統一規則（URR）の適用に関

する紛争
③ 取立統一規則 (URC) に関する紛争
④ 請求払い保証に関する統一規則 (URDG) 二に関する紛争

7) ドメインネーム紛争処理

ドメインネーム紛争処理 (Domain Name Dispute Resolution) とは，ドメインネームの登録に関し，その登録者と第三者との間の紛争の対象となっているドメインネームについて，その第三者から，その登録を取り消すことの請求があった場合に，中立，公正な第三者，通常は1名，又は3名によりパネルが構成され，そのパネルにより裁定が下される。その裁定には法的強制力はない。又，裁定は，公開されている。

4 調停の基本的知識

調停と仲裁は当事者自治による解決手段である点では共通するが，その性格，制度は大きく異なる解決手続である。

(1) 調停について

調停と仲裁は，紛争解決のために当事者が合意に基づき公正，独立な第三者を選任して，その第三者の介入する非公開による紛争解決手続である点では共通しているが，その性格，制度は異なる解決手段である。仲裁は，仲裁人が下す「判断」に服従することで解決する最終的，強制的紛争解決手続である。

これに対して，調停は，調停人が当事者の交渉に介入して，当事者間の交渉を促進して和解に導く協調的解決手続であり，調停人が提示する「解決案」を当事者に強制できない非拘束的紛争解決手続である。

調停では，正当性，正しさはある程度意味をもつが，より重要な要素は，当事者の利益，利害の調整にある。調停の場では，貴方の利益，利害は何なので

すかということを尋ね，常識に基づいた，ビジネスセンスに適う解決をしようとするものであり，どちらが正しいかを証明する手続ではない。最終目的は，円満解決ができて，和解契約に調印することである。

調停人はいずれの当事者にも何かを，たとえ良い解決策だと思ってもそれを強制はできない。調停人は，当事者の話し合いのプロセスを容易にするための役割を担っているだけであり，当事者が調停手続が不満の場合，調停による解決の見込みがないと判断した場合，当事者は，調停人に対して，調停を終了させることを要請することで，調停は終了することになる。

調停では，調停人は当事者の利害に重心を置き，和解の道を探る方法がとられる。調停技法でよく例にだされる，オレンジを巡る姉妹の争いの例がある。1個のオレンジを巡って姉妹が喧嘩になり，母親が間に入って，姉妹のそれぞれの事情を個別に聴きただすと，姉はオレンジの皮を使ってジャムを作ろうとしていた，妹はオレンジの実を食べようとしていたことがわかり，母親はその場でミカンの皮を捲り，姉には皮を与え，妹には実を与えることで双方が満足して解決したという例である。当事者の利害に基づく解決策を探る典型例である。前述の例のように，背後にある本音，利害を探って，課題を特定することで，和解交渉を促進して，和解に導く方法を，「対話促進型調停」(facilitative mediation) という。これに対して，調停人の専門的知識を背景にして，争いについて一定の評価を背景に和解案を提示して当事者に和解を促す方法を「評価型調停」(evaluative mediation) という。

（2） 調停と仲裁との相違について

仲裁と調停は，紛争解決のために仲裁人，調停人という独立，公平な第三者が介在する点で共通している。しかし，仲裁は仲裁人が下す仲裁判断に当事者が服従することで解決する強制的解決手段であり，その仲裁判断は法律により確定した判決と同一の効力が認められている。調停は，前述の通り，調停人を介する当事者交渉による協調的，建設的解決手段であり，調停人が出す解決案を当事者が受け入れるか否かは自由であり，当事者に解決案を強制できない非

拘束的解決手続である。調停と仲裁を事項別に比較すると，図表5-2の通りである。

図表5-2　調停と仲裁の比較表

	①当事者合意	②解決策の提示	③法的判断	④強制力	⑤最終性
調　停	◯	調停案　◯	△	X	X
仲　裁	◯	仲裁判断◯	◯	◯	◯

（注）　調停人の解決案は法的な正当性はある程度考慮されるが，法的判断を示すものではない。

(3)　調停の種類について

調停にはアドホック（AD-HOC）調停と機関調停に大別される。又，機関調停では，裁判所付属型調停，行政型調停，民間型調停に分類される。

1)　アドホック調停

アドホック調停は，手続を常設の調停機関に頼らないで，事件ごとに当事者が個別に調停人を選任して手続を自ら進めていく調停をいう。

2)　機関調停

機関調停は，調停人の選任，手続の管理，運営を常設の調停機関に任せる調停をいう。調停を運営する機関により分類すると，民間が運営する①民間型調停，②行政機関が運営する行政型調停と③裁判所が運営する裁判所付属型調停に分類される。日本における機関調停を例に挙げると，民間型調停は，日本商事仲裁協会，各地域の弁護士会，司法書士会等の民事紛争処理センター，弁護士会と弁理士会で共同運営をしている日本知的財産センター，他各業界，団体に調停機関を創設されている。行政型調停は，中央，地方労働委員会，建設工事紛争審査会，公害紛争調整委員会などがある。

裁判所付属型調停は，各地域の地方裁判所，簡易裁判所，家庭裁判所において民事調停，家事調停を行っている。

5 仲　裁
―国際商事仲裁の特徴と国際性―

　仲裁は，当事者合意に基づいて，中立，公正な第三者を選んで，その第三者に，当事者間の紛争の解決を委ね，その第三者の判断に服従することにより解決する，最終的，強制的解決手段である。強制的解決手段である点，第三者判断による解決手段である点は，訴訟とその性格は共通している。

　当事者が国際商取引紛争に直面し，当事者交渉で和解できない場合に，強制的紛争解決手段として，仲裁を選択するか，訴訟を選択するかが問題となる。

　国際取引では，訴訟又は仲裁の選択は，紛争が発生してからではなく，万が一紛争が将来発生した場合に備えて，契約交渉の段階で，訴訟又は仲裁による解決手段を選択して，契約書に規定することが一般的である。当事者が仲裁又は訴訟を選択するうえで，それぞれの性格，相違を認識しておく必要がある。

　訴訟と仲裁の基本的な相違は，訴訟は国家機関による解決手続であり，国境の壁が国際商取引紛争を解決するうえで障害となるといわれる。これに対して，仲裁は当事者が紛争を仲裁により解決することを合意したときにのみ利用できる当事者自治による解決手続である。当事者の合意があれば国境を越えていずれの国，地域でも行うことができ，仲裁は国境を越える紛争解決手段であるといわれる。

（1）　仲裁の特徴とメリット

仲裁の特徴とメリットには次のようなものがある。
① 非公開：仲裁手続及び仲裁判断は，原則として，非公開である。
② 手続の柔軟性：仲裁手続は，当事者合意を原則とするので，柔軟に行うことができる。訴訟手続のような厳格な形式にはこだわらない。
③ 迅速性：仲裁は一審制であり，裁判の三審制と比較すると早期の解決が見込まれる。又，柔軟な手続が手続の迅速性を即すことになる。

④ 一審制及び仲裁判断の最終性：仲裁は一審制であり，仲裁判断は当事者間において，最終であり，法的に拘束する。
⑤ 国際性，仲裁判断の国際的強制力：仲裁は国際性があり，かつ，仲裁判断は国際的強制力をもつ。

（2） 仲裁のデメリット

仲裁のデメリットは次のようなものがある
① 仲裁合意の開始は適切な仲裁合意が不可欠である。訴訟のように一方的には提訴，開始できない。
② 仲裁合意の性格に，当事者間の裁判権排除の合意であることがあげられるが，結果として，仲裁合意の範囲の紛争について，訴訟ができなくなる。訴訟を提起しても，被告の妨訴抗弁により，訴訟が却下されることになる。
③ 仲裁判断は原則非公開であるため，又，先例の拘束をうけないため，仲裁判断を予測することは困難である。
④ 仲裁判断の内容に不服であっても，控訴できない。

（3） 仲裁の国際性

国際商取引紛争の解決手続で必要とされる国際性という観点から仲裁の特性を訴訟との対比からみると，以下の点が挙げられる。

1） 手続に使用する言語，審理場所，仲裁人の国籍の国際性

仲裁では，当事者が合意により，使用言語，仲裁地及び審理場所，又，仲裁人の国籍を，例えば，当事者と異なる国籍の仲裁人をフレキシブルに決めることができる。

裁判では，裁判官の国籍，使用言語などは制約される。外国文書などの証拠は翻訳が必要となる。

2) 手続の開始の安定性，容易性

仲裁では，仲裁合意が必要であるが，開始段階での管轄問題や送達問題はあまり起こらない。仲裁申立ての通知は，当事者又は仲裁機関から外国の当事者に直接郵便などで送付される。

訴訟では，裁判所での手続開始の段階で，国境を越える国際商取引紛争に関して，訴訟申立てを受けた国の裁判所が裁判管轄権があるのか否か，国際裁判管轄問題が常に発生する。訴状，召喚命令など外国当事者への送達には外国の公館，司法機関などの協力が必要となり，例えば，領事館などから送達先国の外交司法機関などの一定のルートを経由して送達されるので，送達に相当の時間を要することになり，手続を遅らせる原因となる。

3) 中立性

仲裁は，当事者自治，当事者により選任され，構成された仲裁廷の自治による解決であり，仲裁人の国籍における国際性から，仲裁手続及び仲裁判断の国際的標準，中立性が保たれる。

裁判は，各国の内国裁判所に持ち込まれることになり，又，裁判官もその国の国籍の裁判官となり，裁判手続，判決において，国家的バイアスが存在する懸念があり，判決，手続の国際的標準，中立性に不安がある。

4) 国際的強制力の安定性

仲裁は，「外国仲裁判断の承認及び執行に関する条約」（ニューヨーク条約1958年：現在世界149カ国が加盟）により，仲裁判断の国際的強制力（執行性）が保証されている。ニューヨーク条約に基づく外国での仲裁判断の執行例は数多くある。

裁判は，外国判決の承認，執行に関する国際条約がなく，国内法により一定の要件を具備した外国判決について承認し，執行を認めるシステムをとっている。例えば，日本での外国判決の承認と執行に関しては，民事訴訟法（以下，民訴法）第118条（外国裁判所の確定判決の効力）及び民事執行法第24条（外国裁判所判決の執行判決）に基づき外国判決の承認，執行手続が取られる。例えば，

日・中間の裁判所の判決は，現在のところ，日本の裁判所，中国の裁判所の双方の裁判所とも，相手国の裁判所の判決（外国判決）の効力を承認していない。

6 仲裁制度を規律する法律と裁判所の関与

（1） 仲裁手続に関する裁判所の権限，関与

　仲裁は国家裁判所とは無関係に，私人である仲裁人が下す判断によって紛争を解決する私的な当事者自治による紛争解決手段であるが，仲裁判断に裁判所の判決と同じ効力を与えられている以上，国家がこれに貢献的に援助，監督することがある程度必要であり，裁判所が仲裁手続に関連して関与する局面がいくつかある，例えば，①裁判所への仲裁条項に基づく妨訴抗弁，②裁判所への仲裁人の選任の申立て，③裁判所への仲裁廷の仲裁人忌避の決定に対する異議申立て，④裁判所への送達協力の申立て，⑤裁判所への証拠調べの実施の申立て，⑥裁判所への仲裁判断の取消の申立て，⑦裁判所への仲裁判断の承認，執行の申立てなどがある。

　以上の裁判所の関与は，仲裁が当事者自治に基づく制度であり，裁判所の過度の介入を抑止することを目的に，仲裁手続に関する裁判所の権限については，仲裁法に定める場合に限って行使することができるとして，原則として，当事者の合意によってその範囲を拡大したり，又，新設することができないとされている。

　例えば，日本仲裁法第4条では，仲裁手続に関しては，裁判所は，この法律に規定する場合に限り，その権限を行使することができると定めている。又，国際商事仲裁模範法（以下，モデル法）[1]）第5条では，この法律に定める事項に関しては，裁判所はこの法律に定める場合を除き，介入してはならないと定めている。

（2） 仲裁制度の法規範

1） 国家法

　国際商事仲裁を規律する法律には，各国の仲裁法がある。各国の仲裁法は，国際的標準化に向けての仲裁法の改正，立法化がなされている。仲裁法の国際的標準化に最も影響を与えているのが，国連国際商取引法委員会（UNCITRAL）が策定したモデル法である。日本の仲裁法（以下，仲裁法）は，2004年に単独法として施行されているが，モデル法に一部修正を加えて立法化しており，日本はモデル法採用国である。

　仲裁法第1条に，仲裁地が日本国内にある仲裁手続及び仲裁手続に関して裁判所が行う手続については，他の法令の定めるもののほか，この法律の定めるところによると定めており，仲裁地が日本である場合は，仲裁法が適用されることになる。

2） 国際条約―仲裁に関する条約―

　国際商事仲裁に適用される国際条約に関して日本が加盟している条約は，ジュネーブ議定書（1923年），ジュネーブ条約（1927年），ニューヨーク条約（1958年），日本との間の二国間条約，例えば，日米通商友好通商条約がある。これらの条約のうち，国際商事仲裁に関して最も影響力を持つ条約がニューヨーク条約である。149カ国，地域が加盟している外国仲裁判断の承認及び執行に関する条約[2]である。

　TPP，EPA，FTA他二国間投資条約に関連して発生する国家と他の国家の投資家との間で発生する投資紛争の解決手段として仲裁が利用される。この仲裁を国際投資仲裁，又は国際投資協定仲裁というが，国際投資協定仲裁に適用される国際条約に関する条約としてICSID条約[3]がある。日本は同条約には1967年に加盟している。

3）当事者が合意する仲裁手続の準則（仲裁手続規則）

　仲裁は当事者自治による紛争解決制度であり，手続準則は当事者合意によって定められることを原則とする。機関仲裁では，常設の仲裁機関が仲裁手続の管理を行うが，仲裁機関は，通常，仲裁手続規則を備えている。仲裁機関が定める仲裁規則は，仲裁法第26条に言及される，当事者間の合意する仲裁手続の準則に相当するとされる。

　仲裁機関を利用する機関仲裁の仲裁合意においては，例えば，日本商事仲裁協会の商事仲裁規則に基づいて仲裁を行う旨の仲裁合意は，当事者が，仲裁手続準則について当該仲裁機関の商事仲裁規則によることを合意していることになる。

　仲裁法第26条
　　仲裁廷が従うべき仲裁手続の準則は，当事者が合意により定めるところによる。ただし，この法律の公の秩序に関する規定に反してはならない。

7　仲裁合意とその効力

（1）仲裁合意の意義

　仲裁合意とは，すでに発生している紛争又は将来発生するかもしれない一定の権利関係に関する紛争の解決を，公平，中立な第三者である仲裁人に委ね，かつその判断に服する旨の合意をいう。

　前述の通り，仲裁合意には，仲裁付託合意と仲裁条項の2つの方法がある。これら仲裁合意は国家法，国際条約で承認されている。
　① 仲裁付託合意（submission）：仲裁付託合意は，当事者の間にすでに発生している紛争について，その紛争の解決を仲裁人に委ねる合意をいう。
　② 仲裁条項（arbitration clause）：仲裁条項は，将来において当事者の間に発生ずる紛争の解決を仲裁人に委ねる合意をいう。

仲裁法第2条1項
　この法律において，仲裁合意とは，既に生じた民事上の紛争又は将来において生ずる一定の法律関係（契約に基づくものであるかどうかを問わない）に関する民事上の紛争の全部又は一部の解決を1人又は2人以上仲裁人にゆだね，かつ，その判断に服する旨の合意をいう。

ニューヨーク条約第2条1項
　各締約国は，契約に基づくものであるかどうかを問わず，仲裁による解決が可能である事項に関する一定の法律関係につき，当事者の間にすでに生じているか，又は生じることのある紛争の全部又は一部を仲裁に付託することを当事者が約した書面による合意を承認するものとする。

（2）　仲裁合意の効果

　仲裁合意の効果には，当事者間における裁判権排除の効果がある。仲裁合意の対象となる紛争について，一方の当事者により裁判所に訴えが提起された場合，被告となる他方の当事者は，仲裁合意の抗弁により，当該裁判の却下，若しくは停止を申し立てることができる。受訴裁判所は当該申立てにより，当該訴訟を却下若しくは停止，仲裁移行命令をしなければならない。

【事例】
　日本の売主A社とニューヨークの販売店B社との間に交わされた独占的販売店契約書に仲裁条項が挿入されていた。売主からの販売店契約の更新拒絶に対して，販売店B社は，A社による販売店契約の更新拒絶は不当であるとして，A社に対して損害賠償を求めてニューヨーク連邦地裁に訴訟を提起した。売主A社は受訴裁判所に仲裁条項の妨訴抗弁を提起し，訴訟手続の停止，及び仲裁への移行命令を求めた。受訴裁判所であるニューヨーク連邦地裁は，当該仲裁条項が有効，適格であるとして，当該訴訟手続を停止し，仲裁に付託する命令を出した。結果として，訴訟を取り止めて，仲裁で最終的に解決されることになった。

仲裁合意の妨訴抗弁については，各国の仲裁法，ニューヨーク条約に明文規定が置かれており，事例のように，販売店契約に仲裁条項が規定されていて，一方の当事者がその契約から発生する紛争の解決を裁判所に提訴して，妨訴抗弁の申立てにより訴訟手続が停止され仲裁に移行する，又は，訴訟手続が却下される事例は数多くある。

仲裁法第14条
　仲裁合意の対象となる民事上の紛争について訴えが提起されたときは，受訴裁判所は，被告の申立てにより，訴えを却下しなければならない。ただし，次に掲げる場合は，この限りでない。
　　1．仲裁合意が無効，取消しその他の事由により効力を有しないとき。
　　2．仲裁合意に基づく仲裁手続を行うことができないとき。
　　3．当該申立てが，本案について，被告が弁論をし，又は弁論準備手続において申述をした後にされたものであるとき。

ニューヨーク条約第2条3項
　当事者がこの条にいう合意をした事項について訴えが提起されたときは，締約国の裁判所は，その合意が無効であるか，失効しているか，又は履行不能であると認める場合を除き，当事者の一方の請求により，仲裁に付託すべきことを当事者に命じなければならない。

(3) 仲裁合意の効力とその方式

1) 仲裁合意の効力

　仲裁で解決できる紛争は一定の範囲に限られる。仲裁合意の効力も，当事者が仲裁付託合意した紛争の範囲に限られ，又，仲裁で解決できる紛争に限られる。

　仲裁法の下では，仲裁合意は，法令に別段の定めがある場合を除き[4]，当事者が和解をすることができる民事上の紛争（離婚又は離縁の紛争を除く）を対象とする場合に限り，その効力を有すると定めている（仲裁法13条1項）。

仲裁で解決できる紛争の範囲（仲裁許容性）は，各国の仲裁法，判例により，その解釈は異なり，仲裁で解決できない紛争についての仲裁判断は，取消，又は執行拒絶の原因となる。

最近の国際取引で問題となる，例えば，独禁法上の紛争や知的財産権の中で特許の有効性を巡る紛争の仲裁許容性については，各国の仲裁法はその解釈が異なる。アメリカ，スイス等の国では，仲裁許容性の範囲は広く認められており，特許の有効性を巡る紛争，独禁法上の紛争も仲裁で解決することができるとされている[5]。一方，日本，韓国，中国等では，これらの紛争の仲裁許容性は一部問題が残されている。

2） 仲裁合意の方式

仲裁法の下では，仲裁合意は書面でなされなければならないとされており，①当事者の全部が署名した文書，例えば，契約書に規定される仲裁条項，②当事者が交換した書簡又は電報，ファクシミリなどによる合意，③e-mail等による電磁的記録による合意文面，④書面による契約において仲裁条項にある文書を契約の一部として引用している場合，⑤仲裁手続において当事者双方の主張書面の一方に仲裁合意の存在が記載され，他方にその存在を争う旨の記載がない場合等が挙げられる（仲裁法13条）。

（4） 仲裁合意の分離，独立性

仲裁条項は主たる契約書に規定されているので，主たる契約書に付随する条項規定であると考えられがちであるが，仲裁条項は主たる契約からは独立した契約である。

仲裁条項が規定された契約書に瑕疵があるとして無効となった場合，又，何らかの理由で契約が解約された場合，無効とされた，又は解約された主たる契約書に付随して仲裁条項も無効となるのか否かが問題となる。

【事例】
ライセンス契約から発生するロイヤルティの計算，支払を巡る紛争で，

第5章 トラブル，紛争発生に伴うリスクとその対応　177

> 当該ライセンス契約を解除して，東京地方裁判所に提訴した紛争について，被告となる当事者から仲裁条項の妨訴抗弁が提起され，契約書中の仲裁条項の当該契約書からの分離，独立性を巡り仲裁条項の有効性が争われた。判決では，仲裁法第13条6項が引用され，仲裁合意を含む一の契約において，仲裁合意以外の契約条項が無効，取消しその他の事由により効力を有しないものとされる場合においても，仲裁合意は，当然には，その効力を妨げられないとして，妨訴抗弁を認めて，当該訴訟が却下されている。

　事例で見られるように，仲裁条項が設けられている主たる契約の無効，解除を巡る争いが裁判所に提起され，妨訴抗弁の申立てにより，主たる契約と仲裁合意の関係が争われることがあるが，仲裁合意の分離，独立性は広く認められており，仲裁法には明文規定（仲裁法13条6項）が設けられており，又，多くの判例もこれを支持している。

8　仲裁条項の起案

(1)　仲裁条項起案における基本的事項

1)　仲裁の種類の選択—機関仲裁かアドホック仲裁—

　仲裁を利用する場合，常設の仲裁機関を利用する機関仲裁（institutional arbitration）と個々の紛争ごとに当事者が仲裁手続を行うアドホック仲裁（ad-hoc arbitration）がある。いずれの種類の仲裁に基づく仲裁，仲裁判断もその法的効力は認められている[6]。

①　アドホック仲裁

　アドホック仲裁では，仲裁手続の管理は，すべて，当事者及び当事者選任の

仲裁人が個別に行うことになる。仲裁手続の開始においては，仲裁を申し立てる当事者は，申立書を相手当事者に送付，通知を行い，手続が開始される。その後に仲裁人の選任作業を当事者が行うことになる。当事者の協力がない場合には，手続進行の運営，管理，文書の送付がなかなか難しく，時には，手続上の瑕疵が原因で，仲裁判断の取消や執行拒絶の問題が発生することがある。欧米では，アドホック仲裁は数多く行われている。アジアでは，シンガポール，香港において，アドホック仲裁が行われている。

② 機関仲裁

機関仲裁では，仲裁手続の運営，管理を仲裁機関に委ねることになる。仲裁申立ては仲裁機関に行うことで，手続の開始となる。仲裁機関は当事者に仲裁受理通知を行い，仲裁人の選任，仲裁人報酬や手続費用の管理，仲裁手続の進行における管理，文書の送付を適格に行うことができる。当事者にとり，専門機関のサービスを受けることにより，仲裁手続の瑕疵を防ぐことができ，又，よりスムースに手続を進行することができるメリットがある。国際商事仲裁では，通常は，機関仲裁が利用されている。

2） 紛争の仲裁付託と紛争範囲の特定

① 紛争範囲の特定

仲裁条項の起案において，まずは，仲裁に付託する紛争の特定が大切である。
当事者間で合意された紛争の範囲が仲裁の対象となるので，仲裁条項起案において注意する必要がある。

例えば，"All disputes, controversies or differences which may arise between the parties from this contract …"（本契約から当事者間に生ずることがあるすべての紛争，論争，意見の相違は…）とか，All disputes, controversies or differences which may arise between the parties out of this contract"（本契約から当事者間に生ずることがあるすべての紛争，論争，意見の相違は…）と記載した場合，"arising from"とか"arising out of"

の表現は，「契約から発生する」紛争と解され，仲裁の対象となる紛争の範囲が狭く解釈され，例えば，契約締結時における詐欺行為による契約の無効主張や，又，契約が解除された後の終了後の争いが仲裁の対象になるか否かが問題となる恐れがある。したがって，これらの紛争も含めた仲裁の対象となる紛争の範囲を広くするためには，"in relation to …"とか，"in connection with …"（関連して）とする必要があり，その表現を用いることによって，契約の成否，効力の争い，契約終了に関連して発生する争いが仲裁対象の範囲に含まれることになる。

② 紛争の仲裁付託

　当事者間で発生する紛争について，明確に，「仲裁」（arbitration）により最終的に解決する，又は仲裁に付託する旨を記載することにより，紛争の仲裁付託の意思を明確に表明しておくことが大切である。例えば，"All disputes … shall be finally settled by arbitration …"（すべての紛争…は，仲裁により最終的に解決されるものとする）又は，"All disputes … shall be submitted to arbitration …"（すべての紛争は仲裁に付託する）と記載される。

　(i) 紛争範囲の特定，(ii) 紛争の仲裁付託を含めた仲裁条項例として，日本商事仲裁協会の推奨仲裁条項例を以下に紹介する。

　"(i) All disputes, controversies or differences which may arise between the parties hereto, out of or in relation to or in connection with this Agreement shall be finally (ii) settled by arbitration in (name of city) in accordance with the Commercial Arbitration Rules of the Japan Commercial Arbitration Association."

　この契約から又はこの契約に関連して，当事者の間に生ずることがあるすべての紛争，論争又は意見の相違は，日本商事仲裁協会の商事仲裁規則に従って，（都市名）において仲裁により最終的に解決されるものとする。

3) 仲裁地の選択基準

仲裁地は，当事者が合意によって定めることができる。仲裁条項において，仲裁地を明確に合意しておくことは大切である。仲裁地の概念は，審理手続や仲裁人の協議を行う場所のことを意味するものではなく，仲裁手続に適用される，仲裁手続法の決定基準となるものである。例えば，仲裁法第1条で，仲裁地が日本国内にある仲裁手続及び仲裁手続に関して裁判所が行う手続については，他の法令に定めるほか，この法律の定めるところによると定めており，日本を仲裁地と合意した場合は，仲裁手続に適用される法律は日本の仲裁法となる。

仲裁地を選択する場合，仲裁地をどこにするか，又，何処の仲裁地が好ましいか，仲裁地の選択基準を検討する必要がある。

仲裁地選択基準の項目を以下に挙げる。

① UNCITRALモデル法採用の近代的仲裁法が整備されているか。
② ニューヨーク条約加盟国か。
③ 法域としての透明性，中立性が確保されているか。行政，司法の不当介入があり得るか否か。
④ 仲裁関係の判例（仲裁判断の承認，執行，取消，妨訴抗弁，他）が仲裁に友好的か。
⑤ 信頼性，経験のある仲裁機関が整備されているか。
⑥ 仲裁人，代理人のリソースが豊富で，その獲得が容易であるか。
⑦ 言語的多様性，文化的多様性があるか。
⑧ 地理的便宜性，インフラ整備がされているか。

以上の基準を満たす仲裁地は，「好ましい仲裁地」(recommendable place of arbitration) といわれ，仲裁地としてよく当事者に選択されている。

4) 仲裁地の特定

仲裁条項の起案において，どこを仲裁地とするか，仲裁地の特定の仕方としては，一般的には，以下に紹介する，①自国地，②相手国地，③第三国地，④

被告地が挙げられる。

① 自国地

仲裁条項の交渉において，当事者は，仲裁地を自国地とすることを希望することが多い。自国地を仲裁地とすることで，実際に仲裁が行われる場合に，地理的便宜性，仲裁人，代理人の選任の容易性等の利点が挙げられる。又，仲裁手続に関する法律の検討において，情報収集が容易となる利点が挙げられる。

② 相手国地

仲裁地を相手国とすることは，実際に仲裁が行われる場合に，相手国にまで出向いて戦わなければならなく，地理的不便性，仲裁人，代理人確保が困難となる。又，仲裁手続に関する法律の情報収集の困難性が挙げられる。

③ 第三国地

仲裁条項の交渉において，当事者双方が自国地を主張して，交渉がまとまりにくい場合，又，相手当事者国が，仲裁制度の後進性の国の場合，又，双方当事者にとり公平性の観点から，第三国地を仲裁地とすることがある。

第三国地でよく利用される仲裁地としては，スイス，パリ，ロンドン，ニューヨーク，ストックホルム，シンガポール，香港などが挙げられる。

これらの仲裁地は，前項「3）仲裁地の選択基準」で挙げた仲裁地選択基準を満たす，「好ましい仲裁地」(recommendable place of arbitration) でもある。

④ 被告地

それぞれの当事者が自国地を主張することで，仲裁地の合意が困難な場合に，仲裁地特定の折衷案として，仲裁地を被告地主義とする方式が利用されている。

被告地主義とは，当事者が仲裁の申立てを行う場合は，被告地である相手当事者の国で仲裁申立てを行う方式をいう。例えば，被告地主義仲裁条項では，A社がB社を相手に，仲裁申立てを行う場合には，B社の国を仲裁地として仲裁申立てを行い，又，B社がA社を相手に，仲裁申立てを行う場合には，A社

の国を仲裁地として仲裁申立てを行うことになる。

5） 仲裁機関，仲裁規則の選択

仲裁条項の起案において，機関仲裁を採用する場合，いずれの仲裁機関を選択するかが問題となる。仲裁規則については，仲裁機関は，通常，仲裁規則を備えており，その規則を採用することになる。仲裁機関には，複数の仲裁規則を備えている機関もある。例えば，機関の仲裁規則の他に，国連国際商取引法委員会（UNCITRAL）がアドホック仲裁に利用されるモデル仲裁手続規則を公表しているが，そのUNCITRAL仲裁規則による仲裁の管理手続に関する規則を備えている機関は多い。そのような仲裁機関を選択する場合には，仲裁規則をいずれの仲裁規則を採用するかの選択の余地がある。

世界には数多くの常設の仲裁機関があり国際商事仲裁を取り扱っている。当事者にとりいずれの仲裁機関を選択するかは非常に重要な問題であり，各仲裁機関の性格，国際性，信頼性，国際商事仲裁の実績，仲裁手続の特徴，仲裁人の選択肢，仲裁費用等を検討することが大切である。又，利用する仲裁機関の仲裁手続規則に関して，仲裁申立方法，使用言語，仲裁人の数，国籍，仲裁人の選任方法，仲裁人の忌避手続，仲裁審理に関して，仲裁費用について精査しておくべきである。

世界の主要常設仲裁機関を以下に挙げる。

① 世界的な国際仲裁機関

(i) 国際商業会議所国際仲裁裁判所（ICC：International Court of Arbitration）：パリに本部を置き，香港の支部事務局，又，世界各国に国内委員会を設けている。

(ii) ロンドン国際仲裁裁判所（LCIA：London Court of International Arbitration）：ロンドンに本部，インドに独立支部を置く世界的仲裁機関。

(iii) アメリカ仲裁協会（AAA：American Arbitration Association）：国際紛争処理センター（ICDR：International Center for Dispute

Resolution) を設けて，AAAの国際仲裁，調停を扱う。ICDRの国際仲裁規則による仲裁管理サービスを行う。
(iv) ストックホルム商業会議所 (SCC：Arbitration Institute of Stockholm Chamber of Commerce)：中国，ロシアとの仲裁の第三国仲裁地の仲裁機関としての利用も多くあり，世界的な国際仲裁機関としての機能を有する。

② アジアの代表的国際仲裁センター
(i) シンガポール国際仲裁センター(Singapore International Arbitration Center)：優れた国際仲裁施設"Maxwell Chamber"に事務局が置かれて，アジアの仲裁センターとして信頼性のある仲裁機関として定評がある。
(ii) 香港国際仲裁センター (Hong Kong International Arbitration Center)：香港島，Exchange Squareに位置する優れた設備を擁する仲裁センターとして信頼性のある仲裁機関として定評があり，又，中国企業が絡む紛争の第三仲裁地としての香港に在る仲裁機関としての役割も大きい。

③ アジアのリージョナル仲裁機関
(i) 日本商事仲裁協会 (Japan Commercial Arbitration Association)：日本に在る代表的国際仲裁機関である。2014.2.1.仲裁規則が改正施行されている。グローバル仲裁に対応するために大幅改正となっている。
(ii) 中国国際経済貿易仲裁委員会 (China International Economic and Trade Arbitration Committee)：中国に在る代表的渉外仲裁機関である。年間の仲裁件数は国内仲裁を含め1,000件を超えている。
(iii) 大韓商事仲裁院 (Korean Commercial Arbitration Board)：韓国に在る代表的国際仲裁機関である。韓国の仲裁振興は目覚しいものがあり，仲裁件数も国内仲裁を含め3桁となっている。
(iv) クアラルンプール地域仲裁センター (KLRCA：Kuala Lumpur

Regional Center for Arbitration）：マレーシアに在る代表的国際仲裁機関である。最近の仲裁振興は目覚ましく，仲裁事件数も急増している。

6） 仲裁人の数

仲裁人の数については，仲裁法及び仲裁機関の仲裁規則に規定がある。仲裁人の数は，二当事者間の仲裁の場合は，通常，1人か3人である。

仲裁人の数が3人の場合と1人の場合では，それぞれメリット，デメリットがある。仲裁人を3人にすると，3人の仲裁人報酬が必要となり，費用が高額化する可能性がある。1人の場合には，費用は3人と比べて安価になるが，争点が広がるような複雑な紛争，法律問題への対応は非常に難しいことから，3人仲裁とするべきであるといわれる。

仲裁人の数については，仲裁規則に委ねる場合と，予め仲裁条項の追加条件に仲裁人の数を規定する場合がある。

仲裁条項の追加条件として規定する場合は，採用する仲裁機関の仲裁規則を検討したうえで，1人か3人かを合意することになるが，一般的に，コストを考慮する場合には1人とされることが多い。又，より慎重な判断を期待する場合には3人とされることが多い。

7） 仲裁の言語

仲裁手続に使用される言語は，通常，仲裁法，仲裁規則に言語の規定が置かれている。一般的には，まずは当事者が合意する言語が優先され，当事者合意がない場合には，仲裁廷が言語を決定することになる。ただし，仲裁機関によっては，当事者の合意がない場合に，仲裁機関所在国の言語が使用される規則もあるので注意して仲裁規則を検討しておく必要がある。仲裁条項の追加条件に仲裁の言語の合意規定を設けることが多い。通常，仲裁の言語としては英語が使用言語とされている。複数の言語を使用言語とする選択肢も考えられるが，例えば，仲裁の使用言語を日本語及び英語の複数言語とした場合，仲裁手続，仲裁判断において双方の言語を使用することになり，当事者，代理人，仲裁人に大きな負担となり，又，コストの増加を招くことになるので，複数言語の選

択は避けるべきである。

（2） 推奨仲裁条項の活用
―アドホック仲裁及び機関仲裁の推奨仲裁条項―

　仲裁条項の起案において，不適切な仲裁条項を起案することによる様々な弊害が発生する恐れがある。例えば，不備，不適切な仲裁条項を起案することにより，①妨訴抗弁の提起において，仲裁条項が審査されるが，仲裁条項の不備が原因で妨訴抗弁が認められないリスクがある，②仲裁申立ての不受理を招くリスクがある，③仲裁廷に対して，当事者から仲裁廷の管轄権の異議が提起されるリスクがある，④仲裁判断の取消の原因となるリスクがある，⑤仲裁判断の執行拒絶の原因となるリスクがある。

　以上のようなリスク，弊害を避ける意味において，仲裁条項はできるだけ単純，簡潔にして，正確に規定することが求められる。単純，簡潔，正確な仲裁条項を起案するという観点から，各推奨仲裁条項，例えば，アドホック仲裁に利用されるUNCITRAL仲裁規則の推奨仲裁条項，又，各仲裁機関の推奨仲裁条項を利用することが賢明であるといわれる。

1） アドホック仲裁に利用されるUNCITRAL仲裁条項

　アドホック仲裁条項を起案する場合，当事者が仲裁の手続を取り決めて進行させていくため，仲裁条項に詳細な仲裁手続が規定されることになる。国連国際商取引委員会（UNCITRAL）では，国際商事仲裁の普及を目的として，アドホック仲裁に利用される統一的なモデル仲裁規則を作成して公表している。UNCITRAL仲裁規則を利用したアドホック仲裁を選択する場合には，以下の推奨仲裁条項を契約書等に規定すればよい。

　　"All disputes, controversies or claims arising out of or relating to this contract or breach, termination or invalidity thereof, shall be settled by arbitration in accordance with the UNCITRAL Arbitration Rules as at

present in force.
　　*Note-Parties may wish to consider adding：
　　The appointing authority shall be … (name of institution or person)
　　The place of arbitration shall be …
　　The number of arbitrators shall be … (one or three)
　　The languages to be used in the arbitral proceedings shall be …

　本契約，本契約の違反，終了又は無効から，又は関連して生じるいかなる紛争，紛議，請求は現在有効なUNCITRAL仲裁規則に従い仲裁により解決されるものとする。
＊当事者は以下の追加事項を考慮することができる。
　　仲裁人選定仲裁機関は…（機関名又は個人名）
　　仲裁地は…
　　仲裁人は数は…（1人又は3人）
　　仲裁手続に使用される言語は…

2）　機関仲裁に利用される各仲裁機関の推奨仲裁条項

　機関仲裁条項を起案する場合，まずは，いずれの仲裁機関を利用するかを取り決めて，その仲裁機関の名称を正確に記載することが大切である。例えば，"international arbitration association"（国際仲裁機関）のような表現をした場合，上記のような仲裁機関は存在しないので，仲裁を申し立てる段階で，仲裁機関の名称が，不明瞭，不正確であることから，仲裁機関の不受理を招いたり，又，仲裁機関による受理された後，仲裁条項の効力，仲裁廷の管轄の異議が仲裁廷に提起されることがあるので，仲裁機関の名称は正確に記載し，誤りがないようにすることが大切である。

　機関仲裁条項の起案では，仲裁地，仲裁機関，仲裁規則を具体的かつ性格に規定することが大切であるが，各仲裁機関は推奨のモデル仲裁条項を公表しているので，それらの仲裁条項を利用することができる。以下に，世界的国際仲裁機関の推奨仲裁条項，及び，日本商事仲裁協会の推奨仲裁条項を紹介する。

① JCAA（日本商事仲裁協会）の推奨仲裁条項

"All disputes, controversies, or differences which may arise between the parties, out of or in relation to or in connection with this Agreement, shall be finally settled by arbitration in (name of city), Japan in accordance with the Commercial Arbitration Rules of the Japan Commercial Arbitration Association. The award rendered by such arbitrator(s) shall be final and binding upon the parties concerned."

本契約から又は関連して当事者間に発生することのある全ての紛争，論争又は意見の相違は，日本商事仲裁協会の商事仲裁規則に従って日本国，〔都市名〕において仲裁により最終的に解決されるものとする。仲裁人により為された判断は最終であり，当事者を拘束するものとする。

② ICC（国際商業会議所）の推奨仲裁条項

"All disputes arising in connection with the present contract shall be finally settled under the Rules of Arbitration of the International Chamber of Commerce by one or more arbitrators appointed in accordance with the said Rules."

本契約から又は本契約に関連して生じる全ての紛争は，国際商業会議所の仲裁規則に基づき，同規則に従って選定される1名又は複数の仲裁人により，最終的に解決するものとする。

③ LCIA（ロンドン国際仲裁裁判所）の推奨仲裁条項

"Any disputes arising out of or in connection with this contract including any question regarding its existence, validity or termination shall be referred to and finally resolved by arbitration under the Rules of the London Court of International Arbitration, which Rules are deemed to be incorporated by reference into this clause."

　本契約から又は本契約に関連して生じる全ての紛争は，その存在，効力又は終了のいかなる問題も含め，ロンドン国際仲裁裁判所の規則に基づき仲裁に付託され，最終的に仲裁により解決されるものとする。最終的に仲裁により解決されるものとする。同規則は，本条項で言及することで本契約の一部を構成するものと見なされる。

④　ICDRの推奨仲裁条項

"Any controversy or claim arising out of or relating to this contract or the breach thereof, shall be determined by arbitration administered by the International Center for Dispute Resolution in accordance with its International Arbitration Rules."

　本契約から，又は関連して発生する紛議，請求又は本契約の違反はICDRの国際仲裁規則に従いICDRにより管理される仲裁により決定されるものとする。

⑤　SCC（ストックホルム国際商業会議所）の推奨仲裁条項

"Any dispute, controversy or claim arising out of or in connection with this contract, or breach, termination or invalidity thereof, shall be finally settled by arbitration in accordance with the Arbitration Rules of the Arbitration Institute of the Stockholm Chamber of Commerce."

　本契約から，又は関連して発生する紛争，紛議，請求，又は本契約の違反，終了又は無効はストックホルム商業会議所の仲裁裁判所の仲裁規則に従っ

> て仲裁により解決されるものとする。

(3) 推奨仲裁条項の追加条件

　仲裁条項はできる限り簡潔に記載すべきであり，書けば書くほどに問題を含むリスクが高まる。そういう意味では，各仲裁機関の推奨仲裁条項を契約書に規定することで十分である。しかし，ケースによっては，仲裁条項の起案において，推奨仲裁条項の追加条件を検討することも効果的であり，各機関の推奨仲裁条項に追加の条件が規定されることも少なからずある。以下に，検討すべき追加の条件を挙げる。

1) 仲裁手続に使用される言語

　仲裁のメリットの1つに，仲裁に使用される言語は当事者合意によりフレキシブルに取り決めることができることがある。仲裁条項を起案するうえで，仲裁手続に使用される言語の指定は検討事項として大切である。追加条件として，一般的に，共通言語として英語が指定されることが多い。例えば，以下のような規定となる。

> "The language to be used in the arbitration proceedings shall be English language."
>
> ---
>
> 仲裁手続に使用される言語は英語とする。

2) 仲裁人の数

　仲裁人の数は当事者が取り決めることができる。当事者の合意がない場合は，仲裁人は1名もしくは3名選任される（ただし，多数当事者間仲裁の場合は3名以上の仲裁人が選任されることもある）。各仲裁機関の仲裁規則では，当事者合意のない場合に，仲裁人の数が1名の場合と3名の場合があるので，予め

仲裁規則を検討しておくべきである。追加条件として，仲裁人の数を予め定めておくことは有効な合意でもある。

例えば，3名の仲裁人を予定する場合は，以下のような規定となる。

> "The number of arbitrator(s) shall be three.
>
> ---
>
> 仲裁人の数は3名とする。

3）仲裁人の国籍，資格

① 仲裁人の国籍

国際商事仲裁においては，単独仲裁人，第三仲裁人の国籍が問題とされることがある。単独仲裁人が当事者と同一国籍の場合，又，3名の仲裁人の場合に，2名の仲裁人の国籍が同一の場合に仲裁判断に影響を与え，一方当事者に偏する懸念があるので，単独仲裁人，第三仲裁人は関係当事者の国籍とは異なる第三国籍が望ましいといわれる。例えば，ICC仲裁では，単独仲裁人又は仲裁人の長の国籍は当事者の国籍以外のものでなければならないとされる。他の仲裁機関の場合は必ずしも第三国籍の仲裁人とはならない。仲裁人の国籍は，一般的に，当事者合意により予めに取り決めることができる。追加条件として第三国籍仲裁人を指定する規定はケースによっては効果的である。

例えば，以下のような規定となる。

> "The third arbitrator shall not possess the same nationality of any party."
>
> ---
>
> 第三仲裁人はいかなる当事者の同様の国籍を持たないものとする。

② 仲裁人の資格

仲裁人は，当事者から独立した，公正な仲裁人でなければならないが，職業

的な資格は要求されない。当事者の合意によりいかなる職業の仲裁人も選任することが可能である。追加条件に仲裁人の職業，例えば，弁護士，公認会計士，他，又，仲裁人としての経験を要求することもある。

例えば，以下のような規定となる。

> "Each arbitrator shall be legally qualified lawyer and experienced in international commercial arbitration."
>
> ---
>
> 各仲裁人は法的な資格を有する弁護士であり国際商事仲裁の経験がなければならない。

4） 仲裁費用

仲裁に要する費用は，申立て及び管理料金，仲裁人報酬，仲裁手続実費である。さらに，仲裁手続では弁護士が代理することが多いが，弁護士費用も仲裁費用に含まれることがある。これらの費用の当事者の分担は，仲裁廷が仲裁判断の時に決定し，仲裁判断に含まれる。当事者間で予め合意が有れば仲裁判断において，その合意が尊重され得るので，追加条件として規定することもある。

例えば，以下のような規定となる。

> "The prevailing party shall be entitled to recover its costs including administrative fees and expenses, arbitrators fees and expenses and fees and expenses of legal representations, incurred in the arbitration proceedings."
>
> ---
>
> 勝者は，管理料金及び費用，仲裁人報酬及び費用，及び仲裁手続に発生した代理人弁護士費用を含む勝者側の費用を請求する権利を有する。

5） 仲裁判断の最終性

仲裁は一審制で，仲裁判断は最終の判断であり，確定した裁判所の判決と同

一の拘束力がある。仲裁判断の効果の確認規定としてよく規定される条件である。

例えば，以下のような規定となる。

> "The award rendered by the arbitrator(s) shall be final and legally binding upon the parties."
>
> 仲裁人により下される仲裁判断は最終であり，当事者を法的に拘束するものとする。

6) 文書開示手続

米国の訴訟手続の特徴の1つにディスカバリ（証拠開示制度）があるが，日本の訴訟手続にはそのような制度がなく，日本企業にとり馴染みの薄い制度である。ディスカバリでは，本案審理に入る前に，当事者間において，当事者双方がそれぞれの証拠開示の要請に従って証拠を開示する手続である。

国際商事仲裁においても，当事者間の文書開示手続は少なからず行われているが，文書開示手続については，仲裁機関の仲裁規則により，関係規定を定めている仲裁規則と規定のない仲裁規則があるので，利用する仲裁規則を検討する必要がある。一般的には，一方の当事者が証拠の提出を拒んだ場合には，仲裁廷は，当事者から提出命令の申立てがある場合は，提出命令を出すことができる旨の規定となっている。文書開示手続の詳細，具体的な規定が置かれていないので，どのような手続をとるかは仲裁廷の決定に委ねられることになる。文書開示手続については，国際法曹協会（IBA）が作成した，「国際仲裁証拠調べ規則」に基づき行われることが少なからずある。

追加条件として，文書開示手続についてIBAの「国際仲裁証拠調べ規則」に基づき行う権限を仲裁廷が持つ旨の規定を設けておくことは意味がある。

以下にIBAの国際商事仲裁証拠調べ規則に基づく文書開示手続規定を示す。

> "The arbitral tribunal shall have the authority to order production of documents in accordance with IBA Rules of the taking of Evidence in International Arbitration as current on the commencement of the arbitration"
>
> ―――――――――――
>
> 仲裁廷は，仲裁の開始の時に施行されているIBAの国際仲裁証拠調べ規則に基づく文書開示を命じる権限を有するものとする。

9　仲裁判断と仲裁判断の準拠法

（1）　仲裁判断

　仲裁判断は1名の単独仲裁人か複数（2当事者間の場合は3名）により構成される仲裁廷により為される。仲裁廷は，別段の合意（書面のみによる審理手続きの合意）がない限り，当事者に証拠の提出，意見の陳述，証人尋問をさせるために口頭審理を実施して，当事者の主張，立証を聞いて，結審をしたうえで，複数の仲裁人により構成された仲裁廷の場合は，合議のうえ多数決で仲裁判断を下す。

　仲裁判断の効力は，確定判決と同一の効力を有し，仲裁判断に基づいて民事執行をしようとする当事者は，債務者を被申立人として，裁判所に対して執行決定を求める申立てをすることができる。

（2）　仲裁判断書

　仲裁判断は書面によらなければならない。仲裁判断書を作成し，これに仲裁判断をした仲裁人が全員署名しなければならない。ただし，仲裁廷が合議体で

ある場合には，仲裁廷を構成する仲裁人の過半数が署名し，かつ，他の仲裁人の署名がないことの理由を記載すれば足りる。

仲裁判断書には，その判断の理由を付記しなければならない。ただし，当事者間に別段の合意がある場合は，理由を付記する必要はない。又，仲裁判断書には，これを作成した年月日及び仲裁地を記載しなければならない。

仲裁判断は，裁判の判決のように言い渡しではなく，当事者に仲裁判断の内容を確実に知らせるために，仲裁判断書の写しを送付する方法で通知がなされる。その通知は，郵便，クーリエ等で送付する方法が採られる。

(3) 法的仲裁における仲裁判断の準拠法

1) 法的仲裁

国際商事仲裁は，仲裁判断が法的拘束性を有し，国際商取引紛争解決において裁判所の役割を仲裁廷が代って果たすものであり法的判断が求められる。最近の仲裁において仲裁廷は法によって仲裁判断をすべきことを建前としており，各国仲裁法の多くに仲裁判断は法によることを要求している。「法による仲裁」の下では仲裁廷は実体法の判断規準を決定してそれに基づいて仲裁判断を下さなければならない。

国際商事仲裁においては，仲裁判断にその判断理由を付することが原則として要件とされる。仲裁廷は，その判断に至った理由，論拠を付記しなければならず，これにより仲裁廷による判断のミスリーディングの機会を少なくし，法による仲裁の実効性を高めている。

又，仲裁判断に理由を付記することは，仲裁判断に取消事由や執行拒絶事由があるか否かの判断資料となり得ること，又，仲裁判断の内容について当事者の納得をえることの目的に基づくものでもある。

2) 仲裁判断の準拠法

国際商事仲裁においては，各国の仲裁法に，通常，仲裁判断の準拠法規定が

定められている。日本の仲裁法第36条に，仲裁判断において準拠すべき法における規定が定められている。

① 当事者間の準拠法の合意がある場合

同条第1項では，仲裁廷が仲裁判断において準拠すべき「法」は，当事者が合意により定めるところによると定めている。

国際契約実務では，通常，準拠法 (governing law) 条項が定められることが多い。例えば，"This Agreement shall be governed and construed by and under the laws of Japan"（本契約は日本法により支配され，解釈されるものとする）と準拠法が合意されていれば，契約関係の準拠法に関しては，日本法が当事者合意の準拠法として適用され，仲裁判断がなされることになる。当事者合意の準拠法の適用による仲裁判断は，仲裁廷の義務であり，その義務に違反して仲裁判断を下した場合には，仲裁判断の取消原因となり得る[7]。

なお，「法」という概念は国の法令以外に国際法やレックスメルカトリア（商慣習法）を含む広い範囲の概念を意味するとされている。

② 当事者間の準拠法の合意がない場合

当事者間の準拠法の合意がない場合は，仲裁廷は，仲裁手続に付された民事上の紛争に最も密接な関係がある「国の法令」であって事案に直接適用されるべきものを適用して仲裁判断をしなければならない（36条2項）。

なお，「国の法令」は国家法を意味することになり，「法」より狭い範囲の概念を意味する。

③ 衡平と善による仲裁

衡平と善による仲裁判断では，実体法等の厳格な適用による判断基準にとらわれることなく，仲裁人が実情にかなうと考える，仲裁人の専門的知見を生かした判断がされることになる。

仲裁法第36条3項では，仲裁廷は，当事者双方の明示された求めがあるときは，前2項の規定にかかわらず，衡平と善により判断するものとすると定め

ている。

　衡平と善による仲裁判断は，当事者双方から明示的に求められた場合に限定されている。なお，衡平と善による仲裁は，最近では，ほとんど行われていない。

（4）　和解と仲裁判断

　国際商事仲裁においては，仲裁手続中に，当事者間で和解交渉，又は調停が行われることが少なからずある。調停の方法としては，仲裁人以外の第三者が調停人となり調停を行う場合，仲裁廷が調停手続を行う場合がある。いずれの場合においても，当事者間で和解が成立した場合に，和解契約が交わされることになるが，その和解契約は執行力がないため，和解契約に執行力を持たせるために，当該和解における合意を内容とする仲裁判断をすることが少なからずある。仲裁廷は，当事者間に和解が成立し，かつ当事者双方の申立てがある場合は，当該和解における合意を内容とする仲裁判断をすることができる。

　仲裁法第38条第1項
　　仲裁廷は，仲裁手続の進行中において，仲裁手続に付された民事上の紛争について当事者間に和解が成立し，かつ，当事者双方の申立てがあるときは，当該和解における合意を内容とする決定をすることができる。
　同第38条第2項
　　前項の決定は，仲裁判断としての効力を有する。

10　仲裁判断の取消

　仲裁判断は一審で確定し，仲裁判断の内容に不服であっても上訴できない。仲裁手続に瑕疵がある場合，又は仲裁判断の内容が公序良俗に反する場合には，当事者は仲裁判断の取り消しを仲裁地の管轄裁判所に申し立てることによって，仲裁判断が取り消され得る。

仲裁法の下では，裁判所に対する取消の申立ては，仲裁判断の通知がなされてから3カ月以内で，仲裁判断の執行決定がなされる前とされる（仲裁法44条2項）。仲裁判断の取消事由は以下の通りである（仲裁法44条1項）。

① 当事者能力の制限による仲裁合意の無効
② 当事者能力の制限以外の事由による仲裁合意の無効
③ 仲裁人の選任手続，仲裁手続に必要とされる通知の欠如
④ 仲裁手続につき当事者の防御不可能
⑤ 仲裁合意，仲裁手続の範囲を超える事項の判断
⑥ 仲裁廷の構成又は仲裁手続の当事者の合意，法令違反
⑦ 仲裁適格を欠く仲裁判断
⑧ 仲裁判断の内容の公序良俗違反

11 仲裁判断の承認と執行

仲裁判断の効力について，仲裁法の下では，仲裁地が国内にあるか（国内仲裁判断），外国にあるか（外国仲裁判断）を問わないとして，確定判決と同一の効力を有する（仲裁法45条）。

仲裁判断に従って任意履行がない場合は，民事執行制度を利用して強制執行の手続をとらなければならない。仲裁法では，仲裁判断に基づく民事執行をするためには，執行決定がなければならないとしている（仲裁法45条1項）。執行決定手続では，口頭弁論を要件とし，三審性を採る「判決手続」とは異なり，口頭弁論を経ることなく，当事者双方が立ち会うことができる審尋手続により執行決定ができる。執行決定及び却下決定に対しては，即時抗告を申し立てることができる。執行決定の手続では，手続に要する時間が判決手続より大幅に短縮されることになり，容易，迅速な手続となる。諸外国においても，仲裁判断の執行に関しては，執行決定の手続を採用している国が多い。

仲裁判断の執行決定の手続について，仲裁法第46条で明確な規定を置いている。仲裁判断に基づき民事執行をしようとする当事者は，債務者を被告とし

て，裁判所に対し，執行決定を求める申立てをすることができるとしている。又，民事執行の申立てをするときは，仲裁判断の写し，謄本証明，日本語以外の言語の場合には翻訳文を提出しなければならないとしている（46条2項）。仲裁判断の執行申立手続は，外国仲裁判断の承認及び執行に関する条約（ニューヨーク条約1958年）の第4条に提出要件の規定がある。同条約では，仲裁判断の原本又は謄本，仲裁合意の原本又は謄本，判断が援用される国の公用語への翻訳文の提示を要件としている。仲裁法とニューヨーク条約は，提出要件に相違があることに留意しなければならない。

裁判所は，当事者のいずれかの証明に基づき承認拒絶事由があると認めた場合は，仲裁判断の承認を拒否し，執行の申立てを却下することになる（46条8項）。

仲裁判断の執行拒絶事由は，以下の通りである（45条2項）。

① 当事者能力の制限による仲裁合意の無効
② 当事者能力の制限以外の事由による仲裁合意の無効
③ 仲裁人選任手続，仲裁手続に必要とされる通知の欠如
④ 仲裁手続につき，当事者の防御不可能
⑤ 仲裁合意，仲裁手続の範囲を超える事項の判断
⑥ 仲裁廷の構成又は仲裁手続が，仲裁地が属する国の法令又は当事者の合意の違反
⑦ 仲裁地の法令によれば，仲裁判断が確定していないこと，又は仲裁判断がその国の裁判機関により取り消され，若しくは効力を停止されたこと
⑧ 日本の法令により仲裁適格を欠く仲裁判断
⑨ 仲裁判断の内容の日本における公序良俗違反

12　ニューヨーク条約に基づく外国仲裁判断の承認と執行

仲裁法では，仲裁判断の承認，執行に関して，国内仲裁判断，外国仲裁判断に適用される規定となっている。外国仲裁判断の承認，執行について，仲裁法とニューヨーク条約との関係が問題となるが，条約の規定は国内法に優先して

適用されるので（日本国憲法98条2項），ニューヨーク条約に基づく外国仲裁判断の承認，執行はニューヨーク条約が適用される。外国仲裁判断の承認，執行に関する条約が存在しない，例えば，台湾で下された，外国仲裁判断は，条約が存在しないので，仲裁法の規定が適用されることになる。

　国際商事仲裁に関して，日本は，ニューヨーク条約以外の多数国間条約である，仲裁条項に関するジュネーブ議定書，外国仲裁判断の執行に関するジュネーブ条約に加盟している。これらの条約はニューヨーク条約の締約国間においては効力を失う（ニューヨーク条約7条2項）。日本と相手国との間で仲裁判断の承認と執行に関する条項規定を盛り込んだ二国間同盟条約を締結している場合がある。同条約7条1項では，ニューヨーク条約の規定は二国間合意の効力に影響を及ぼすものではないとしており，例えば，日米友好通商航海条約，日中貿易協定，他，当該二国間同盟条約は，ニューヨーク条約の影響を受けないで，当該条約を適用して外国仲裁判断の承認，執行も可能となる[8]。

13　国際民事訴訟
　―国際商取引紛争の訴訟による解決の問題―

　貿易売買契約から発生する紛争を訴訟で解決する場合，①いずれの国の裁判所に提起するかという問題が発生する。国際裁判管轄権の問題である。又，②訴訟手続進行において外国当事者への送達問題が発生する。さらに，③外国で下された判決について，判決の承認と執行の申立てを受けた裁判所が，その外国判決の効力を承認して執行を認めるか否かの問題を含む。

（1）　国際裁判管轄権

　貿易売買契約から発生する紛争の解決について裁判を選択する場合，そのような紛争は，各国の内国裁判所が管轄することになるが，国家機関である各国の裁判所による解決は，国境の壁があり，どこの国の裁判所に管轄権があるの

かという国際裁判管轄権の問題が発生する。

1) 国際裁判管轄権

企業間の国際取引から国境を越えて発生した紛争を内国裁判所に提訴する場合，提訴を受けた裁判所が，自国に管轄権があるか否かを判断することになる。その紛争について裁判をする権限があるのか否かが問題となる。これが国際裁判管轄権の問題である。国際裁判管轄権がない国の裁判所に訴えを提起してもその訴えは却下される。国際裁判管轄権の問題は，当事者にとり重要な意味をもつものである。

国際裁判管轄権は，いかなる基準に基づき決定されるのかが重要となる。国際裁判管轄権の決定は，原則として，各国の国内法に委ねられているが，国際裁判管轄権の規則が各国で異なっており，裁判を行う国の，国際裁判管轄権に関する規則を調査しなければならない。

日本では，従来，国際裁判管轄権を直接的に規定する法律もなく，又，条約も存在しないので，国際裁判管轄権は，当事者の公平性，裁判の適正・迅速を期するという理念により，条理に従って決定されてきた。

平成23年民訴法の一部改正により，国際裁判管轄権の規定（第一節日本の裁判所の管轄権）が追加された現在では，民訴法の第3条の2（被告の住所等による管轄権）から第3条の12（管轄権の標準時）までが国際裁判管轄権の基本的な国内法となる。

貿易売買契約に関する訴訟において，主として問題となる管轄原因としては，以下のものがある。

① 被告の住所地による管轄

国際裁判管轄権は，通常，被告の住所地を原則としており，貿易売買取引契約から発生する紛争を訴訟で解決する場合は，被告となる相手当事者の営業所の住所地の国の裁判所に訴えた場合は国際裁判管轄権が肯定される。

民訴法第3条の2（被告の住所等による管轄権）には，裁判所は，法人その他の社団又は財団に対する訴えについて，その主たる事務所又は営業所が日本

国内にあるとき，事務所若しくは営業所が無い場合又はその所在地がしれない場合には代表者その他の主たる営業担当者の住所が日本国内にあるときは，管轄権を有すると定めている。

② 原告の住所地による管轄権

原告地の裁判所に訴えた場合は，必ずしも国際裁判管轄権が肯定されるとは限らない。例えば，日本企業が原告となり外国の企業を相手取り，日本の裁判所に訴える場合，必ずしも国際裁判管轄権が認められるとは限らない。原告地での裁判所への訴えに関しては，管轄原因を定めた，民訴法第3条3以下に定める。例えば，(a) 契約上の債務の履行地，(b) 営業所等の所在地，(c) 事業活動地，(d) 財産所在地，(e) 不法行為地等の規定のいずれかに該当すれば，日本の国際裁判管轄が原則的に認められる。

(a) 契約上の債務の履行地

契約上の債務の履行の請求を目的とする訴えについて，契約において定められた当該債務の履行地が日本国内にあるとき，又は契約において選択された地の法によれば当該債務の履行地が日本国内にあるときは，日本の裁判所の管轄が認められる（民訴法3条3の一）。

(b) 営業所等の所在地

被告の事務所又は営業所が日本に在る場合は，当該営業に関連する業務に関する訴えについては，日本の裁判所の管轄が認められる（民訴法3条3の四）。

(c) 事業活動地

被告が日本において事業を行っている場合，訴えの内容が被告の日本における業務に関するときは，日本の裁判所の管轄が認められる（民訴法3条3の五）

(d) 不動産の所在地

不動産に関する訴えについて，不動産が日本国内にあるときは，日本の裁判所の管轄が認められる（民訴法3条3の十一）。

(e) 不法行為地

不法行為に関する訴えについては，不法行為地での管轄が認められる（民訴法3条3の八）。不法行為の訴えは，製造物責任，知的財産権の侵害差し止め，請求等の事件が含まれる。

2） 管轄権に関する合意

① 合意管轄

合意管轄に関しては，民訴法第3条3の七（管轄権に関する合意）の第1項で，当事者は，合意により，訴えを提起することができる日本又は外国の裁判所を定めることができる旨規定されている。当事者が，訴えを提起する裁判所を定めた国際裁判管轄を合意によって決めることができる。管轄合意の方式については，書面性が求められる。同2項で，一定の法律関係に基づく訴えに関し，かつ，書面でしなければ，その効力は生じないとされている。貿易売買契約では，管轄の合意に関して，通常，契約書の中に裁判管轄条項が規定される。

② 裁判管轄条項

貿易売買契約では，紛争の発生に備えて裁判による解決を予定する場合は，契約書に訴えを提起することができる裁判所を定めた国際裁判管轄権に関する合意の規定が設けられることが多い。これを裁判管轄条項（Jurisdiction Clause）という。契約書に裁判管轄条項を設けることで，通常，合意された裁判所の国際裁判管轄権が認められる。

裁判管轄条項を以下に示す。

"The courts of Japan shall have exclusive jurisdiction over all disputes which may arise between the parties out of or in connection with this Agreement."

本契約から，又は，本契約に関連して当事者間に発生する全ての紛争に関して，日本国裁判所が，専属的裁判管轄権を有する。

（2） 外国当事者への訴状の送達

外国の当事者に訴状を送達するには，郵便で直接当事者に送付する形式は問題である（米国の訴訟では，訴状が直接に外国当事者に郵便で送付されることがあるが，日本では適格な送達とはいえない）。

訴状の外国への送達は，外国の司法機関，公館の協力が必要となり，その手続に何カ月もの期間が必要となる。

日本の裁判所からの訴状の外国に対してなされる送達に関して，日本では，民訴法第108条（外国における送達）に基づき，裁判長が，その国の管轄官庁又はその国に駐在する日本の大使，公使若しくは領事に嘱託して送達されるか，又は日本が加盟する，「民事又は商事に関する裁判上及び裁判外の文書の外国における送達及び告知に関する条約」（ハーグ送達条約）に基づき外国の当事者に訴状が送達される。ハーグ送達条約に基づく送達では，訴状の送達先国言語への翻訳を添付して，領事館等から送達先国の司法機関などの一定ルートを経由して送達されることになる。いずれにしても，訴状の外国への送達は相当の期間を要する。

（3） 外国判決の承認及び執行

ある国の裁判所で下された判決は，外国にまでその効力が及ぶものではない。外国で判決を執行しようとする場合は，執行しようとする国の裁判所にその判決の承認と執行を求めなければならず，一定の要件のもとに，承認され，執行が認容される。

日本での外国判決の承認・執行に関しては，民訴法第118条（外国裁判所の確定判決の効力）及び民事執行法第24条（外国裁判所の判決の執行判決）に基づき判断される。

外国判決の承認の要件（民訴法118条）は以下の通りであり，下記①—④のすべての要件を具備する場合にその判決の効力が認められる。

① 法令又は条約により外国裁判所の裁判権が認められること。

② 敗訴の被告が訴訟開始に必要な呼び出し，若しくは命令の送達を受けたこと，又はこれを受けなかったが応訴したこと。
③ 判決の内容及び訴訟手続が日本における公序に反しないこと。
④ 相互の保証があること。

日本で下された判決を外国で承認，執行を認容してもらうためには，執行を求める国の裁判所に執行を求めなければならない。

例えば，日本の裁判所の判決を中国で執行しようとする場合には，中国の裁判所の承認と執行の判決をうけなければならない。しかし，現状では，中国での，日本の判決の効力は承認されていない。

中国は，外国判決の承認と執行に関しては，外国の裁判所の判決を承認，執行するための要件に，相互の二国間協定を要件の1つに挙げられているが，日中間では二国間協定が締結されていない現状では，日本の判決は，中国では承認，執行されない[9]。

日本は，外国判決の承認と執行に関しては，外国の裁判所の判決を承認，執行するための要件に，相互の保証が挙げられるが，日本の判決の承認，執行の申立が中国の裁判所で拒否されている現状では，相互の保証が存在しないとして，中国の判決は，日本では承認，執行されない[10]。

【注】
1) 国際連合国際商取引法委員会（UNCITRAL：The United Nations Commission on International Trade Law）により1985年6月21日に採択された国際商事仲裁に関する模範法である（2006年に改訂されている）。模範法は条約ではなく，各国の仲裁の立法において模範法を採用することで効力をもつ。各国は，模範法を採用する際にその一部を採用しないことも，又，修正することもできる。
2) ニューヨーク条約の正式名称は，「外国仲裁判断の承認及び執行に関する条約（The New York Convention on the Recognition and Enforcement of Foreign Arbitral Award）」である。UNCITRALにより策定された国際

条約であり1958年に発効している。

　なお,「ジュネーブ議定書及びジュネーブ条約」は, ニューヨーク条約締約国がこの条約により拘束されるときから, 及び限度において, それらの国の間で効力を失う(ニューヨーク条約7条2項)。
3) ICSID条約の正式名称は,「国家と他の国家の国民との間の投資紛争の解決に関する条約 (ICSID: Convention on the Settlement of Investment Disputes between States and Nationals of Other States)」である。世界銀行の提唱により, 外国企業と投資受け入れ国の間の紛争解決の場を提供することを目的にした条約である。世銀内に投資紛争解決センターを設立して, 国際投資紛争を条約に従って解決する調停, 仲裁を行っている。
4) 消費者と事業者との間に成立した仲裁合意については, 消費者は仲裁合意を解除することができる(仲裁法附則3条2項)。又, 個別労働関係紛争を対象とする仲裁合意は無効である(仲裁法附則4条)。
5) 米連邦特許法第294条(任意仲裁)
　　　特許権又は特許権に基づく全ての権利を内容とする契約は, 契約に基づき生ずる特許の有効性又は侵害に関連する紛争が現に存在する当事者は当該紛争を仲裁で解決することを文書で合意することができる。
　　独禁法の係争については, その仲裁許容性を認めた判決として米最高裁判決: Mitsubishi Motor Corp. v. Solar Chrysler Prymouth Inc., 473 US614, 105s. ct. 3346, 1985。
6) ニューヨーク条約第1条2項
　　　仲裁判断とは, 各事案ごとに選定された仲裁人によってされた判断のほか, 当事者から付託を受けた常設仲裁機関がした判断を含むものとする。
　　モデル法第2条(a)
　　　仲裁とは, 常設仲裁機関によって実施されるか否かを問わず, あらゆる仲裁をいう。
　　なお, 中国を仲裁地とする場合, アドホック仲裁条項は無効とされるので注意しなければならない。
7) 仲裁法第44条(仲裁判断の取消)の第1項(取消事由)の第6号
　　　仲裁廷の構成又は仲裁手続が, 日本の法令(その法令の公の秩序に関しない規定に関する事項について当事者間に合意があるときは, 当該合意)に違反するものであったことに該当すると考えられる。
8) アメリカ, ハワイ州で下された仲裁判断につき, 日本とアメリカとの間の「友好通商航海条約」に基づく日本での承認及び執行を求める訴えを容認した判決

が下されている(名古屋地裁一宮支部判昭和62年2月20日)。

　中国における中国国際経済貿易仲裁委員会(CIETAC)が下した仲裁判断につき，日本国と中華人民共和国との間の貿易に関する協定(日中貿易協定)がニューヨーク条約に優先して適用されて，日本での強制執行を許可する決定が下されている(大阪地裁第18民事部決定．平成23年3月25日)。

9)　大連市中級人民法院判(1994.11.5)：

　日中企業紛争横浜地裁判決(1億4,000万円の支払命令)大連市人民法院に承認，執行の申立て。日中間には相互に裁判所の判決，決定を承認・執行する条約締結もなく，相互の互恵関係も成立していないとして，申立却下の裁定がでている。

10)　大阪高等裁判所2003年4月9日判決：

　投資金額確認を求める訴えの事件の判決のなかで，中国山東省人民法院が下した判決の日本における効力を巡る問題で，中国の人民法院の下した判決は，民事訴訟法第118条4項(相互の保証)の要件を満たしていないとして，日本において効力を認めることができないとする判決がでている。

資料1

英和対訳

SALE AND PURCHASE AGREEMENT
（売買契約書）

BETWEEN

XYZ INC.

and

ABC CO., LTD.

SALE AND PURCHASE AGREEMENT

This Agreement, made and entered into as of __ day of ____ , 201__ by and between XYZ Inc., a company organized and existing under the laws of ____, having its principal place of business at _____, (hereinafter called "XYZ") and ABC Corporation, a company organized and existing under the laws of Japan, having its principal place of business at _____, Japan (hereinafter called "ABC").

WITNESSETH:

WHEREAS, ABC is engaged in the business of manufacturing and selling the products as specified in Article 2 hereof (hereinafter called Product), and

WHEREAS, XYZ requires a stable supply of the Product from ABC, and ABC desires to sell and supply the Product to XYZ,

NOW, THEREFORE, in consideration of the premises and mutual covenants hereinafter set forth, XYZ and ABC hereby agree as follows;

Article 1. SALE AND PURCHASE OF PRODUCT
ABC agrees to sell and deliver to XYZ and XYZ agrees to purchase and take delivery from ABC of the Product subject to the terms and conditions herein after set forth.

Article 2. PRODUCT
The Product shall be listed and defined in Appendix A as "Product" attached hereto which shall be made a part of this Agreement. New products may be added to this Agreement by mutual written agreement. ABC may modify the Product Specifications at its sole discretion with ____days' prior written notice to XYZ.

売買契約書

本契約は，201＿年＿月＿日に，＿＿＿＿の法律に基づき設立され，現存する法人で，その主たる事務所を＿＿＿＿＿＿＿＿＿＿＿＿＿＿に有するXYZ Inc.（以後XYZと称する）と，日本国の法律に基づき設立され，現存する法人で，その主たる事務所を＿＿＿＿＿＿＿＿＿＿＿＿日本に有するABC Corporation（以後ABCと称する）との間に締結され，以下のことを証する。

ABCは，本契約書第2条に規定される商品（以下製品という）の製造，販売に従事している。

XYZは，製品をABCから安定供給を望んでおり，ABCは，XYZに製品を販売，供給することを望んでいる。

よって，前述の事項及び本契約書中の相互の約束を約因として，XYZとABCは以下の通り合意する。

第1条　製品の売買
本契約書の条件を前提に，ABCは，製品をXYZに販売し引き渡し，又，XYZはABCから製品を購入し，引き取ることに合意する。

第2条　製品
製品は，本契約書に添付され，本契約書の一部を構成する付表Aに，製品として表示され，定義されるものとする。新製品は，相互の書面による合意により，本契約に追加することができる。ABCは，自己の選択で，XYZに対する＿＿＿日の事前の書面による通知により，製品仕様を変更することができる。

Article 3. PRICE
1) The Price of the Product shall be as specified in the Appendix B as "Price List" attached hereto and made a part hereof.
2) ABC has the right to revise at any time the prices in the "Price List" with ____days' prior written notice to XYZ. Such revision shall apply to all orders received after the effective date of the said revision.

Article 4. SPECIFICATIONS
The Specifications of the Product shall be as specified in the Appendix C as "Specifications" as attached hereto and made a part hereof.

Article 5. PAYMENT
Payment shall be made by means of an irrevocable letter of credit available for the draft at sight to be opened by XYZ in favor of ABC through a prime and leading bank satisfactory to ABC within ____ days after conclusion of each individual contract.

Article 6. SHIPMENT
The Product shall be shipped from Japanese Ports on a C.I.F. (port of Destination) (Incoterms 2010). The date of the bill of lading or similar transportation documents shall be deemed to be a conclusive evidence of the date of shipment.
Partial shipment shall be allowed and transshipment shall not be allowed.

Article 7. SHIPMENT NOTICE
ABC shall notify XYZ of the name of the vessel and its expected date of arrival at the unloading port and deliver a copy of a set of shipping documents immediately after shipment of the Product.

Article 8. TITLE AND RISK
All risks of loss of the Product shall pass from ABC to XYZ when the Product shall have loaded on board the vessel at the loading port in each shipment, provided, however, that property, title to each shipment of the Product shall not pass from ABC to XYZ until full payment of the price for each shipment has been made by XYZ to ABC.

Article 9. MARINE INSURANCE
ABC shall, at its own expense, insure the Product on ICC Clause A for the period commencing at the time when the Product leaves ABC's warehouse or place of

第3条　価格
 1) 製品の価格は，本契約書に添付され，本契約書の一部を構成する付表Bに価格表として表示される通りとする。
 2) ABCは，何時でも，価格表の価格を，XYZに対する＿＿＿日の事前の書面による通知により変更することができる。かかる変更は，かかる変更の発効日以降に受領した注文に適用するものとする。

第4条　仕様書
製品の仕様書は，本契約書に添付され，本契約書の一部を構成する付表Cに記載された通りとする。

第5条　支払
支払は，各個別契約の締結後＿＿＿日以内に，XYZにより，ABCが満足する一流の銀行を通じて，ABC宛てに開設される一覧払手形に適用される取消不能信用状によりなされるものとする。

第6条　船積
製品は，日本港から，CIF（仕向港）（Incoterms2010規則）条件で船積されるものとする。船荷証券及び関係運送書類の日付は，船積日の確定的証拠としてみなされるものとする。
分割積みは許容される。積み替えは許容されない。

第7条　船積通知
ABCは，製品の船積後直ちに，XYZに対して，船籍名及び積卸港への到着見込日を通知し，又，船積書類一式の写しを交付するものとする。

第8条　所有権及び危険
製品の損失の危険は，各船積において，製品が船積港の船舶の本船上に置かれた時に，ABCからXYZに移転するものとする。但し，製品の各積荷の所有権は，各積荷の価格の全支払が，XYZからABCに為されるまで，ABCからXYZに移転しないものとする。

第9条　海上保険
ABCは，自己の費用と危険で，製品が，運送の開始の倉庫又は保管所から出荷する時から始まり，荷降し港の倉庫又は保管所に到着する時までの期間，契約価格に10%

storage at the commencement of the transit until the time of arrival thereof at XYZ's warehouse or place of storage at the port of unloading and in the amount of the Contract Price plus ten (10) percent thereof. Any additional insurance, if required by XYZ, shall be effected by ABC at the expense of XYZ subject to receipt by ABC of notice requiring the same at least fifteen (15) days prior to the date of shipment of the Product.

Article 10. INDIVIDUAL CONTRACT (ORDER AND ACCEPTANCE)
XYZ shall place firm purchase order for the Product with ABC by facsimile and/or e-mail setting forth the item number, quantity and delivery date.etc. Such purchase orders will be accepted by ABC by facsimile and/or e-mail, and shall not be binding upon the parties hereto until accepted by ABC. To the extent of any conflict or inconsistency between this Agreement and any purchase order, acceptance and any other document, the terms of this Agreement shall govern and prevail.

Article 11. MINIMUM QUANTITY
The minimum quantity of the Product which ABC shall supply to XYZ and XYZ shall purchase from ABC during each calendar year shall be as follows:

First year term	not less than	_____
Second year term	not less than	_____
Third year term	not less than	_____

Article 12. QUALITY INSPECTION
ABC shall inspect the Product, prior to each shipment at ABC's facilities in ____, Japan in accordance with ABC's usual practice and shall issue a certificate of analysis certifying compliance with the "Specifications". Such certificate of analysis issued by ABC shall be considered as final and conclusive in respect of quality and condition of the Product and of its conformity with the Specifications.

Article 13. WARRANTY and LIMITATION OF LIABILITY
1) ABC warrants that Product shall be free from any defects in materials and workmanship, and be in conformity with Specifications
2) The period of warranty shall exist for ____ months from the date of Bill of Lading.
3) If XYZ should find any defects or non-conformity in Product at any time during the warranty period. XYZ shall give notice in writing thereof to ABC specifying the nature of the defects or the lack of conformity of Product within 30 days of such occurrence...
4) If ABC, upon their inspection after receipt of the claim by XYZ, has determined that the claimed Product fails to conform to the foregoing warranty,

を加えた金額の契約通貨で，協会貨物約款（A）条件の保険を付保するものとする。追加保険は，XYZからの要請がある場合に，製品の船積日の遅くとも15日以前に追加保険の要請の通知をABCが受領することを前提に，XYZの費用で，ABCにより付保されるものとする。

第10条　個別契約（注文と承諾）
XYZは，品目番号，数量，引渡日，他を記述した製品の確定買注文を，メール又はファックスにより，ABCに発注するものとする。かかる買注文は，メール又はファックスにより，ABCにより承諾され，ABCにより承諾されるまでは，当事者を拘束しないものとする。本契約，買注文，承諾及び他の書類の間の衝突，矛盾の範囲において，本契約の条件が支配し，優先するものとする。

第11条　最低数量
各歴任にABCがXYZに供給する，又，XYZがABCから購入する製品の最低数量は以下の通りとする。

　　　初年度　　　　　　＿＿＿＿＿＿＿以上
　　　第2年度　　　　　＿＿＿＿＿＿＿以上
　　　第3年度　　　　　＿＿＿＿＿＿＿以上

第12条　品質検査
ABCは，日本，＿＿にあるABCの施設で各船積前に，ABCの通常の慣例に従い，製品を検査し，仕様書に合致していることを証明する分析証明書を発行するものとする。ABCが発行する，かかる分析証明書は，製品の品質，状態及び仕様書の適合性に関して，最終であり，確定的なものとみなされる。

第13条　保証及び保証の制限
　1）　ABCは，製品が材質，出来映えにおいて欠陥が無く，仕様書に適合することを保証する。
　2）　保証の期間は，船荷証券の日付から＿＿＿＿＿か月間存続するものとする。
　3）　XYZが保証期間中のいかなる時も製品の欠陥，不適合を発見した場合は，XYZは，その発見より30日以内に，その欠陥，不適合の性質を特定した通知を書面でABCに与えるものとする。）
　4）　ABCが，XYZの請求を受領した後の検査において，請求の製品が上述の保証規定に合致していないと判断した場合，ABCの全責任は，ABCの選択により，

ABC's sole liability shall be, at ABC's option, as follows;
(1) to replace such non-conforming Product, or
(2) to repair such non-conforming Product, or
(3) to refund the price received for the non-conforming Product.

5) EXCEPT FOR THE EXPRESS WARRANTY SET FORTH ABOVE, ABC GRANTS NO OTHER WARRANTIES, EXPRESSLY OR IMPLIEDLY AS TO THEIR MERCHANTABILITY AND THEIR FITNESS FOR ANY PURPOSE.OR AS TO THE CONFORMITY OF THE PRODUCT UNDER UNITED NATIONS CONVENTION ON CONTRACTS FOR THE INTERNATIONAL SALE OF GOODS 1980.

6) ABC'S LIABILITY UNDER THIS WARRANTY SHALL BE LIMITED TO THE REPLACEMENT OR REPAIRMENT OF DEFECTIVE PRODUCT OR REFUNDMENT OF PRICE RECEIVED. IN NO EVENT SHALL ABC BE LIABLE FOR ANY SPECIAL, CONSEQUENTIAL OR INCIDENTAL DAMAGES FOR BREACH OF WARRANTY.

Article 14. PRODUCTS LIABILITY

1) XYZ shall at its own expense indemnify and hold harmless ABC and the directors, officers and employees of ABC from and against any and all losses, damages (actual, consequential or indirect), liabilities, penalties, fines, claims, demands, suits or actions, and related costs and expenses of any kind (including, without limitation, expenses of investigation and recall, counsel fees, judgments and settlements) for injury to or death of any person or property damage or any other loss suffered or allegedly suffered by any person or entity arising out of or otherwise in connection with any defect or alleged defect of Product sold by ABC to XYZ under this Agreement, except to the extent such claim is caused by the gross negligence or willful misconduct of ABC. The obligations of XYZ provided for in this Article shall survive after the cancellation, termination, rescission or expiration of this Agreement.

2) If any claim, proceedings or suit should be made by any third party against XYZ or ABC for alleged product liability, the party shall immediately inform the other party of such claim, proceedings or suit, and both ABC and XYZ shall cooperate with each other in the defense

3) XYZ shall arrange an adequate insurance for Products Liability at the expense of XYZ, in which ABC shall be designated and named as the additional-insured, and copy of such Insurance Policy shall be provided to ABC by XYZ without delay.

Article 15. PATENTS, TRADEMARKS, ETC.

ABC shall not be responsible for any infringement or unauthorized use with regard to

以下の通りとする。
(1) かかる不適合の製品を交換する，又は
(2) かかる不適合の製品を修理する，又は
(3) かかる不適合の製品の受領した代金を償還する。
5) 上記に記載した明示の保証を除き，ABCは，その商品性及びいかなる目的の適合性，又，1980年国際物品売買契約に関する国際連合条約の物品の適合性に関して，他の，明示，黙示の保証を許諾しない。
6) 本保証に基づくABCの責任は，かかる製品の交換，修理又は受領した代金の償還に限られるものとする。いかなる場合においても，売主は，保証違反に対するいかなる，特別，結果的，又は付随的損害の責任も負担するものではない。

第14条　製造物責任
1) XYZは，あらゆる個人，組織が被った，あるいは，被ったと主張するあらゆる障害，死亡，財産的損害又は他のあらゆる損失につき，本契約に基づきABCがXYZに販売した製品のいかなる欠陥あるいは欠陥があるとの主張から生じた又はその他これに関連するすべての損失，損害，責任，制裁金，請求，訴訟，そしてあらゆる種類の関連する費用及びコスト（調査，リコール費用，弁護士費用，判決額，和解金を含む）について，ABC及びその取締役，役員，従業員及び代理人に対して，自己の費用で補償し，かつ免責するものとする。但し，かかる請求がABCの重大な過失又は故意の過失が原因による場合を除く。本条に規定されるXYZの義務は，本契約の解約又は満了後も存続するものとする。
2) 第三者によりXYZ又はABCに対して，いわゆる製造物責任に関して，いかなる請求，手続，訴訟があった場合でも，当事者は，他の当事者に対して，かかる請求，手続，訴訟を直ちに通知し，ABCとXYZは相互に防衛するための協力をするものとする。
3) XYZは，自己の費用で，ABCを追加被保険者として指定し，記名した適切な製造物責任保険を掛けるものとする。そして，かかる保険証券の写しをXYZからABCに遅滞なく提供されるものとする。

第15条　特許権，商標権，他
ABCは，XYZの国又はいかなる他の国においても，特許権，実用新案権，意匠権，

any patent, utility model, design patent, trademark, copyright, or any other intellectual property rights whether in XYZ's country or any other territory. Nothing herein contained shall be construed transfer of any patent, utility model, design patent, trademark, copyright or any other intellectual property rights covering the Product, and all such rights are expressly reserved to the true and lawful owners thereof. In case any dispute or claim arises in connection with the above right or rights, ABC may cancel at its discretion, any remaining shipment under this Agreement. In any case, ABC shall be free from any liability arising therefrom, and XYZ shall be responsible for any and all loss or damage caused thereby.

Article 16. FORCE MAJEURE
1) Neither party shall be liable for a failure to perform any part of this Agreement or for any delay in the performance of any part of this Agreement due to the occurrence of any event of FORCE MAJEURE such as war (whether declared or not), civil war, riots and revolutions, typhoon, storms, cyclones, earthquakes, tidal waves, floods, destruction by lightning, explosions, fires, destruction of machines of factories and of any kind of installations, boycotts, lock-outs, industrial disturbances, shortage of power supply, fuel or other energy, restrictions or prohibitions imposed by government or local government such as exportation or importation prohibition, embargoes, currency restrictions, etc., or any other impediment beyond the control of such party. Such affected party shall inform the other party of the situation with reasonable promptness.
2) On the occurrence of any event of FORCE MAJEURE, such effected party shall give notice with full particulars of such event of FORCE MAJEURE to the other party as soon as possible.
3) On the occurrence of any event of FORCE MAJEURE, ABC shall have the option of either (i) to extend the time of delivery of the Product or performing its obligations hereunder during such period as the event of FORCE MAJEURE continues, or (ii) to terminate unconditionally this Agreement wholly or partially. In the event of ABC exercising such option, XYZ shall accept such extension of time or termination, as the case may be, without any claim against ABC.

Article 17. HARDSHIP
The parties hereto declare it to be in their intention that the provisions of this Agreement shall operate between them fairly without detriment to the interests of the other parties hereto and this understanding forms the basis upon which this Agreement has been negotiated and entered into. If, prior to or during the course of the performance of this Agreement, the terms of contract contained herein shall cease to be fair or become inequitable due to factors beyond the control of the parties hereto, including substantial changes in economic circumstances for the circumstances subsisting at the date hereof, then the parties hereto shall discuss how far such situation can be taken into account and shall further review any or all contents hereof as may be necessary.

商標権，著作権又は他の知的財産権に関するいかなる侵害又は乱用にも責任を負わないものとする。本契約書中の何物も，製品に関するいかなる特許権，実用新案権，意匠権，商標権，又は他の知的財産権の移転とは解されなく，かかる権利の全てはそれらの真の，法律的所有者に明示的に権利留保される。上述の権利に関連して発生するいかなる紛争，請求が発生した場合，ABCは，自己の選択で，本契約に基づき残されたいかなる積荷分も解約することができる。いかなる場合でも，ABCは，そのことから生じる責任は免れるものとする。

第16条　不可抗力
1) いずれの当事者も，他方当事者に対して，かかる不履行又は遅延が直接又は間接的に，火災，地震，洪水，津波，暴風，疫病，戦争（宣戦布告にかかわらず），動乱，港湾滞留，原子力事故，又は，必要，適切な労働，資材，構成部品，エネルギー，燃料，運送を適宜に確保することが，影響を受ける当事者の合理的支配を超える原因にる不能，敵対行為，政府及び政府機関の行為，天災，又は影響を受けた当事者の合理的な支配を超える他の行為に限らず含まれる不可抗力により生じた不履行又は遅延の範囲及び期間において本契約に基づく不履行，又は遅延に対して免責されるものとする。
2) 不可抗力事態が発生した場合，かかる影響を受けた当事者は，他方当事者に対して，速やかに，かかる不可抗力事態の詳細を通知するものとする。
3) いかなる不可抗力事態が発生した場合，ABCは，(i) 不可抗力の事態が継続する期間中，製品の引渡しの時期を延長するか，又は，本契約に基づく履行義務を履行するか，又は，(ii) 本契約を全部又は部分的に無条件で解除するかのいずれかの選択権を有するものとする。ABCがかかる選択を行使する場合，XYZは，かかる延長，又は解除を，ABCに対するいかなる請求もなしに，随時に承諾するものとする。

第17条　ハードシップ
本契約当事者は，本契約の条項は，本契約の他方当事者の利益に損害を当て得ることなく，本契約当事者間で公正に作用するものであることを意図していることを宣言し，その理解が本契約が交渉，締結された基本精神を構成するものである。万が一，本契約履行前，又は期間中，本契約書に含まれる条件が本契約日に存在する状況を含み，本契約当事者の支配を超える要因により公正でなくなり，又は不平等になった場合は，その時は，本契約当事者は，かかる状況をどの範囲まで考慮するか協議し，さらに必要に応じて本契約のあらゆる内容を再検討するものとする。

Article 18. TERM
This Agreement shall be valid and in force for a period of (   ) years commencing from the date appearing at first above written upon the signing of the parties. At least (   ) months before the expiration of this Agreement, the parties shall consult with each other for renewal of this Agreement. If the renewal is agreed upon, this Agreement shall be renewed for another (   ) years period under the terms and conditions herein set forth or with amendments. Unless agreement for renewal is reached before the expiration of this Agreement, this Agreement shall terminate on the expiry of the original term hereof.

Article 19. TERMINATION
1) In the event any of the parties hereto defaults in or fails to perform any of the provisions of this Agreement or any Individual Contract under article 10 hereof and if another party gives to such defaulting party notice in writing of such default, then, if such default is not cured within fourteen (14) days after the giving of such notice, the party giving such notice shall have the right to terminate this Agreement and/or Individual Contract at any time thereafter by giving notice to such defaulting party in writing of such termination.
2) Any party hereto has the right to terminate this Agreement forthwith by written notice to the other party in the event of such other party's bankruptcy, insolvency, dissolution, modification, consolidation, receivership proceedings affecting the operation of business for any reason and/or reorganization by the third party.
3) The expiration and/or termination as stipulated herein shall not affect any rights or obligations accrued at the time of such expiation and/or termination.

Article 20. ASSIGNMENT
Either of the parties hereto shall not assign or transfer the whole or any part of this Agreement to any person, firm or company without obtaining the prior consent in writing of the other party.

Article 21. SECRECY
Either party shall, during the term of this Agreement and for a period of five (5) years thereafter, treat as confidential and shall not disclose to third party any information (whether technical or otherwise), trade secret relating to the Product or business affairs acquired by virtue of this Agreement and received from the other party, and shall not use such information except for the purpose of this Agreement.
The obligations as mentioned above shall not apply to information that is i) public domain ii) lawfully in the possession of the receiving party prior to disclosure by the disclosing party iii) rightfully received by the receiving party from a third party, or iv) independently developed by the receiving party.

第18条　期間
本契約は，当事者の署名により，冒頭記載の年月日から（　　）年間有効に存続する。本契約の少なくとも（　　）月前に，当事者は，相互に，本契約の更新につき協議するものとする。更新が合意された場合，本契約は，本契約の条件又は修正に基づき更に（　　）年間，更新されるものとする。更新の合意が本契約の終了までにできない場合，本契約は，本契約の最初の（　　）年間の満了により終了するものとする。

第19条　解除
1) 本契約当事者のいずれかが本契約のいかなる条項又は本契約第10条に基づく個別契約のいかなる条項にも不履行をした場合，他方当事者は，かかる不履行当事者に対してかかる不履行の通知を書面で行い，かかる不履行が，かかる通知後14日以内に改善されない場合には，通知を与えた当事者は，それ以降は何時でも，書面による契約終了通知を係る不履行当事者に与えることにより本契約，又は，個別契約を終了することができる。
2) 本契約当事者のいずれかは，他方当事者が，破産，倒産，解散，合併，いかなる理由にせよ，事業運営に影響を与える管財人手続又は第三者による再編の場合，他方当事者に対する書面による通知により直ちに契約を解除することができる。
3) 本契約に基づく解約又は終了は，かかる解約又は終了時に生じているいかなる権利，義務にも影響を与えるものではない。

第20条　譲渡
いずれの当事者も他方の当事者の事前の書面の合意が無い限りは本契約，本契約のいかなる権利，権益又は義務を譲渡，移転してはならないものとする。

第21条　秘密保持
本契約期間中及び本契約終了後5年間，いずれの当事者も，他方当事者から受領し，及び本契約により獲得した，製品に関する情報（技術的又はそれ以外にかかわらず），営業秘密又は営業事柄を秘密に維持し，第三者に開示しないものとし，本契約の目的以外には係る情報を使用しないものとする。
上述の義務は，i) 公知，公用の情報，ii) 開示者が開示する以前に，受領者の合法的に保有していた情報，iii) 第三者から正当に受領者により受領されている情報，iv) 受領者により独自に開発された情報，は適用されないものとする。

Article 22.　NO WAIVER
The failure of either of the parties hereto at any time to require performance by the other of any provision hereof shall, in no way, affect such party's right to require full performance thereof at any time thereafter;nor shall the waiver by one party hereto of a breach of any provision hereof, be taken or held to be a waiver by such party of any succeeding breach of such provision or as a waiver of the provision itself.

Article 23.　NOTICE
1) All notices hereunder shall be written in the English language and be sent by e-mail or facsimile, followed by a confirming letter airmailed to the parties at their respective office first above written or to any address of which a party notifies the other in accordance with this article hereof.
2) Any party hereto may, at any time, change its address by giving notice in manner hereinabove provided to the other party hereto.

Article 24.　TRADE TERMS AND GOVERNING LAW
Trade terms such as FOB, CIF etc. shall be interpreted and governed under the Incoterms 2010. This Agreement shall be governed by and construed in accordance with the laws of Japan.

Article 25.　Independent Contractors
Nothing in this Agreement shall be construed to create: (i) a relationship of agency, distributorship, partnership, joint venture or other business management between the parties, (ii) a relationship of employer or employee between the parties.

Article 26.　ARBITRATION
Any disputes, controversies, or differences which may arise between the parties hereto, out of or in relation to or in connection with this Agreement shall be finally settled by arbitration to be held in (name of city), Japan in accordance with the Commercial Arbitration Rules of the Japan Commercial Arbitration Association. The award rendered by the arbitrator(s) shall be final and binding upon the parties hereto.

Article 27.　ENTIRE AGREEMENT
This Agreement constitutes the entire agreement between the parties hereto with respect to the subject matter hereof and supersedes all prior or contemporaneous communications or agreements with regard to the subject matter hereof. This Agreement may not be modified except the agreement in writing by the parties hereto.

Article 28.　SURVIVAL
The obligations as provided for in this Article 14 and 21 hereof shall survive the

第22条　権利不放棄
本契約のいずれかの当事者による，本契約のいかなる条項に関する他方当事者の履行請求の怠慢は，それ以降のいかなる時でも，その完全履行を請求するかかる当事者の権利に影響しないものとし，又，以後の違反に関するかかる当事者の権利放棄として，又は，その条項自体の権利放棄として解されないものとする。

第23条　通知
1) 本契約に基づき全ての通知は，書面及び英語で，冒頭記載の当事者のそれぞれの事務所，又は，本条項に基づき当事者が通知した住所宛てに，e-mail又はファックスでなされ，確認書状により郵便で送付されるものとする。
2) いかなる当事者も，いかなる時でも，上述に規定された方法で，他方当事者に通知することにより，その住所を変更することができる。

第24条　貿易条件及び準拠法
FOB，CIF，他の貿易条件は"INCOTERMS2010"規則に基づき解釈され，支配されるものとする。本契約は，日本法により支配され，解釈されるものとする。

第25条　独立契約当事者
本契約の何ものも，(i) 当事者間における，代理店関係，販売店関係，パートナーシップ関係，合弁関係，又は他の事業運営関係，(ii) 当事者間における，雇用者，被用者関係を創設するものではないものとする。

第26条　仲裁
本契約から又は本契約に関連して，当事者の間に生ずることがある全ての紛争，論争又は意見の相違は，一般社団法人日本商事仲裁協会の商事仲裁規則に従って，日本，(都市名) において仲裁により最終的に解決されるものとする。仲裁人により下される仲裁判断は，最終であり，当事者を拘束するものである。

第27条　完全合意
本契約は，本契約対象事項に関して，本契約当事者間の完全なる合意を構成し，以前の関係する全ての通信，合意事項に優先するものとする。本契約は，両当事者の書面による合意なき限りは，修正することはできない。

第28条　残存規定
本契約第14条及び21条に規定される義務は，本契約の満了，解約後も存続するものと

cancellation, termination, rescission or expiration of this Agreement.

Article 29. THE HEADINGS
The headings appearing in this Agreement are inserted for convenience of reference only and shall not form a part hereof.

IN WITNESS WHEREOF, the parties hereto have caused this Agreement in duplicate and in English to be executed by their duly authorized officers or representatives as of the day and year first above written.

ABC Corporation   XYZ Inc.

BY: _____   BY: _____
Name: Name:
Title: Title:

する。

第29条　標題
本契約に表示される標題は，参考，便宜のために挿入されており，本契約の一部を構成するものではない。

上記の証として，本契約当事者は，本契約書を，冒頭記載の年月日に，それぞれの正当に権限を有する代表者又は役員により，英語で正副2通締結させしめた。

ABC　Corporation　　　　　　XYZ　Inc.

By _____　　By _____
氏名：　　　　　　　　　　　　氏名：
職位：　　　　　　　　　　　　職位：

資料 2

ウィーン売買条約全文(英和対訳)

　ここに掲載のウィーン売買条約全文の和訳は，外務省がホームページ上で公表しているものを手を加えずそのままの状態で収録した。

UNITED NATIONS CONVENTION ON CONTRACTS FOR THE INTERNATIONAL SALE OF GOODS (VIENNA SALE CONVENTION)
Vienna, 11 April 1980

The States Parties to this Convention,

Bearing in mind the broad objectives in the resolutions adopted by the sixth special session of the General Assembly of the United Nations on the establishment of a New International Economic Order,

Considering that the development of international trade on the basis of equality and mutual benefit is an important element in promoting friendly relations among States,

Being of the opinion that the adoption of uniform rules which govern contracts for the international sale of goods and take into account the different social, economic and legal systems would contribute to the removal of legal barriers in international trade and promote the development of international trade,

Have agreed as follows:

PART I
Sphere of Application and General Provisions

CHAPTER I
SPHERE OF APPLICATION

Article 1

1. This Convention applies to contracts of sale of goods between parties whose places of business are in different States:
(a) when the States are Contracting States; or
(b) when the rules of private international law lead to the application of the law of a Contracting State.

2. The fact that the parties have their places of business in different States is to be disregarded whenever this fact does not appear either from the contract or from any dealings between, or from information disclosed by the parties at any time before or at the conclusion of the contract.

3. Neither the nationality of the parties nor the civil or commercial character of the parties or of the contract is to be taken into consideration in determining the application of this Convention.

国際物品売買契約に関する国際連合条約

　この条約の締約国は，国際連合総会第6回特別会期において採択された新たな国際経済秩序の確立に関する決議の広範な目的に留意し，平等及び相互の利益を基礎とした国際取引の発展が諸国間の友好関係を促進する上での重要な要素であることを考慮し，異なる社会的，経済的及び法的な制度を考慮した国際物品売買契約を規律する統一的準則を採択することが，国際取引における法的障害の除去に貢献し，及び国際取引の発展を促進することを認めて，次のとおり協定した。

第1部　適用範囲及び総則

第1章　適用範囲

第1条
　（1）　この条約は，営業所が異なる国に所在する当事者間の物品売買契約について，次のいずれかの場合に適用する。
　　（a）　これらの国がいずれも締約国である場合
　　（b）　国際私法の準則によれば締約国の法の適用が導かれる場合
　（2）　当事者の営業所が異なる国に所在するという事実は，その事実が，契約から認められない場合又は契約の締結時以前における当事者間のあらゆる取引関係から若しくは契約の締結時以前に当事者によって明らかにされた情報から認められない場合には，考慮しない。
　（3）　当事者の国籍及び当事者又は契約の民事的又は商事的な性質は，この条約の適用を決定するに当たって考慮しない。

Article 2

This Convention does not apply to sales:

(a) of goods bought for personal, family or household use, unless the seller, at any time before or at the conclusion of the contract, neither knew nor ought to have known that the goods were bought for any such use;
(b) by auction;
(c) on execution or otherwise by authority of law;
(d) of stocks, shares, investment securities, negotiable instruments or money;
(e) of ships, vessels, hovercraft or aircraft;
(f) of electricity.

Article 3

1. Contracts for the supply of goods to be manufactured or produced are to be considered sales unless the party who orders the goods undertakes to supply a substantial part of the materials necessary for such manufacture or production.
2. This Convention does not apply to contracts in which the preponderant part of the obligations of the party who furnishes the goods consists in the supply of labour or other services.

Article 4

This Convention governs only the formation of the contract of sale and the rights and obligations of the seller and the buyer arising from such a contract. In particular, except as otherwise expressly provided in this Convention, it is not concerned with:

(a) the validity of the contract or of any of its provisions or of any usage;
(b) the effect which the contract may have on the property in the goods sold.

Article 5

This Convention does not apply to the liability of the seller for death or personal injury caused by the goods to any person.

Article 6

The parties may exclude the application of this Convention or, subject to article 12, derogate from or vary the effect of any of its provisions.

第2条
　この条約は，次の売買については，適用しない。
　　（a）　個人用，家族用又は家庭用に購入された物品の売買。ただし，売主が契約の締結時以前に当該物品がそのような使用のために購入されたことを知らず，かつ，知っているべきでもなかった場合は，この限りでない。
　　（b）　競り売買
　　（c）　強制執行その他法令に基づく売買
　　（d）　有価証券，商業証券又は通貨の売買
　　（e）　船，船舶，エアクッション船又は航空機の売買
　　（f）　電気の売買

第3条
　（1）　物品を製造し，又は生産して供給する契約は，売買とする。ただし，物品を注文した当事者がそのような製造又は生産に必要な材料の実質的な部分を供給することを引き受ける場合は，この限りでない。
　（2）　この条約は，物品を供給する当事者の義務の主要な部分が労働その他の役務の提供から成る契約については，適用しない。

第4条
　この条約は，売買契約の成立並びに売買契約から生ずる売主及び買主の権利及び義務についてのみ規律する。この条約は，この条約に別段の明文の規定がある場合を除くほか，特に次の事項については，規律しない。
　　（a）　契約若しくはその条項又は慣習の有効性
　　（b）　売却された物品の所有権について契約が有し得る効果

第5条
　この条約は，物品によって生じたあらゆる人の死亡又は身体の傷害に関する売主の責任については，適用しない。

第6条
　当事者は，この条約の適用を排除することができるものとし，第12条の規定に従うことを条件として，この条約のいかなる規定も，その適用を制限し，又はその効力を変更することができる。

Chapter II
General Provisions

Article 7

1. In the interpretation of this Convention, regard is to be had to its international character and to the need to promote uniformity in its application and the observance of good faith in international trade.
2. Questions concerning matters governed by this Convention which are not expressly settled in it are to be settled in conformity with the general principles on which it is based or, in the absence of such principles, in conformity with the law applicable by virtue of the rules of private international law.

Article 8

1. For the purposes of this Convention statements made by and other conduct of a party are to be interpreted according to his intent where the other party knew or could not have been unaware what that intent was.
2. If the preceding paragraph is not applicable, statements made by and other conduct of a party are to be interpreted according to the understanding that a reasonable person of the same kind as the other party would have had in the same circumstances.
3. In determining the intent of a party or the understanding a reasonable person would have had due consideration is to be given to all relevant circumstances of the case including the negotiations, any practices which the parties have established between themselves, usages and any subsequent conduct of the parties.

Article 9

1. The parties are bound by any usage to which they have agreed and by any practices which they have established between themselves.
2. The parties are considered, unless otherwise agreed, to have impliedly made applicable to their contract or its formation a usage of which the parties knew or ought to have known and which in international trade is widely known to, and regularly observed by, parties to contracts of the type involved in the particular trade concerned.

第2章　総　　則

第7条
（1）　この条約の解釈に当たっては，その国際的な性質並びにその適用における統一及び国際取引における信義の遵守を促進する必要性を考慮する。
（2）　この条約が規律する事項に関する問題であって，この条約において明示的に解決されていないものについては，この条約の基礎を成す一般原則に従い，又はこのような原則がない場合には国際私法の準則により適用される法に従って解決する。

第8条
（1）　この条約の適用上，当事者の一方が行った言明その他の行為は，相手方が当該当事者の一方の意図を知り，又は知らないことはあり得なかった場合には，その意図に従って解釈する。
（2）　（1）の規定を適用することができない場合には，当事者の一方が行った言明その他の行為は，相手方と同種の合理的な者が同様の状況の下で有したであろう理解に従って解釈する。
（3）　当事者の意図又は合理的な者が有したであろう理解を決定するに当たっては，関連するすべての状況（交渉，当事者間で確立した慣行，慣習及び当事者の事後の行為を含む。）に妥当な考慮を払う。

第9条
（1）　当事者は，合意した慣習及び当事者間で確立した慣行に拘束される。
（2）　当事者は，別段の合意がない限り，当事者双方が知り，又は知っているべきであった慣習であって，国際取引において，関係する特定の取引分野において同種の契約をする者に広く知られ，かつ，それらの者により通常遵守されているものが，黙示的に当事者間の契約又はその成立に適用されることとしたものとする。

Article 10

For the purpose of this Convention:

(a) if a party has more than one place of business, the place of business is that which has the closest relationship to the contract and its performance, having regard to the circumstances known to or contemplated by the parties at any time before or at the conclusion of the contract;
(b) if a party does not have a place of business, reference is to be made to his habitual residence.

Article 11

A contract of sale need not be concluded in or evidenced by writing and is not subject to any other requirement as to form. It may be proved by any means, including witnesses.

Article 12

Any provision of article 11, article 29 or Part II of this Convention that allows a contract of sale or its modification or termination by agreement or any offer, acceptance or other indication of intention to be made in any form other than in writing does not apply where any party has his place of business in a Contracting State which has made a declaration under article 96 of this Convention. The parties may not derogate from or vary the effect of this article.

Article 13

For the purposes of this Convention "writing" includes telegram and telex.

PART II
Formation of the Contract

Article 14

1. A proposal for concluding a contract addressed to one or more specific persons constitutes an offer if it is sufficiently definite and indicates the intention of the offeror to be bound in case of acceptance. A proposal is sufficiently definite if it indicates the goods and expressly or implicitly fixes or makes provision for determining the quantity and the price.
2. A proposal other than one addressed to one or more specific persons is to be considered merely as an invitation to make offers, unless the contrary is clearly indicated by the person making the proposal.

第10条
　この条約の適用上,
　　(a)　営業所とは,当事者が2以上の営業所を有する場合には,契約の締結時以前に当事者双方が知り,又は想定していた事情を考慮して,契約及びその履行に最も密接な関係を有する営業所をいう。
　　(b)　当事者が営業所を有しない場合には,その常居所を基準とする。

第11条
　売買契約は,書面によって締結し,又は証明することを要しないものとし,方式について他のいかなる要件にも服さない。売買契約は,あらゆる方法(証人を含む。)によって証明することができる。

第12条
　売買契約,合意によるその変更若しくは終了又は申込み,承諾その他の意思表示を書面による方法以外の方法で行うことを認める前条,第29条又は第2部のいかなる規定も,当事者のいずれかが第96条の規定に基づく宣言を行った締約国に営業所を有する場合には,適用しない。当事者は,この条の規定の適用を制限し,又はその効力を変更することができない。

第13条
　この条約の適用上,「書面」には,電報及びテレックスを含む。

第2部　契約の成立

第14条
(1)　一人又は二人以上の特定の者に対してした契約を締結するための申入れは,それが十分に確定し,かつ,承諾があるときは拘束されるとの申入れをした者の意思が示されている場合には,申込みとなる。申入れは,物品を示し,並びに明示的又は黙示的に,その数量及び代金を定め,又はそれらの決定方法について規定している場合には,十分に確定しているものとする。
(2)　一人又は二人以上の特定の者に対してした申入れ以外の申入れは,申入れをした者が反対の意思を明確に示す場合を除くほか,単に申込みの誘引とする。

Article 15

1. An offer becomes effective when it reaches the offeree.
2. An offer, even if it is irrevocable, may be withdrawn if the withdrawal reaches the offeree before or at the same time as the offer.

Article 16

1. Until a contract is concluded an offer may be revoked if the revocation reaches the offeree before he has dispatched an acceptance.
2. However, an offer cannot be revoked:
(a) if it indicates, whether by stating a fixed time for acceptance or otherwise, that it is irrevocable; or
(b) if it was reasonable for the offeree to rely on the offer as being irrevocable and the offeree has acted in reliance on the offer.

Article 17

An offer, even if it is irrevocable, is terminated when a rejection reaches the offeror.

Article 18

1. A statement made by or other conduct of the offeree indicating assent to an offer is an acceptance. Silence or inactivity does not in itself amount to acceptance.
2. An acceptance of an offer becomes effective at the moment the indication of assent reaches the offeror. An acceptance is not effective if the indication of assent does not reach the offeror within the time he has fixed or if no time is fixed within a reasonable time, due account being taken of the circumstances of the transaction, including the rapidity of the means of communication employed by the offeror. An oral offer must be accepted immediately unless the circumstances indicate otherwise.
3. However, if, by virtue of the offer or as a result of practices which the parties have established between themselves or of usage, the offeree may indicate assent by performing an act, such as one relating to the dispatch of the goods or payment of the price, without notice to the offeror, the acceptance is effective at the moment the act is performed, provided that the act is performed within the period of time laid down in the preceding paragraph.

第15条
　(1)　申込みは，相手方に到達した時にその効力を生ずる。
　(2)　申込みは，撤回することができない場合であっても，その取りやめの通知が申込みの到達時以前に相手方に到達するときは，取りやめることができる。

第16条
　(1)　申込みは，契約が締結されるまでの間，相手方が承諾の通知を発する前に撤回の通知が当該相手方に到達する場合には，撤回することができる。
　(2)　申込みは，次の場合には，撤回することができない。
　　(a)　申込みが，一定の承諾の期間を定めることによるか他の方法によるかを問わず，撤回することができないものであることを示している場合
　　(b)　相手方が申込みを撤回することができないものであると信頼したことが合理的であり，かつ，当該相手方が当該申込みを信頼して行動した場合

第17条
　申込みは，撤回することができない場合であっても，拒絶の通知が申込者に到達した時にその効力を失う。

第18条
　(1)　申込みに対する同意を示す相手方の言明その他の行為は，承諾とする。沈黙又はいかなる行為も行わないことは，それ自体では，承諾とならない。
　(2)　申込みに対する承諾は，同意の表示が申込者に到達した時にその効力を生ずる。同意の表示が，申込者の定めた期間内に，又は期間の定めがない場合には取引の状況（申込者が用いた通信手段の迅速性を含む。）について妥当な考慮を払った合理的な期間内に申込者に到達しないときは，承諾は，その効力を生じない。口頭による申込みは，別段の事情がある場合を除くほか，直ちに承諾されなければならない。
　(3)　申込みに基づき，又は当事者間で確立した慣行若しくは慣習により，相手方が申込者に通知することなく，物品の発送又は代金の支払等の行為を行うことにより同意を示すことができる場合には，承諾は，当該行為が行われた時にその効力を生ずる。ただし，当該行為が(2)に規定する期間内に行われた場合に限る。

Article 19

1. A reply to an offer which purports to be an acceptance but contains additions, limitations or other modifications is a rejection of the offer and constitutes a counter-offer.
2. However, a reply to an offer which purports to be an acceptance but contains additional or different terms which do not materially alter the terms of the offer constitutes an acceptance, unless the offeror, without undue delay, objects orally to the discrepancy or dispatches a notice to that effect. If he does not so object, the terms of the contract are the terms of the offer with the modifications contained in the acceptance.
3. Additional or different terms relating, among other things, to the price, payment, quality and quantity of the goods, place and time of delivery, extent of one party's liability to the other or the settlement of disputes are considered to alter the terms of the offer materially.

Article 20

1. A period of time for acceptance fixed by the offeror in a telegram or a letter begins to run from the moment the telegram is handed in for dispatch or from the date shown on the letter or, if no such date is shown, from the date shown on the envelope. A period of time for acceptance fixed by the offeror by telephone, telex or other means of instantaneous communication, begins to run from the moment that the offer reaches the offeree.
2. Official holidays or non-business days occurring during the period for acceptance are included in calculating the period. However, if a notice of acceptance cannot be delivered at the address of the offeror on the last day of the period because that day falls on an official holiday or a non-business day at the place of business of the offeror, the period is extended until the first business day which follows.

Article 21

1. A late acceptance is nevertheless effective as an acceptance if without delay the offeror orally so informs the offeree or dispatches a notice to that effect.
2. If a letter or other writing containing a late acceptance shows that it has been sent in such circumstances that if its transmission had been normal it would have reached the offeror in due time, the late acceptance is effective as an acceptance unless, without delay, the offeror orally informs the offeree that he considers his offer as having lapsed or dispatches a notice to that effect.

第19条
　(1)　申込みに対する承諾を意図する応答であって，追加，制限その他の変更を含むものは，当該申込みの拒絶であるとともに，反対申込みとなる。
　(2)　申込みに対する承諾を意図する応答は，追加的な又は異なる条件を含む場合であっても，当該条件が申込みの内容を実質的に変更しないときは，申込者が不当に遅滞することなくその相違について口頭で異議を述べ，又はその旨の通知を発した場合を除くほか，承諾となる。申込者がそのような異議を述べない場合には，契約の内容は，申込みの内容に承諾に含まれた変更を加えたものとする。
　(3)　追加的な又は異なる条件であって，特に，代金，支払，物品の品質若しくは数量，引渡しの場所若しくは時期，当事者の一方の相手方に対する責任の限度又は紛争解決に関するものは，申込みの内容を実質的に変更するものとする。

第20条
　(1)　申込者が電報又は書簡に定める承諾の期間は，電報が発信のために提出された時から又は書簡に示された日付若しくはこのような日付が示されていない場合には封筒に示された日付から起算する。申込者が電話，テレックスその他の即時の通信の手段によって定める承諾の期間は，申込みが相手方に到達した時から起算する。
　(2)　承諾の期間中の公の休日又は非取引日は，当該期間に算入する。承諾の期間の末日が申込者の営業所の所在地の公の休日又は非取引日に当たるために承諾の通知が当該末日に申込者の住所に届かない場合には，当該期間は，当該末日に続く最初の取引日まで延長する。

第21条
　(1)　遅延した承諾であっても，それが承諾としての効力を有することを申込者が遅滞なく相手方に対して口頭で知らせ，又はその旨の通知を発した場合には，承諾としての効力を有する。
　(2)　遅延した承諾が記載された書簡その他の書面が，通信状態が通常であったとしたならば期限までに申込者に到達したであろう状況の下で発送されたことを示している場合には，当該承諾は，承諾としての効力を有する。ただし，当該申込者が自己の申込みを失効していたものとすることを遅滞なく相手方に対して口頭で知らせ，又はその旨の通知を発した場合には，この限りではない。

Article 22

An acceptance may be withdrawn if the withdrawal reaches the offeror before or at the same time as the acceptance would have become effective.

Article 23

A contract is concluded at the moment when an acceptance of an offer becomes effective in accordance with the provisions of this Convention.

Article 24

For the purposes of this Part of the Convention, an offer, declaration of acceptance or any other indication of intention "reaches" the addressee when it is made orally to him or delivered by any other means to him personally, to his place of business or mailing address or, if he does not have a place of business or mailing address, to his habitual residence.

PART III
Sale of Goods

Chapter I
General Provisions

Article 25

A breach of contract committed by one of the parties is fundamental if it results in such detriment to the other party as substantially to deprive him of what he is entitled to expect under the contract, unless the party in breach did not foresee and a reasonable person of the same kind in the same circumstances would not have foreseen such a result.

Article 26

A declaration of avoidance of the contract is effective only if made by notice to the other party.

Article 27

Unless otherwise expressly provided in this Part of the Convention, if any notice, request or other communication is given or made by a party in accordance with this Part and by means appropriate in the circumstances, a delay or error in the

第 22 条
　承諾は，その取りやめの通知が当該承諾の効力の生ずる時以前に申込者に到達する場合には，取りやめることができる。

第 23 条
　契約は，申込みに対する承諾がこの条約に基づいて効力を生ずる時に成立する。

第 24 条
　この部の規定の適用上，申込み，承諾の意思表示その他の意思表示が相手方に「到達した」時とは，申込み，承諾の意思表示その他の意思表示が，相手方に対して口頭で行われた時又は他の方法により相手方個人に対し，相手方の営業所若しくは郵便送付先に対し，若しくは相手方が営業所及び郵便送付先を有しない場合には相手方の常居所に対して届けられた時とする。

第 3 部　物品の売買

第 1 章　総　　則

第 25 条
　当事者の一方が行った契約違反は，相手方がその契約に基づいて期待することができたものを実質的に奪うような不利益を当該相手方に生じさせる場合には，重大なものとする。ただし，契約違反を行った当事者がそのような結果を予見せず，かつ，同様の状況の下において当該当事者と同種の合理的な者がそのような結果を予見しなかったであろう場合は，この限りでない。

第 26 条
　契約の解除の意思表示は，相手方に対する通知によって行われた場合に限り，その効力を有する。

第 27 条
　この部に別段の明文の規定がある場合を除くほか，当事者がこの部の規定に従い，かつ，状況に応じて適切な方法により，通知，要求その他の通信を行った場合には，当該通信の伝達において遅延若しくは誤りが生じ，又は当該通信が到達しなかったときでも，当該当事者は，当該通信を行ったことを援用する権利を奪われない。

transmission of the communication or its failure to arrive does not deprive that party of the right to rely on the communication.

Article 28

If, in accordance with the provisions of this Convention, one party is entitled to require performance of any obligation by the other party, a court is not bound to enter a judgement for specific performance unless the court would do so under its own law in respect of similar contracts of sale not governed by this Convention.

Article 29

1. A contract may be modified or terminated by the mere agreement of the parties.
2. A contract in writing which contains a provision requiring any modification or termination by agreement to be in writing may not be otherwise modified or terminated by agreement. However, a party may be precluded by his conduct from asserting such a provision to the extent that the other party has relied on that conduct.

CHAPTER II
OBLIGATIONS OF THE SELLER

Article 30

The seller must deliver the goods, hand over any documents relating to them and transfer the property in the goods, as required by the contract and this Convention.

Section I. Delivery of the goods and handling over of documents

Article 31

If the seller is not bound to deliver the goods at any other particular place, his obligation to deliver consists:

(a) if the contract of sale involves carriage of the goods – in handing the goods over to the first carrier for transmission to the buyer;
(b) if, in cases not within the preceding subparagraph, the contract relates to specific goods, or unidentified goods to be drawn from a specific stock or to be manufactured or produced, and at the time of the conclusion of the contract the parties knew that the goods were at, or were to be manufactured or produced at, a particular place – in placing the goods at the buyer's disposal at that place;

第 28 条
　当事者の一方がこの条約に基づいて相手方の義務の履行を請求することができる場合であっても，裁判所は，この条約が規律しない類似の売買契約について自国の法に基づいて同様の裁判をするであろうときを除くほか，現実の履行を命ずる裁判をする義務を負わない。

第 29 条
　（1）　契約は，当事者の合意のみによって変更し，又は終了させることができる。
　（2）　合意による変更又は終了を書面によって行うことを必要とする旨の条項を定めた書面による契約は，その他の方法による合意によって変更し，又は終了させることができない。ただし，当事者の一方は，相手方が自己の行動を信頼した限度において，その条項を主張することができない。

第 2 章　売主の義務

第 30 条
　売主は，契約及びこの条約に従い，物品を引き渡し，物品に関する書類を交付し，及び物品の所有権を移転しなければならない。

第 1 節　物品の引渡し及び書類の交付

第 31 条
　売主が次の（a）から（c）までに規定する場所以外の特定の場所において物品を引き渡す義務を負わない場合には，売主の引渡しの義務は，次のことから成る。
　（a）　売買契約が物品の運送を伴う場合には，買主に送付するために物品を最初の運送人に交付すること。
　（b）　（a）に規定する場合以外の場合において，契約が特定物，特定の在庫から取り出される不特定物又は製造若しくは生産が行われる不特定物に関するものであり，かつ，物品が特定の場所に存在し，又は特定の場所で製造若しくは生産が行われることを当事者双方が契約の締結時に知っていたときは，その場所において物品を買主の処分にゆだねること。

(c) in other cases – in placing the goods at the buyer's disposal at the place where the seller had his place of business at the time of the conclusion of the contract.

Article 32

1. If the seller, in accordance with the contract or this Convention, hands the goods over to a carrier and if the goods are not clearly identified to the contract by markings on the goods, by shipping documents or otherwise, the seller must give the buyer notice of the consignment specifying the goods.
2. If the seller is bound to arrange for carriage of the goods, he must make such contracts as are necessary for carriage to the place fixed by means of transportation appropriate in the circumstances and according to the usual terms for such transportation.
3. If the seller is not bound to effect insurance in respect of the carriage of the goods, he must, at the buyer's request, provide him with all available information necessary to enable him to effect such insurance.

Article 33

The seller must deliver the goods:

(a) if a date is fixed by or determinable from the contract, on that date;
(b) if a period of time is fixed by or determinable from the contract, at any time within that period unless circumstances indicate that the buyer is to choose a date; or
(c) in any other case, within a reasonable time after the conclusion of the contract.

Article 34

If the seller is bound to hand over documents relating to the goods, he must hand them over at the time and place and in the form required by the contract. If the seller has handed over documents before that time, he may, up to that time, cure any lack of conformity in the documents, if the exercise of this right does not cause the buyer unreasonable inconvenience or unreasonable expense. However, the buyer retains any right to claim damages as provided for in this Convention.

（ｃ）　その他の場合には，売主が契約の締結時に営業所を有していた場所において物品を買主の処分にゆだねること。

第32条
（１）　売主は，契約又はこの条約に従い物品を運送人に交付した場合において，当該物品が荷印，船積書類その他の方法により契約上の物品として明確に特定されないときは，買主に対して物品を特定した発送の通知を行わなければならない。
（２）　売主は，物品の運送を手配する義務を負う場合には，状況に応じて適切な運送手段により，かつ，このような運送のための通常の条件により，定められた場所までの運送に必要となる契約を締結しなければならない。
（３）　売主は，物品の運送について保険を掛ける義務を負わない場合であっても，買主の要求があるときは，買主が物品の運送について保険を掛けるために必要な情報であって自己の提供することのできるすべてのものを，買主に対して提供しなければならない。

第33条
売主は，次のいずれかの時期に物品を引き渡さなければならない。
（ａ）　期日が契約によって定められ，又は期日を契約から決定することができる場合には，その期日
（ｂ）　期間が契約によって定められ，又は期間を契約から決定することができる場合には，買主が引渡しの日を選択すべきことを状況が示していない限り，その期間内のいずれかの時
（ｃ）　その他の場合には，契約の締結後の合理的な期間内

第34条
売主は，物品に関する書類を交付する義務を負う場合には，契約に定める時期及び場所において，かつ，契約に定める方式により，当該書類を交付しなければならない。売主は，その時期により前に当該書類を交付した場合において，買主に不合理な不便又は不合理な費用を生じさせないときは，その時期まで，当該書類の不適合を追完することができる。ただし，買主は，この条約に規定する損害賠償の請求をする権利を保持する。

Section II. Conformity of the goods and third party claims

Article 35

1. The seller must deliver goods which are of the quantity, quality and description required by the contract and which are contained or packaged in the manner required by the contract.
2. Except where the parties have agreed otherwise, the goods do not conform with the contract unless they:
(a) are fit for the purposes for which goods of the same description would ordinarily be used;
(b) are fit for any particular purpose expressly or impliedly made known to the seller at the time of the conclusion of the contract, except where the circumstances show that the buyer did not rely, or that it was unreasonable for him to rely, on the seller's skill and judgement;
(c) possess the qualities of goods which the seller has held out to the buyer as a sample or model;
(d) are contained or packaged in the manner usual for such goods or, where there is no such manner, in a manner adequate to preserve and protect the goods.
3. The seller is not liable under subparagraphs (a) to (d) of the preceding paragraph for any lack of conformity of the goods if at the time of the conclusion of the contract the buyer knew or could not have been unaware of such lack of conformity.

Article 36

1. The seller is liable in accordance with the contract and this Convention for any lack of conformity which exists at the time when the risk passes to the buyer, even though the lack of conformity becomes apparent only after that time.
2. The seller is also liable for any lack of conformity which occurs after the time indicated in the preceding paragraph and which is due to a breach of any of his obligations, including a breach of any guarantee that for a period of time the goods will remain fit for their ordinary purpose or for some particular purpose or will retain specified qualities or characteristics.

Article 37

If the seller has delivered goods before the date for delivery, he may, up to that date, deliver any missing part or make up any deficiency in the quantity of the goods delivered, or deliver goods in replacement of any non-conforming goods delivered or remedy any lack of conformity in the goods delivered, provided that the exercise of this right does not cause the buyer unreasonable inconvenience or unreasonable expense. However, the buyer retains any right to claim damages as provided for in this Convention.

第2節　物品の適合性及び第三者の権利又は請求

第35条
　（1）　売主は，契約に定める数量，品質及び種類に適合し，かつ，契約に定める方法で収納され，又は包装された物品を引き渡さなければならない。
　（2）　当事者が別段の合意をした場合を除くほか，物品は，次の要件を満たさない限り，契約に適合しないものとする。
　　（a）　同種の物品が通常使用されるであろう目的に適したものであること。
　　（b）　契約の締結時に売主に対して明示的又は黙示的に知らされていた特定の目的に適したものであること。ただし，状況からみて，買主が売主の技能及び判断に依存せず，又は依存することが不合理であった場合は，この限りではない。
　　（c）　売主が買主に対して見本又はひな形として示した物品と同じ品質を有するものであること。
　　（d）　同種の物品にとって通常の方法により，又はこのような方法がない場合にはその物品の保存及び保護に適した方法により，収納され，又は包装されていること。
　（3）　買主が契約の締結時に物品の不適合を知り，又は知らないことはあり得なかった場合には，売主は，当該物品の不適合について（2）（a）から（d）までの規定に係る責任を負わない。

第36条
　（1）　売主は，契約及びこの条約に従い，危険が買主に移転した時に存在していた不適合について責任を負うものとし，当該不適合が危険の移転した時の後に明らかになった場合においても責任を負う。
　（2）　売主は，（1）に規定する時の後に生じた不適合であって，自己の義務違反（物品が一定の期間通常の目的若しくは特定の目的に適し，又は特定の品質若しくは特性を保持するとの保証に対する違反を含む。）によって生じたものについても責任を負う。

第37条
　売主は，引渡しの期日前に物品を引き渡した場合には，買主に不合理な不便又は不合理な費用を生じさせないときに限り，その期日まで，欠けている部分を引き渡し，若しくは引き渡した物品の数量の不足分を補い，又は引き渡した不適合な物品の代替品を引き渡し，若しくは引き渡した物品の不適合を修補することができる。ただし，

Article 38

1. The buyer must examine the goods, or cause them to be examined, within as short a period as is practicable in the circumstances.
2. If the contract involves carriage of the goods, examination may be deferred until after the goods have arrived at their destination.
3. If the goods are redirected in transit or redispatched by the buyer without a reasonable opportunity for examination by him and at the time of the conclusion of the contract the seller knew or ought to have known of the possibility of such redirection or redispatch, examination may be deferred until after the goods have arrived at the new destination.

Article 39

1. The buyer loses the right to rely on a lack of conformity of the goods if he does not give notice to the seller specifying the nature of the lack of conformity within a reasonable time after he has discovered it or ought to have discovered it.
2. In any event, the buyer loses the right to rely on a lack of conformity of the goods if he does not give the seller notice thereof at the latest within a period of two years from the date on which the goods were actually handed over to the buyer, unless this time-limit is inconsistent with a contractual period of guarantee.

Article 40

The seller is not entitled to rely on the provisions of articles 38 and 39 if the lack of conformity relates to facts of which he knew or could not have been unaware and which he did not disclose to the buyer.

Article 41

The seller must deliver goods which are free from any right or claim of a third party, unless the buyer agreed to take the goods subject to that right or claim. However, if such right or claim is based on industrial property or other intellectual property, the seller's obligation is governed by article 42.

買主は，この条約に規定する損害賠償の請求をする権利を保持する。

第38条
（1）　買主は，状況に応じて実行可能な限り短い期間内に，物品を検査し，又は検査させなければならない。
（2）　契約が物品の運送を伴う場合には，検査は，物品が仕向地に到達した後まで延期することができる。
（3）　買主が自己による検査のための合理的な機会なしに物品の運送中に仕向地を変更し，又は物品を転送した場合において，売主が契約の締結時にそのような変更又は転送の可能性を知り，又は知っているべきであったときは，検査は，物品が新たな仕向地に到達した後まで延期することができる。

第39条
（1）　買主は，物品の不適合を発見し，又は発見すべきであった時から合理的な期間内に売主に対して不適合の性質を特定した通知を行わない場合には，物品の不適合を援用する権利を失う。
（2）　買主は，いかなる場合にも，自己に物品が現実に交付された日から2年以内に売主に対して（1）に規定する通知を行わないときは，この期間制限と契約上の保証期間とが一致しない場合を除くほか，物品の不適合を援用する権利を失う。

第40条
　物品の不適合が，売主が知り，又は知らないことはあり得なかった事実であって，売主が買主に対して明らかにしなかったものに関するものである場合には，売主は，前2条の規定に依拠することができない。

第41条
　売主は，買主が第三者の権利又は請求の対象となっている物品を受領することに同意した場合を除くほか，そのような権利又は請求の対象となっていない物品を引き渡さなければならない。ただし，当該権利又は請求が工業所有権その他の知的財産権に基づくものである場合には，売主の義務は，次条の規定によって規律される。

Article 42

1. The seller must deliver goods which are free from any right or claim of a third party based on industrial property or other intellectual property, of which at the time of the conclusion of the contract the seller knew or could not have been unaware, provided that the right or claim is based on industrial property or other intellectual property:

(a) under the law of the State where the goods will be resold or otherwise used, if it was contemplated by the parties at the time of the conclusion of the contract that the goods would be resold or otherwise used in that State; or
(b) in any other case, under the law of the State where the buyer has his place of business.

2. The obligation of the seller under the preceding paragraph does not extend to cases where:

(a) at the time of the conclusion of the contract the buyer knew or could not have been unaware of the right or claim; or
(b) the right or claim results from the seller's compliance with technical drawings, designs, formulae or other such specifications furnished by the buyer.

Article 43

1. The buyer loses the right to rely on the provisions of article 41 or article 42 if he does not give notice to the seller specifying the nature of the right or claim of the third party within a reasonable time after he has become aware or ought to have become aware of the right or claim.

2. The seller is not entitled to rely on the provisions of the preceding paragraph if he knew of the right or claim of the third party and the nature of it.

Article 44

Notwithstanding the provisions of paragraph (1) of article 39 and paragraph (1) of article 43, the buyer may reduce the price in accordance with article 50 or claim damages, except for loss of profit, if he has a reasonable excuse for his failure to give the required notice.

Section III. Remedies for breach of contract by the seller

Article 45

1. If the seller fails to perform any of his obligations under the contract or this Convention, the buyer may:

第 42 条
　(1)　売主は，自己が契約の締結時に知り，又は知らないことはあり得なかった工業所有権その他の知的財産権に基づく第三者の権利又は請求の対象となっていない物品を引き渡さなければならない。ただし，そのような権利又は請求が，次の国の法の下での工業所有権その他の知的財産権に基づく場合に限る。
　　(a)　ある国において物品が転売され，又は他の方法によって使用されることを当事者双方が契約の締結時に想定していた場合には，当該国の法
　　(b)　その他の場合には，買主が営業所を有する国の法
　(2)　売主は，次の場合には，(1)の規定に基づく義務を負わない。
　　(a)　買主が契約の締結時に(1)の規定する権利又は請求を知り，又は知らないことはあり得なかった場合
　　(b)　(1)に規定する権利又は請求が，買主の提供した技術的図面，設計，製法その他の指定に売主が従ったことによって生じた場合

第 43 条
　(1)　買主は，第三者の権利又は請求を知り，又は知るべきであった時から合理的な期間内に，売主に対してそのような権利又は請求の性質を特定した通知を行わない場合には，前 2 条の規定に依拠する権利を失う。
　(2)　売主は，第三者の権利又は請求及びその性質を知っていた場合には，(1)の規定に依拠することができない。

第 44 条
　第 39 条(1)及び前条(1)の規定にかかわらず，買主は，必要とされる通知を行わなかったことについて合理的な理由を有する場合には，第 50 条の規定に基づき代金を減額し，又は損害賠償（得るはずであった利益の喪失の賠償を除く。）の請求をすることができる。

第 3 節　売主による契約違反についての救済

第 45 条
　(1)　買主は，売主が契約又はこの条約に基づく義務を履行しない場合には，次のことを行うことができる。

(a) exercise the rights provided in articles 46 to 52;
(b) claim damages as provided in articles 74 to 77.

2. The buyer is not deprived of any right he may have to claim damages by exercising his right to other remedies.

3. No period of grace may be granted to the seller by a court of arbitral tribunal when the buyer resorts to a remedy for breach of contract.

Article 46

1. The buyer may require performance by the seller of his obligations unless the buyer has resorted to a remedy which is inconsistent with this requirement.

2. If the goods do not conform with the contract, the buyer may require delivery of substitute goods only if the lack of conformity constitutes a fundamental breach of contract and a request for substitute goods is made either in conjunction with notice given under article 39 or within a reasonable time thereafter.

3. If the goods do not conform with the contract, the buyer may require the seller to remedy the lack of conformity by repair, unless this is unreasonable having regard to all the circumstances. A request for repair must be made either in conjunction with notice given under article 39 or within a reasonable time thereafter.

Article 47

1. The buyer may fix an additional period of time of reasonable length for performance by the seller of his obligations.

2. Unless the buyer has received notice from the seller that he will not perform within the period so fixed, the buyer may not, during that period, resort to any remedy for breach of contract. However, the buyer is not deprived thereby of any right he may have to claim damages for delay in performance.

Article 48

1. Subject to article 49, the seller may, even after the date for delivery, remedy at his own expense any failure to perform his obligations, if he can do so without unreasonable delay and without causing the buyer unreasonable inconvenience or uncertainty of reimbursement by the seller of expenses advanced by the buyer. However, the buyer retains any right to claim damages as provided for in this Convention.

2. If the seller requests the buyer to make known whether he will accept performance and the buyer does not comply with the request within a reasonable time, the seller may perform within the time indicated in his request. The buyer may not, during that period of time, resort to any remedy which is inconsistent with performance by the seller.

（ａ）　次条から第52条までに規定する権利を行使すること。
　（ｂ）　第74条から第77条までの規定に従って損害賠償の請求をすること。
　（２）　買主は，損害賠償の請求をする権利を，その他の救済を求める権利の行使によって奪われない。
　（３）　買主が契約違反についての救済を求める場合には，裁判所又は仲裁廷は，売主に対して猶予期間を与えることができない。

第46条
　（１）　買主は，売主に対してその義務の履行を請求することができる。ただし，買主がその請求と両立しない救済を求めた場合は，この限りでない。
　（２）　買主は，物品が契約に適合しない場合には，代替品の引渡しを請求することができる。ただし，その不適合が重大な契約違反となり，かつ，その請求を第39条に規定する通知の際又はその後の合理的な期間内に行う場合に限る。
　（３）　買主は，物品が契約に適合しない場合には，すべての状況に照らして不合理であるときを除くほか，売主に対し，その不適合を補修によって追完することを請求することができる。その請求は，第39条に規定する通知の際又はその後の合理的な期間内に行われなければならない。

第47条
　（１）　買主は，売主による義務の履行のために合理的な長さの付加期間を定めることができる。
　（２）　買主は，（１）の規定に基づいて定めた付加期間内に履行をしない旨の通知を売主から受けた場合を除くほか，当該付加期間内は，契約違反についてのいかなる救済も求めることができない。ただし，買主は，これにより，履行の遅滞について損害賠償の請求をする権利を奪われない。

第48条
　（１）　次条の規定が適用される場合を除くほか，売主は，引渡しの期日後も，不合理に遅滞せず，かつ，買主に対して不合理な不便又は買主の支出した費用につき自己から償還を受けることについての不安を生じさせない場合には，自己の費用負担によりいかなる義務の不履行も追完することができる。ただし，買主は，この条約に規定する損害賠償の請求をする権利を保持する。
　（２）　売主は，買主に対して履行を受け入れるか否かについて知らせることを要求した場合において，買主が合理的な期間内にその要求に応じないときは，当該要求において示した期間内に履行をすることができる。買主は，この期間中，売主による履

3. A notice by the seller that he will perform within a specified period of time is assumed to include a request, under the preceding paragraph, that the buyer make known his decision.

4. A request or notice by the seller under paragraph (2) or (3) of this article is not effective unless received by the buyer.

Article 49

1. The buyer may declare the contract avoided:

(a) if the failure by the seller to perform any of his obligations under the contract or this Convention amounts to a fundamental breach of contract; or

(b) in case of non-delivery, if the seller does not deliver the goods within the additional period of time fixed by the buyer in accordance with paragraph (1) of article 47 or declares that he will not deliver within the period so fixed.

2. However, in cases where the seller has delivered the goods, the buyer loses the right to declare the contract avoided unless he does so:

(a) in respect of late delivery, within a reasonable time after he has become aware that delivery has been made;

(b) in respect of any breach other than late delivery, within a reasonable time:

   (i) after he knew or ought to have known of the breach;

   (ii) after the expiration of any additional period of time fixed by the buyer in accordance with paragraph (1) of article 47, or after the seller has declared that he will not perform his obligations within such an additional period; or

   (iii) after the expiration of any additional period of time indicated by the seller in accordance with paragraph (2) of article 48, or after the buyer has declared that he will not accept performance.

Article 50

If the goods do not conform with the contract and whether or not the price has already been paid, the buyer may reduce the price in the same proportion as the value that the goods actually delivered had at the time of the delivery bears to the value that conforming goods would have had at that time. However, if the seller remedies any failure to perform his obligation in accordance with article 37 or article 48 or if the buyer refuses to accept performance by the seller in accordance with those articles, the buyer may not reduce the price.

行と両立しない救済を求めることができない。
　（３）　一定の期間内に履行をする旨の売主の通知は，（２）に規定する買主の選択を知らせることの要求を含むものと推定する。
　（４）　（２）又は（３）に規定する売主の要求又は通知は，買主がそれらを受けない限り，その効力を生じない。

第49条
　（１）　買主は，次のいずれかの場合には，契約の解除の意思表示をすることができる。
　　（ａ）　契約又はこの条約に基づく売主の義務の不履行が重大な契約違反となる場合
　　（ｂ）　引渡しがない場合において，買主が第47条（１）の規定に基づいて定めた付加期間内に売主が物品を引き渡さず，又は売主が当該付加期間内に引き渡さない旨の意思表示をしたとき。
　（２）　買主は，売主が物品を引き渡した場合には，次の期間内に契約の解除の意思表示をしない限り，このような意思表示をする権利を失う。
　　（ａ）　引渡しの遅滞については，買主が引渡しが行われたことを知った時から合理的な期間内
　　（ｂ）　引渡しの遅滞を除く違反については，次の時から合理的な期間内
　　　（ⅰ）　買主が当該違反を知り，又は知るべきであった時
　　　（ⅱ）　買主が第47条（１）の規定に基づいて定めた付加期間を経過した時又は売主が当該付加期間内に義務を履行しない旨の意思表示をした時
　　　（ⅲ）　売主が前条（２）の規定に基づいて示した期間を経過した時又は買主が履行を受け入れない旨の意思表示をした時

第50条
　物品が契約に適合しない場合には，代金が既に支払われたか否かを問わず，買主は，現実に引き渡された物品が引渡時において有した価値が契約に適合する物品であったとしたならば当該引渡時において有したであろう価値に対して有する割合と同じ割合により，代金を減額することができる。ただし，売主が第37条若しくは第48条の規定に基づきその義務の不履行を追完した場合又は買主がこれらの規定に基づく売主による履行を受け入れることを拒絶した場合には，買主は，代金を減額することができない。

Article 51

1. If the seller delivers only a part of the goods or if only a part of the goods delivered is in conformity with the contract, articles 46 to 50 apply in respect of the part which is missing or which does not conform.
2. The buyer may declare the contract avoided in its entirety only if the failure to make delivery completely or in conformity with the contract amounts to a fundamental breach of the contract.

Article 52

1. If the seller delivers the goods before the date fixed, the buyer may take delivery or refuse to take delivery.
2. If the seller delivers a quantity of goods greater than that provided for in the contract, the buyer may take delivery or refuse to take delivery of the excess quantity. If the buyer takes delivery of all or part of the excess quantity, he must pay for it at the contract rate.

Chapter III
Obligations of the Buyer

Article 53

The buyer must pay the price for the goods and take delivery of them as required by the contract and this Convention.

Section I. Payment of the price

Article 54

The buyer's obligation to pay the price includes taking such steps and complying with such formalities as may be required under the contract or any laws and regulations to enable payment to be made.

Article 55

Where a contract has been validly concluded but does not expressly or implicitly fix or make provision for determining the price, the parties are considered, in the absence of any indication to the contrary, to have impliedly made reference to the price generally charged at the time of the conclusion of the contract for such goods sold under comparable circumstances in the trade concerned.

第51条
（1） 売主が物品の一部のみを引き渡した場合又は引き渡した物品の一部のみが契約に適合する場合には，第46条から前条までの規定は，引渡しのない部分又は適合しない部分について適用する。
（2） 買主は，完全な引渡し又は契約に適合した引渡しが行われないことが重大な契約違反となる場合に限り，その契約の全部を解除する旨の意思表示をすることができる。

第52条
（1） 売主が定められた期日前に物品を引き渡す場合には，買主は，引渡しを受領し，又はその受領を拒絶することができる。
（2） 売主が契約に定める数量を超過する物品を引き渡す場合には，買主は，超過する部分の引渡しを受領し，又はその受領を拒絶することができる。買主は，超過する部分の全部又は一部の引渡しを受領した場合には，その部分について契約価格に応じて代金を支払わなければならない。

第3章　買主の義務

第53条
買主は，契約及びこの条約に従い，物品の代金を支払い，及び物品の引渡しを受領しなければならない。

第1節　代金の支払

第54条
代金を支払う買主の義務には，支払を可能とするため，契約又は法令に従って必要とされる措置をとるとともに手続きを遵守することを含む。

第55条
契約が有効に締結されている場合において，当該契約が明示的又は黙示的に，代金を定めず，又は代金の決定方法について規定していないときは，当事者は，反対の意思を示さない限り，関係する取引分野において同様の状況の下で売却された同種の物品について，契約の締結時に一般的に請求されていた価格を黙示的に適用したものとする。

Article 56

If the price is fixed according to the weight of the goods, in case of doubt it is to be determined by the net weight.

Article 57

1. If the buyer is not bound to pay the price at any other particular place, he must pay it to the seller:
(a) at the seller's place of business; or
(b) if the payment is to be made against the handing over of the goods or of documents, at the place where the handing over takes place.

2. The seller must bear any increase in the expenses incidental to payment which is caused by a change in his place of business subsequent to the conclusion of the contract.

Article 58

1. If the buyer is not bound to pay the price at any other specific time, he must pay it when the seller places either the goods or documents controlling their disposition at the buyer's disposal in accordance with the contract and this Convention. The seller may make such payment a condition for handing over the goods or documents.

2. If the contract involves carriage of the goods, the seller may dispatch the goods on terms whereby the goods, or documents controlling their disposition, will not be handed over to the buyer except against payment of the price.

3. The buyer is not bound to pay the price until he has had an opportunity to examine the goods, unless the procedures for delivery or payment agreed upon by the parties are inconsistent with his having such an opportunity.

Article 59

The buyer must pay the price on the date fixed by or determinable from the contract and this Convention without the need for any request or compliance with any formality on the part of the seller.

第56条

 代金が物品の重量に基づいて定められる場合において，疑義があるときは，代金は，正味重量によって決定する。

第57条

（1） 買主は，次の（a）又は（b）に規定する場所以外の特定の場所において代金を支払う義務を負わない場合には，次のいずれかの場所において売主に対して代金を支払わなければならない。
　（a） 売主の営業所
　（b） 物品又は書類の交付と引換えに代金を支払うべき場合には，当該交付が行われる場所
（2） 売主は，契約の締結後に営業所を変更したことによって生じた支払に付随する費用の増加額を負担する。

第58条

（1） 買主は，いずれか特定の期日に代金を支払う義務を負わない場合には，売主が契約及びこの条約に従い物品又はその処分を支配する書類を買主の処分にゆだねた時に代金を支払わなければならない。売主は，その支払を物品又は書類の交付の条件とすることができる。
（2） 売主は，契約が物品の運送を伴う場合には，代金の支払と引換えでなければ物品又はその処分を支配する書類を買主に交付しない旨の条件を付して，物品を発送することができる。
（3） 買主は，物品を検査する機会を有する時まで代金を支払う義務を負わない。ただし，当事者の合意した引渡し又は支払の手続が，買主がそのような機会を有することと両立しない場合は，この限りでない。

第59条

 売主によるいかなる要求又はいかなる手続の遵守も要することなく，買主は，契約若しくはこの条約によって定められた期日又はこれらから決定することができる期日に代金を支払わなければならない。

Section II. Taking delivery

Article 60

The buyer's obligation to take delivery consists:

(a) in doing all the acts which could reasonably be expected of him in order to enable the seller to make delivery; and
(b) in taking over the goods.

Section III. Remedies for breach of contract by the buyer

Article 61

1. If the buyer fails to perform any of his obligations under the contract or this Convention, the seller may:

(a) exercise the rights provided in articles 62 to 65;
(b) claim damages as provided in articles 74 to 77.

2. The seller is not deprived of any right he may have to claim damags by exercising his right to other remedies.

3. No period of grace may be granted to the buyer by a court or arbitral tribunal when the seller resorts to a remedy for breach of contract.

Article 62

The seller may require the buyer to pay the price, take delivery or perform his other obligations, unless the seller has resorted to a remedy which is inconsistent with this requirement.

Article 63

1. The seller may fix an additional period of time of reasonable length for performance by the buyer of his obligations.

2. Unless the seller has received notice from the buyer that he will not perform within the period so fixed, the seller may not, during that period, resort to any remedy for breach of contract. However, the seller is not deprived thereby of any right he may have to claim damages for delay in performance.

第2節　引渡しの受領

第60条
　引渡しを受領する買主の義務は，次のことから成る。
　　(a)　売主による引渡しを可能とするために買主に合理的に期待することのできるすべての行為を行うこと。
　　(b)　物品を受け取ること。

第3節　買主による契約違反についての救済

第61条
　(1)　売主は，買主が契約又はこの条約に基づく義務を履行しない場合には，次のことを行うことができる。
　　(a)　次条から第65条までに規定する権利を行使すること。
　　(b)　第74条から第77条までの規定に従って損害賠償の請求をすること。
　(2)　売主は，損害賠償の請求をする権利を，その他の救済を求める権利の行使によって奪われない。
　(3)　売主が契約違反についての救済を求める場合には，裁判所又は仲裁廷は，買主に対して猶予期間を与えることができない。

第62条
　売主は，買主に対して代金の支払，引渡しの受領その他の買主の義務の履行を請求することができる。ただし，売主がその請求と両立しない救済を求めた場合は，この限りでない。

第63条
　(1)　売主は，買主による義務の履行のために合理的な長さの付加期間を定めることができる。
　(2)　売主は，(1)の規定に基づいて定めた付加期間内に履行をしない旨の通知を買主から受けた場合を除くほか，当該付加期間内は，契約違反についてのいかなる救済も求めることができない。ただし，売主は，これにより，履行の遅滞について損害賠償の請求をする権利を奪われない。

Article 64

1. The seller may declare the contract avoided:

(a) if the failure by the buyer to perform any of his obligations under the contract or this Convention amounts to a fundamental breach of contract; or

(b) if the buyer does not, within the additional period of time fixed by the seller in accordance with paragraph (1) of article 63, perform his obligation to pay the price or take delivery of the goods, or if he declares that he will not do so within the period so fixed.

2. However, in cases where the buyer has paid the price, the seller loses the right to declare the contract avoided unless he does so:

(a) in respect of late performance by the buyer, before the seller has become aware that performance has been rendered; or

(b) in respect of any breach other than late performance by the buyer, within a reasonable time:

   (i) after the seller knew or ought to have known of the breach; or

   (ii) after the expiration of any additional period of time fixed by the seller in accordance with paragraph (1) of article 63, or after the buyer has declared that he will not perform his obligations within such an additional period.

Article 65

1. If under the contract the buyer is to specify the form, measurement or other features of the goods and he fails to make such specification either on the date agreed upon or within a reasonable time after receipt of a request from the seller, the seller may, without prejudice to any other rights he may have, make the specification himself in accordance with the requirements of the buyer that may be known to him.

2. If the seller makes the specification himself, he must inform the buyer of the details thereof and must fix a reasonable time within which the buyer may make a different specification. If, after receipt of such a communication, the buyer fails to do so within the time so fixed, the specification made by the seller is binding.

第64条
　（1）　売主は，次のいずれかの場合には，契約の解除の意思表示をすることができる。
　　（a）　契約又はこの条約に基づく買主の義務の不履行が重大な契約違反となる場合
　　（b）　売主が前条（1）の規定に基づいて定めた付加期間内に買主が代金の支払義務若しくは物品の引渡しの受領義務を履行しない場合又は買主が当該付加期間内にそれらの義務を履行しない旨の意思表示をした場合
　（2）　売主は，買主が代金を支払った場合には，次の時期に契約の解除の意思表示をしない限り，このような意思表示をする権利を失う。
　　（a）　買主による履行の遅滞については，売主が履行のあったことを知る前
　　（b）　履行の遅滞を除く買主による違反については，次の時から合理的な期間内
　　　（i）　売主が当該違反を知り，又は知るべきであった時
　　　（ii）　売主が前条（1）の規定に基づいて定めた付加期間を経過した時又は買主が当該付加期間内に義務を履行しない旨の意思表示をした時

第65条
　（1）　買主が契約に従い物品の形状，寸法その他の特徴を指定すべき場合において，合意した期日に又は売主から要求を受けた時から合理的な期間内に買主がその指定を行わないときは，売主は，自己が有する他の権利の行使を妨げられることなく，自己の知ることができた買主の必要に応じて，自らその指定を行うことができる。
　（2）　売主は，自ら（1）に規定する指定を行う場合には，買主に対してその詳細を知らせ，かつ，買主がそれと異なる指定を行うことができる合理的な期間を定めなければならない。買主がその通信を受けた後，その定められた期間内に異なる指定を行わない場合には，売主の行った指定は，拘束力を有する。

CHAPTER IV
PASSING OF RISK

Article 66

Loss of or damage to the goods after the risk has passsed to the buyer does not discharge him from his obligation to pay the price, unless the loss or damage is due to an act or omission of the seller.

Article 67

1. If the contract of sale involves carriage of the goods and the seller is not bound to hand them over at a particular place, the risk passes to the buyer when the goods are handed over to the first carrier for transmission to the buyer in accordance with the contract of sale. If the seller is bound to hand the goods over to a carrier at a particular place, the risk does not pass to the buyer until the goods are handed over to the carrier at that place. The fact that the seller is authorized to retain documents controlling the disposition of the goods does not affect the passage of the risk.
2. Nevertheless, the risk does not pass to the buyer until the goods are clearly identified to the contract, whether by markings on the goods, by shipping documents, by notice given to the buyer or otherwise.

Article 68

The risk in respect of goods sold in transit passes to the buyer from the time of the conclusion of the contract. However, if the circumstances so indicate, the risk is assumed by the buyer from the time the goods were handed over to the carrier who issued the documents embodying the contract of carriage. Nevertheless, if at the time of the conclusion of the contract of sale the seller knew or ought to have known that the goods had been lost or damaged and did not disclose this to the buyer, the loss or damage is at the risk of the seller.

Article 69

1. In cases not within articles 67 and 68, the risk passes to the buyer when he takes over the goods or, if he does not do so in due time, from the time when the goods are placed at his disposal and he committs a breach of contract by failing to take delivery.
2. However, if the buyer is bound to take over the goods at a place other than a place of business of the seller, the risk passes when delivery is due and the buyer is aware of the fact that the goods are placed at his disposal at that place.

第4章　危険の移転

第 66 条
　買主は，危険が自己に移転した後に生じた物品の滅失又は損傷により，代金を支払う義務を免れない。ただし，その滅失又は損傷が売主の作為又は不作為による場合には，この限りでない。

第 67 条
　（１）　売買契約が物品の運送を伴う場合において，売主が特定の場所において物品を交付する義務を負わないときは，危険は，売買契約に従って買主に送付するために物品を最初の運送人に交付した時に買主に移転する。売主が特定の場所において物品を運送人に交付する義務を負うときは，危険は，物品をその場所において運送人に交付する時まで買主に移転しない。売主が物品の処分を支配する書類を保持することが認められている事実は，危険の移転に影響を及ぼさない。
　（２）　（１）の規定にかかわらず，危険は，荷印，船積書類，買主に対する通知又は他の方法のいずれによるかを問わず，物品が契約上の物品として明確に特定される時まで買主に移転しない。

第 68 条
　運送中に売却された物品に関し，危険は，契約の締結時から買主に移転する。ただし，運送契約を証する書類を発行した運送人に対して物品が交付された時から買主が危険を引き受けることを状況が示している場合には，買主は，その時から危険を引き受ける。もっとも，売主が売買契約の締結時に，物品が滅失し，又は損傷していたことを知り，又は知っているべきであった場合において，そのことを買主に対して明らかにしなかったときは，その滅失又は損傷は，売主の負担とする。

第 69 条
　（１）　前2条に規定する場合以外の場合には，危険は，買主が物品を受け取った時に，又は買主が期限までに物品を受け取らないときは，物品が買主の処分にゆだねられ，かつ，引渡しを受領しないことによって買主が契約違反を行った時から買主に移転する。
　（２）　もっとも，買主が売主の営業所以外の場所において物品を受け取る義務を負

3. If the contract relates to goods not then identified, the goods are considered not to be placed at the disposal of the buyer until they are clearly identified to the contract.

Article 70

If the seller had committed a fundamental breach of contract, articles 67, 68 and 69 do not impair the remedies available to the buyer on account of the breach.

CHAPTER V
PROVISIONS COMMON TO THE OBLIGATIONS OF
THE SELLER AND OF THE BUYER

Section I. Anticipatory breach and instalment contracts

Article 71

1. A party may suspend the performance of his obligations if, after the conclusion of the contract, it becomes apparent that the other party will not perform a substantial part of his obligations as a result of:
(a) a serious deficiency in his ability to perform or in his credit-worthiness; or
(b) his conduct in preparing to perform or in performing the contract.
2. If the seller has already dispatched the goods before the grounds described in the preceding paragraph become evident, he may prevent the handing over of the goods to the buyer even though the buyer holds a document which entitles him to obtain them. The present paragraph relates only to the rights in the goods as between the buyer and the seller.
3. A party suspending performance, whether before or after dispatch of the goods, must imemdiately give notice of the suspension to the other party and must continue with performance if the other party provides adequate assurance of his performance.

Article 72

1. If prior to the date for performance of the contract it is clear that one of the parties will commit a fundamental breach of contract, the other party may declare the contract avoided.
2. If time allows, the party intending to declare the contract avoided must

うときは，危険は，引渡しの期限が到来し，かつ，物品がその場所において買主の処分にゆだねられたことを買主が知った時に移転する。

（3） 契約が特定されていない物品に関するものである場合には，物品は，契約上の物品として明確に特定される時まで買主の処分にゆだねられていないものとする。

第70条
　売主が重大な契約違反を行った場合には，前3条の規定は，買主が当該契約違反を理由として求めることができる救済を妨げるものではない。

第5章　売主及び買主の義務に共通する規定

第1節　履行期前の違反及び分割履行契約

第71条
　（1） 当事者の一方は，次のいずれかの理由によって相手方がその義務の実質的な部分を履行しないであろうという事情が契約の締結後に明らかになった場合には，自己の義務の履行を停止することができる。
　　（a） 相手方の履行をする能力又は相手方の信用力の著しい不足
　　（b） 契約の履行の準備又は契約の履行における相手方の行動
　（2） 売主が（1）に規定する事情が明らかになる前に物品を既に発送している場合には，物品を取得する権限を与える書類を買主が有しているときであっても，売主は，買主への物品の交付を妨げることができる。この（2）の規定は，物品に関する売主と買主との間の権利についてのみ規定する。
　（3） 履行を停止した当事者は，物品の発送の前後を問わず，相手方に対して履行を停止した旨を直ちに通知しなければならず，また，相手方がその履行について適切な保証を提供した場合には，自己の履行を再開しなければならない。

第72条
　（1） 当事者の一方は，相手方が重大な契約違反を行うであろうことが契約の履行期日前に明白である場合には，契約の解除の意思表示をすることができる。
　（2） 時間が許す場合には，契約の解除の意思表示をする意図を有する当事者は，相手方がその履行について適切な保証を提供することを可能とするため，当該相手方

give reasonable notice to the other party in order to permit him to provide adequate assurance of his performance.

3. The requirements of the preceding paragraph do not apply if the other party has declared that he will not perform his obligations.

Article 73

1. In the case of a contract for delivery of goods by instalments, if the failure of one party to perform any of his obligations in respect of any instalment constitutes a fundamental breach of contract with respect to that instalment, the other party may declare the contract avoided with respect to that instalment.

2. If one party's failure to perform any of his obligations in respect of any instalment gives the other party good grounds to conclude that a fundamental breach of contract will occur with respect to future instalments, he may declare the contract avoided for the future, provided that he does so within a reasonable time.

3. A buyer who declares the contract avoided in respect of any delivery may, at the same time, declare it avoided in respect of deliveries already made or of future deliveries if, by reason of their interdependence, those deliveries could not be used for the purpose contemplated by the parties at the time of the conclusion of the contract.

Section II. Damages

Article 74

Damages for breach of contract by one party consist of a sum equal to the loss, including loss of profit, suffered by the other party as a consequence of the breach. Such damages may not exceed the loss which the party in breach foresaw or ought to have foreseen at the time of the conclusion of the contract, in the light of the facts and matters of which he then knew or ought to have known, as a possible consequence of the breach of contract.

Article 75

If the contract is avoided and if, in a reasonable manner and within a reasonable time after avoidance, the buyer has bought goods in replacement or the seller has resold the goods, the party claiming damages may recover the difference between the contract price and the price in the substitute transaction as well as any further damages recoverable under article 74.

に対して合理的な通知を行わなければならない。
　（3）　(2)の規定は，相手方がその義務を履行しない旨の意思表示をした場合には，適用しない。

第73条
　（1）　物品を複数回に分けて引き渡す契約において，いずれかの引渡部分についての当事者の一方による義務の不履行が当該引渡部分についての重大な契約違反となる場合には，相手方は，当該引渡部分について契約の解除の意思表示をすることができる。
　（2）　いずれかの引渡部分についての当事者の一方による義務の不履行が将来の引渡部分について重大な契約違反が生ずると判断する十分な根拠を相手方に与える場合には，当該相手方は，将来の引渡部分について契約の解除の意思表示をすることができる。ただし，この意思表示を合理的な期間内に行う場合に限る。
　（3）　いずれかの引渡部分について契約の解除の意思表示をする買主は，当該引渡部分が既に引き渡された部分又は将来の引渡部分と相互依存関係にあることにより，契約の締結時に当事者双方が想定していた目的のために既に引き渡された部分又は将来の引渡部分を使用することができなくなった場合には，それらの引渡部分についても同時に契約の解除の意思表示をすることができる。

第2節　損害賠償

第74条
　当事者の一方による契約違反についての損害賠償の額は，当該契約違反により相手方が被った損失（得るはずであった利益の喪失を含む。）に等しい額とする。そのような損害賠償の額は，契約違反を行った当事者が契約の締結時に知り，又は知っているべきであった事実及び事情に照らし，当該当事者が契約違反から生じ得る結果として契約の締結時に予見し，又は予見すべきであった損失の額を超えることができない。

第75条
　契約が解除された場合において，合理的な方法で，かつ，解除後の合理的な期間内に，買主が代替品を購入し，又は売主が物品を再売却したときは，損害賠償の請求をする当事者は，契約価格とこのような代替取引における価格との差額及び前条の規定に従って求めることができるその他の損害賠償を請求することができる。

Article 76

1. If the contract is avoided and there is a current price for the goods, the party claiming damages may, if he has not made a purchase or resale under article 75, recover the differences between the price fixed by the contract and the current price at the time of avoidance as well as any further damages recoverable under article 74. If, however, the party claiming damages has avoided the contract after taking over the goods, the current price at the time of such taking over shall be applied instead of the current price at the time of avoidance.

2. For the purpose of the preceding paragraph, the current price is the price prevailing at the place where delivery of the goods should have been made or, if there is no current price at that place, the price at such other place as serves as a reasonable subsitute, making due allowance for differences in the cost of transporting the goods.

Article 77

A party who relies on a breach of contract must take such measures as are reasonable in the circumstances to mitigate the loss, including loss of profit, resulting from the breach. If he fails to take such measures, the party in breach may claim a reduction in the damages in the amount by which the loss should have been mitigated.

Section III. Interest

Article 78

If a party fails to pay the price or any other sum that is in arrears, the other party is entitled to interest on it, without prejudice to any claim for damages recoverable under article 74.

Section IV. Exemptions

Article 79

1. A party is not liable for a failure to perform any of his obligations if he proves that the failure was due to an impediment beyond his control and that he could not reasonably be expected to have taken the impediment into account at the time of the conclusion of the contract or to have avoided or overcome it

第76条
　（1）　契約が解除され，かつ，物品に時価がある場合において，損害賠償の請求をする当事者が前条の規定に基づく購入又は再売却を行っていないときは，当該当事者は，契約に定める価格と解除時における時価との差額及び第74条の規定に従って求めることができるその他の損害賠償を請求することができる。ただし，当該当事者が物品を受け取った後に契約を解除した場合には，解除時における時価に代えて物品を受け取った時における時価を適用する。
　（2）　（1）の規定の適用上，時価は，物品の引渡しが行われるべきであった場所における実勢価格とし，又は当該場所に時価がない場合には，合理的な代替地となるような他の場所における価格に物品の運送費用の差額を適切に考慮に入れたものとする。

第77条
　契約違反を援用する当事者は，当該契約違反から生ずる損失（得るはずであった利益の喪失を含む。）を軽減するため，状況に応じて合理的な措置をとらなければならない。当該当事者がそのような措置をとらなかった場合には，契約違反を行った当事者は，軽減されるべきであった損失額を損害賠償の額から減額することを請求することができる。

第3節　利　　　息

第78条
　当事者の一方が代金その他の金銭を期限を過ぎて支払わない場合には，相手方は，第74条の規定に従って求めることができる損害賠償の請求を妨げられることなく，その金銭の利息を請求することができる。

第4節　免　　　責

第79条
　（1）　当事者は，自己の義務の不履行が自己の支配を超える障害によって生じたこと及び契約の締結時に当該障害を考慮することも，当該障害又はその結果を回避し，又は克服することも自己に合理的に期待することができなかったことを証明する場合には，その不履行について責任を負わない。

or its consequences.

2. If the party's failure is due to the failure by a third person whom he has engaged to perform the whole or a part of the contract, that party is exempt from liability only if:

(a) he is exempt under the preceding paragraph; and
(b) the person whom he has so engaged would be so exempt if the provisions of that paragraph were applied to him.

3. The exemption provided by this article has effect for the period during which the impediment exists.

4. The party who fails to perform must give notice to the other party of the impediment and its effects on his ability to perform. If the notice is not received by the other party within a reasonable time after the party who fails to perform knew or ought to have known of the impediment, he is liable for damages resulting from such non-receipt.

5. Nothing in this article prevents either party from exercising any right other than to claim damages under this Convention.

Article 80

A party may not rely on a failure of the other party to perform, to the extent that such failure was caused by the first party's act or omission.

Section V. *Effects of avoidance*

Article 81

1. Avoidance of the contract releases both parties from their obligations under it, subject to any damages which may be due. Avoidance does not affect any provision of the contract for the settlement of disputes or any other provision of the contract governing the rights and obligations of the parties consequent upon the avoidance of the contract.

2. A party who has performed the contract either wholly or in part may claim restitution from the other party of whatever the first party has supplied or paid under the contract. If both parties are bound to make restitution, they must do so concurrently.

Article 82

1. The buyer loses the right to declare the contract avoided or to require the seller to deliver substitute goods if it is impossible for him to make restitution of the goods substantially in the condition in which he received them.

2. The preceding paragraph does not apply:

(a) if the impossibility of making restitution of the goods or of making restitution

（２）　当事者は，契約の全部又は一部を履行するために自己の使用した第三者による不履行により自己の不履行が生じた場合には，次に（ａ）及び（ｂ）の要件が満たされるときに限り，責任を免れる。
　　（ａ）　当該当事者が（１）の規定により責任を免れること。
　　（ｂ）　当該当事者の使用した第三者に（１）の規定を適用するとしたならば，当該第三者が責任を免れるであろうこと。
　（３）　この条に規定する免責は，（１）に規定する障害が存在する間，その効力を有する。
　（４）　履行をすることができない当事者は，相手方に対し，（１）に規定する障害及びそれが自己の履行をする能力に及ぼす影響について通知しなければならない。当該当事者は，自己がその障害を知り，又は知るべきであった時から合理的な期間内に相手方がその通知を受けなかった場合には，それを受けなかったことによって生じた損害を賠償する責任を負う。
　（５）　この条の規定は，当事者が損害賠償の請求をする権利以外のこの条約に基づく権利を行使することを妨げない。

第80条
　当事者の一方は，相手方の不履行が自己の作為又は不作為によって生じた限度において，相手方の不履行を援用することができない。

第５節　解除の効果

第81条
　（１）　当事者双方は，契約の解除により，損害を賠償する義務を除くほか，契約に基づく義務を免れる。契約の解除は，紛争解決のための契約条項又は契約の解除の結果生ずる当事者の権利及び義務を規律する他の契約条項に影響を及ぼさない。
　（２）　契約の全部又は一部を履行した当事者は，相手方に対し，自己がその契約に従って供給し，又は支払ったものの返還を請求することができる。当事者双方が返還する義務を負う場合には，当事者双方は，それらの返還を同時に行わなければならない。

第82条
　（１）　買主は，受け取った時と実質的に同じ状態で物品を返還することができない場合には，契約の解除の意思表示をする権利及び売主に代替品の引渡しを請求する権利を失う。
　（２）　（１）の規定は，次の場合には，適用しない。
　　（ａ）　物品を返還することができないこと又は受け取った時と実質的に同じ状態

of the goods substantially in the condition in which the buyer received them is not due to his act or omission;
(b) if the goods or part of the goods have perished or deteriorated as a result of the examination provided for in article 38; or
(c) if the goods or part of the goods have been sold in the normal course of business or have been consumed or transformed by the buyer in the course of normal use before he discovered or ought to have discovered the lack of conformity.

Article 83

A buyer who has lost the right to declare the contract avoided or to require the seller to deliver substitute goods in accordance with article 82 retains all other remedies under the contract and this Convention.

Article 84

1. If the seller is bound to refund the price, he must also pay interest on it, from the date on which the price was paid.
2. The buyer must account to the seller for all benefits which he has derived from the goods or part of them:
(a) if he must make restitution of the goods or part of them; or
(b) if it is impossible for him to make restitution of all or part of the goods or to make restitution of all part of the goods substantially in the condition in which he received them, but he has nevertheless declared the contract avoided or required the seller to deliver substitute goods.

Section VI. Preservation of the goods

Article 85

If the buyer is in delay in taking delivery of the goods or, where payment of the price and delivery of the goods are to be made concurrently, if he fails to pay the price, and the seller is either in possession of the goods or otherwise able to control their disposition, the seller must take such steps as are reasonable in the circumstances to preserve them. He is entitled to retain them until he has been reimbursed his reasonable expenses by the buyer.

Article 86

1. If the buyer has received the goods and intends to exercise any right under the contract or this Convention to reject them, he must take such steps to preserve them as are reasonable in the circumstances. He is entitled to retain them

で物品を返還することができないことが買主の作為又は不作為によるものでない場合

（b） 物品の全部又は一部が第38条に規定する検査によって滅失し，又は劣化した場合

（c） 買主が不適合を発見し，又は発見すべきであった時より前に物品の全部又は一部を通常の営業の過程において売却し，又は通常の使用の過程において消費し，若しくは改変した場合

第83条
　前条の規定に従い契約の解除の意思表示をする権利又は売主に代替品の引渡しを請求する権利を失った買主であっても，契約又はこの条約に基づく他の救済を求める権利を保持する。

第84条
　（1） 売主は，代金を返還する義務を負う場合には，代金が支払われた日からの当該代金の利息も支払わなければならない。
　（2） 買主は，次の場合には，物品の全部又は一部から得たすべての利益を売主に対して返還しなければならない。

（a） 買主が物品の全部又は一部を返還しなければならない場合

（b） 買主が物品の全部若しくは一部を返還することができない場合又は受け取った時と実質的に同じ状態で物品の全部若しくは一部を返還することができない場合において，契約の解除の意思表示をし，又は売主に代替品の引渡しを請求したとき。

第6節　物品の保存

第85条
　買主が物品の引渡しの受領を遅滞した場合又は代金の支払と物品の引渡しとが同時に行われなければならず，かつ，買主がその代金を支払っていない場合において，売主がその物品を占有しているとき又は他の方法によりその処分を支配することができるときは，売主は，当該物品を保存するため，状況に応じて合理的な措置をとらなければならない。売主は，自己の支出した合理的な費用について買主から償還を受けるまで，当該物品を保持することができる。

第86条
　（1） 買主は，物品を受け取った場合において，当該物品を拒絶するために契約又

until he has been reimbursed his reasonable expenses by the seller.

2. If goods dispatched to the buyer have been placed at his disposal at their destination and he exercises the right to reject them, he must take possession of them on behalf of the seller, provided that this can be done without payment of the price and without unreasonable inconvenience or unreasonable expense. This provision does not apply if the seller or a person authorized to take charge of the goods on his behalf is present at the destination. If the buyer takes possession of the goods under this paragraph, his rights and obligations are governed by the preceding paragraph.

Article 87

A party who is bound to take steps to preserve the goods may deposit them in a warehouse of a third person at the expense of the other party provided that the expense incurred is not unreasonable.

Article 88

1. A party who is bound to preserve the goods in accordance with article 85 or 86 may sell them by any appropriate means if there has been an unreasonable delay by the other party in taking possession of the goods or in taking them back or in paying the price or the cost of preservation, provided that reasonable notice of the intention to sell has been given to the other party.

2. If the goods are subject to rapid deterioration or their preservation would involve unreasonable expense, a party who is bound to preserve the goods in accordance with article 85 or 86 must take reasonable measures to sell them. To the extent possible he must give notice to the other party of his intention to sell.

3. A party selling the goods has the right to retain out of the proceeds of sale an amount equal to the reasonable expenses of preserving the goods and of selling them. He must account to the other party for the balance.

PART IV
Final Provisions

Article 89

The Secretary-General of the United Nations is hereby designated as the depositary for this Convention.

はこの条約に基づく権利を行使する意図を有するときは，当該物品を保持するため，状況に応じて合理的な措置をとらなければならない。買主は，自己の支出した合理的な費用について売主から償還を受けるまで，当該物品を保持することができる。

（2）　買主に対して送付された物品が仕向地で買主の処分にゆだねられた場合において，買主が当該物品を拒絶する権利を行使するときは，買主は，売主のために当該物品の占有を取得しなければならない。ただし，代金を支払うことなく，かつ，不合理な不便又は不合理な費用を伴うことなしに占有を取得することができる場合に限る。この規定は，売主又は売主のために物品を管理する権限を有する者が仕向地に存在する場合には，適用しない。買主がこの(2)の規定に従い物品の占有を取得する場合には，買主の権利及び義務は，(1)の規定によって規律される。

第87条
　物品を保存するための措置をとる義務を負う当事者は，相手方の費用負担により物品を第三者の倉庫に寄託することができる。ただし，それに関して生ずる費用が不合理でない場合に限る。

第88条
（1）　第85条又は第86条の規定に従い物品を保存する義務を負う当事者は，物品の占有の取得若しくは取戻し又は代金若しくは保存のための費用の支払を相手方が不合理に遅滞する場合には，適切な方法により当該物品を売却することができる。ただし，相手方に対し，売却する意図について合理的な通知を行った場合に限る。
（2）　物品が急速に劣化しやすい場合又はその保存に不合理な費用を伴う場合には，第85条又は第86条の規定に従い物品を保存する義務を負う当事者は，物品を売却するための合理的な措置をとらなければならない。当該当事者は，可能な限り，相手方に対し，売却する意図を通知しなければならない。
（3）　物品を売却した当事者は，物品の保存及び売却に要した合理的な費用に等しい額を売却代金から控除して保持する権利を有する。当該当事者は，その残額を相手方に対して返還しなければならない。

第4部　最終規定

第89条
　国際連合事務総長は，ここに，この条約の寄託者として指名される。

Article 90

This Convention does not prevail over any international agreement which has already been or may be entered into and which contains provisions concerning the matters governed by this Convention, provided that the parties have their places of business in States parties to such agreement.

Article 91

1. This Convention is open for signature at the concluding meeting of the United Nations Conference on Contracts for the International Sale of Goods and will remain open for signature by all States at the Headquarters of the United Nations, New York until 30 September 1981.
2. This Convention is subject to ratification, acceptance or approval by the signatory States.
3. This Convention is open for accession by all States which are not signatory States as from the date it is open for signature.
4. Instruments of ratification, acceptance, approval and accession are to be deposited with the Secretary-General of the United Nations.

Article 92

1. A Contracting State may declare at the time of signature, ratification, acceptance, approval or accession that it will not be bound by Part II of this Convention or that it will not be bound by Part III of this Convention.
2. A Contracting State which makes a declaration in accordance with the preceding paragraph in respect of Part II or Part III of this Convention is not to be considered a Contracting State within paragraph (1) of article 1 of this Convention in respect of matters governed by the Part to which the declaration applies.

Article 93

1. If a Contracting State has two or more territorial units in which, according to its constitution, different systems of law are applicable in relation to the matters dealt with in this Cenvention, it may, at the time of signature, ratification, acceptance, approval or accession, declare that this Convention is to extend to all its territorial units or only to one or more of them, and may amend its declaration by submitting another declaration at any time.
2. These declarations are to be notified to the depositary and are to state expressly the territorial units to which the Convention extends.
3. If, by virtue of a declaration under this article, this Convention extends to one or more but not all of the territorial units of a Contracting State, and if the place of business of a party is located in that State, this place of business, for the purposes of this Convention, is considered not to be in a Contracting

第 90 条
　この条約は，既に発効し，又は今後発効する国際取極であって，この条約によって規律される事項に関する規定を含むものに優先しない。ただし，当事者双方が当該国際取極の締約国に営業所を有する場合に限る。

第 91 条
　（1）　この条約は，国際物品売買契約に関する国際連合会議の最終日に署名のために開放し，1981 年 9 月 30 日まで，ニューヨークにある国際連合本部において，すべての国による署名のために開放しておく。
　（2）　この条約は，署名国によって批准され，受諾され，又は承認されなければならない。
　（3）　この条約は，署名のために開放した日から，署名国でないすべての国による加入のために開放しておく。
　（4）　批准書，受諾書，承認書及び加入書は，国際連合事務総長に寄託する。

第 92 条
　（1）　締約国は，署名，批准，受諾，承認又は加入の時に，自国が第 2 部の規定に拘束されないこと又は第 3 部の規定に拘束されないことを宣言することができる。
　（2）　第 2 部又は第 3 部の規定に関して（1）の規定に基づいて宣言を行った締約国は，当該宣言が適用される部によって規律される事項については，第 1 条（1）に規定する締約国とみなされない。

第 93 条
　（1）　締約国は，自国の憲法に従いこの条約が対象とする事項に関してそれぞれ異なる法制が適用される 2 以上の地域をその領域内に有する場合には，署名，批准，受諾，承認又は加入の時に，この条約を自国の領域内のすべての地域について適用するか又は 1 若しくは 2 以上の地域についてのみ適用するかを宣言することができるものとし，いつでも別の宣言を行うことにより，その宣言を修正することができる。
　（2）　（1）に規定する宣言は，寄託者に通報するものとし，この条約が適用される地域を明示する。
　（3）　この条約がこの条の規定に基づく宣言により締約国の 1 又は 2 以上の地域に適用されるが，そのすべての地域には及んでおらず，かつ，当事者の営業所が当該締約国に所在する場合には，当該営業所がこの条約の適用される地域に所在するときを

State, unless it is in a territorial unit to which the Convention extends.

4. If a Contracting State makes no declaration under paragraph (1) of this article, the Convention is to extend to all territorial units of that State.

Article 94

1. Two or more Contracting States which have the same or closely related legal rules on matters governed by this Convention may at any time declare that the Convention is not to apply to contracts of sale or to their formation where the parties have their places of business in those States. Such declarations may be made jointly or by reciprocal unilateral declarations.

2. A Contracting State which has the same or closely related legal rules on matters governed by this Convention as one or more non-Contracting States may at any time declare that the Convention is not to apply to contracts of sale or to their formation where the parties have their places of business in those States.

3. If a State which is the object of a declaration under the preceding paragraph subsequently becomes a Contracting State, the declaration made will, as from the date on which the Convention enters into force in respect of the new Contracting State, have the effect of a declaration made under paragraph (1), provided that the new Contracting State joins in such declaration or makes a reciprocal unilateral declaration.

Article 95

Any State may declare at the time of the deposit of its instrument of ratification, acceptance, approval or accession that it will not be bound by subparagraph (1) (b) of article 1 of this Convention.

Article 96

A Contracting State whose legislation requires contracts of sale to be concluded in or evidenced by writing may at any time make a declaration in accordance with article 12 that any provision of article 11, article 29, or Part II of this Convention, that allows a contract of sale or its modification or termination by agreement or any offer, acceptance, or other indication of intention to be made in any form other than in writing, does not apply where any party has his place of business in that State.

除くほか，この条約の適用上，当該営業所は，締約国に所在しないものとみなす。
　(4)　締約国が(1)に規定する宣言を行わない場合には，この条約は，当該締約国のすべての地域について適用する。

第94条
　(1)　この条約が規律する事項に関して同一の又は密接に関連する法規を有する2以上の締約国は，売買契約の当事者双方がこれらの国に営業所を有する場合には，この条約を当該売買契約又はその成立について適用しないことをいつでも宣言することができる。その宣言は，共同で又は相互の一方的な宣言によって行うことができる。
　(2)　この条約が規律する事項に関して1又は2以上の非締約国と同一の又は密接に関連する法規を有する締約国は，売買契約の当事者双方がこれらの国に営業所を有する場合には，この条約を当該売買契約又はその成立について適用しないことをいつでも宣言することができる。
　(3)　(2)の規定に基づく宣言の対象である国がその後に締約国となった場合には，当該宣言は，この条約が当該締約国について効力を生じた日から，(1)の規定に基づく宣言としての効力を有する。ただし，当該締約国が当該宣言に加わり，又は相互の一方的な宣言を行った場合に限る。

第95条
　いずれの国も，批准書，受諾書，承認書又は加入書の寄託の時に，第1条(1)(b)の規定に拘束されないことを宣言することができる。

第96条
　売買契約が書面によって締結され，又は証明されるべきことを自国の法令に定めている締約国は，売買契約，合意によるその変更若しくは終了又は申込み，承諾その他の意思表示を書面による方法以外の方法で行うことを認める第11条，第29条又は第2部のいかなる規定も，当事者のいずれかが当該締約国に営業所を有する場合には第12条の規定に従って適用しないことを，いつでも宣言することができる。

Article 97

1. Declarations made under this Convention at the time of signature are subject to confirmation upon ratification, acceptance or approval.
2. Declarations and confirmations of declarations are to be in writing and be formally notified to the depositary.
3. A declaration takes effect simultaneously with the entry into force of this Convention in respect of the State concerned. However, a declaration of which the depositary receives formal notification after such entry into force takes effect on the first day of the month following the expiration of six months after the date of its receipt by the depositary. Reciprocal unilateral declarations under article 94 take effect on the first day of the month following the expiration of six months after the receipt of the latest declaration by the depositary.
4. Any State which makes a declaration under this Convention may withdraw it at any time by a formal notification in writing addressed to the depositary. Such withdrawal is to take effect on the first day of the month following the expiration of six months after the date of the receipt of the notification by the depositary.
5. A withdrawal of a declaration made under article 94 renders inoperative, as from the date on which the withdrawal takes effect, any reciprocal declaration made by another State under that article.

Article 98

No reservations are permitted except those expressly authorized in this Convention.

Article 99

1. This Convention enters into force, subject to the provisions of paragraph (6) of this article, on the first day of the month following the expiration of twelve months after the date of deposit of the tenth instrument of ratification, acceptance, approval or accession, including an instrument which contains a declaration made under article 92.
2. When a State ratifies, accepts, approves or accedes to this Convention after the deposit of the tenth instrument of ratification, acceptance, approval or accession, this Convention, with the exception of the Part excluded, enters into force in respect of that State, subject to the provisions of paragraph (6) of this article, on the first day of the month following the expiration of twelve months after the date of the deposit of its instrument of ratification, acceptance, approval or accession.
3. A State which ratifies, accepts, approves or accedes to this Convention and is a party to either or both the Convention relating to a Uniform Law on

第 97 条
（1） 署名の時にこの条約に基づいて行われた宣言は，批准，受諾又は承認の時に確認されなければならない。
（2） 宣言及びその確認は，書面によるものとし，正式に寄託者に通報する。
（3） 宣言は，それを行った国について，この条約の効力発生と同時にその効力を生ずる。ただし，寄託者がこの条約の効力発生後に正式の通報を受領した宣言は，寄託者がそれを受領した日の後 6 箇月の期間が満了する日の属する月の翌月の初日に効力を生ずる。第 94 条の規定に基づく相互の一方的な宣言は，寄託者が最も遅い宣言を受領した日の後 6 箇月の期間が満了する日の属する月の翌月の初日に効力を生ずる。
（4） この条約に基づく宣言を行った国は，寄託者にあてた書面による正式の通告により，当該宣言をいつでも撤回することができる。その撤回は，寄託者が当該通告を受領した日の後 6 箇月の期間が満了する日の属する月の翌月の初日に効力を生ずる。
（5） 第 94 条の規定に基づいて行われた宣言の撤回は，その撤回が効力を生ずる日から，同条の規定に基づいて行われた他の国による相互の宣言の効力を失わせる。

第 98 条
この条約において明示的に認められた留保を除くほか，いかなる留保も認められない。

第 99 条
（1） この条約は，(6)の規定に従うことを条件として，第 10 番目の批准書，受諾書，承認書又は加入書（第 92 条の規定に基づく宣言を伴うものを含む。）が寄託された日の後 12 箇月の期間が満了する日の属する月の翌月の初日に効力を生ずる。
（2） いずれかの国が，第 10 番目の批准書，受諾書，承認書又は加入書の寄託の後に，この条約を批准し，受諾し，承認し又はこれに加入する場合には，この条約（適用が排除される部を除く。）は，(6)の規定に従うことを条件として，当該国の批准書，受諾書，承認書又は加入書が寄託された日の後 12 箇月の期間が満了する日の属する月の翌月の初日に当該国について効力を生ずる。
（3） 1964 年 7 月 1 日にハーグで作成された国際物品売買契約の成立についての統一法に関する条約（1964 年ハーグ成立条約）及び 1964 年 7 月 1 日にハーグで作成された国際物品売買についての統一法に関する条約（1964 年ハーグ売買条約）のいずれか一方又は双方の締約国であって，この条約を批准し，受諾し，承認し，又はこ

the Formation of Contracts for the International Sale of Goods done at The Hague on 1 July 1964 (1964 Hague Formation Convention) and the Convention relating to a Uniform Law on the International Sale of Goods done at The Hague on 1 July 1964 (1964 Hague Sales Convention) shall at the same time denounce, as the case may be, either or both the 1964 Hague Sales Convention and the 1964 Hague Formation Convention by notifying the Government of the Netherlands to that effect.

4. A State party to the 1964 Hague Sales Convention which ratifies, accepts, approves or accedes to the present Convention and declares or has declared under article 92 that it will not be bound by Part II of this Convention shall at the time of ratification, acceptance, approval or accession denounce the 1964 Hague Sales Convention by notifying the Government of the Netherlands to that effect.

5. A State party to the 1964 Hague Formation Convention which ratifies, accepts, approves or accedes to the present Convention and declares or has declared under article 92 that it will not be bound by Part III of this Convention shall at the time of ratification, acceptance, approval or accession denounce the 1964 Hague Formation Convention by notifying the Government of the Netherlands to that effect.

6. For the purpose of this article, ratifications, acceptances, approvals and accessions in respect of this Convention by States parties to the 1964 Hague Formation Convention or to the 1964 Hague Sales Convention shall not be effective until such denunciations as may be required on the part of those States in respect of the latter two Conventions have themselves become effective. The depositary of this Convention shall consult with the Government of the Netherlands, as the depositary of the 1964 Conventions, so as to ensure necessary co-ordination in this respect.

Article 100

1. This Convention applies to the formation of a contract only when the proposal for concluding the contract is made on or after the date when the Convention enters into force in respect of the Contracting States referred to in subparagraph (1) (a) or the Contracting State referred to in subparagraph (1) (b) of article 1.

2. This Convention applies only to contracts concluded on or after the date when the Convention enters into force in respect of the Contracting States referred to in subparagraph (1) (a) or the Contracting State referred to in subparagraph (1) (b) of article 1.

Article 101

1. A Contracting State may denounce this Convention, or Part II or Part III of the Convention, by a formal notification in writing addressed to the depositary.

れに加入するものは，その批准，受諾，承認又は加入の時に，オランダ政府に通告することにより，場合に応じて1964年ハーグ成立条約及び1964年ハーグ売買条約のいずれか一方又は双方を廃棄する。

（4） 1964年ハーグ売買条約の締約国であって，この条約を批准し，受諾し，承認し，又はこれに加入し，及び第92条の規定に基づき第2部の規定に拘束されないことを宣言する，又は宣言したものは，その批准，受諾，承認又は加入の時に，オランダ政府に通告することにより，1964年ハーグ売買条約を廃棄する。

（5） 1964年ハーグ成立条約の締約国であって，この条約を批准し，受諾し，承認し，又はこれに加入し，及び第92条の規定に基づき第3部の規定に拘束されないことを宣言する，又は宣言したものは，その批准，受諾，承認又は加入の時に，オランダ政府に通告することにより，1964年ハーグ成立条約を廃棄する。

（6） この条の規定の適用上，1964年ハーグ成立条約又は1964年ハーグ売買条約の締約国によるこの条約の批准，受諾，承認又はこれへの加入は，これらの2条約について当該締約国に求められる廃棄の通告が効力を生ずる時まで，その効力を生じない。この条約の寄託者は，この点に関して必要な調整を確保するため，当該2条約の寄託者であるオランダ政府と協議する。

第100条

（1） この条約は，第1条(1)(a)に規定する双方の締約国又は同条(1)(b)に規定する締約国についてこの条約の効力が生じた日以後に契約を締結するための申入れがなされた場合に限り，その契約の成立について適用する。

（2） この条約は，第1条(1)(a)に規定する双方の締約国又は同条(1)(b)に規定する締約国についてこの条約の効力が生じた日以後に契約を締結された契約についてのみ適用する。

第101条

（1） 締約国は，寄託者にあてた書面による正式の通告により，この条約又は第2部若しくは第3部のいずれかを廃棄することができる。

2. The denunciation takes effect on the first day of the month following the expiration of twelve months after the notification is received by the depositary. Where a longer period for the denunciation to take effect is specified in the notification, the denunciation takes effect upon the expiration of such longer period after the notification is received by the depositary.

Done at Vienna, this day of eleventh day of April, one thousand nine hundred and eighty, in a single original, of which the Arabic, Chinese, English, French, Russian and Spanish texts are equally authentic.

In witness whereof the undersigned plenipotentiaries, being duly authorized by their respective Governments, have signed this Convention.

(2) 廃棄は，寄託者がその通告を受領した後 12 箇月の期間が満了する日の属する月の翌月の初日に効力を生ずる。当該通告において廃棄の効力発生につき一層長い期間が指定されている場合には，廃棄は，寄託者が当該通告を受領した後その一層長い期間が満了した時に効力を生ずる。

1980 年 4 月 11 日にウィーンで，ひとしく正文であるアラビア語，中国語，英語，フランス語，ロシア語及びスペイン語により原本一通を作成した。

以上の証拠として，下名の全権委員は，各自の政府から正当に委任を受けてこの条約に署名した。

参考文献一覧

井原宏,川村寛治『国際売買契約』Lexis Nexis,2010年。
内田貴,曽野裕夫『国際統一売買法』商事法務研究会,2000年。
射手矢好男編『中国経済六法』日本貿易促進協会,2012年。
大貫雅晴『英文販売代理店契約』同文舘出版,2008年。
亀田直己編『現代国際商取引』文眞堂,2013年。
来住哲二『基本貿易実務』同文舘出版,2006年。
北川俊充,柏木昇『国際取引法』有斐閣,2005年。
小島武司,高桑昭編『仲裁法』有斐閣,2007年。
近藤昌昭他『仲裁法コンメンタール』商事法務,2003年。
澤田壽夫,柏木昇,杉浦保友,髙杉直,森下哲郎『マテリアルズ　国際取引法』有斐閣,
　　2009年。
杉浦保友,久保田隆編『ウィーン売買条約の実務解説』中央経済社,2008年。
松浦馨,青山善充編『現代仲裁法の論点』有斐閣,1998年。
中川善之助,兼子一『国際取引』青林書院,1973年。
中村秀雄『国際動産売買契約法入門』有斐閣,2008年。
新堀　聰『ウィーン売買条約と貿易契約』同文舘出版,2009年。
新堀　聰『国際物品売買契約の〈国際化〉のすすめ』同文舘出版,2012年。
花水征一,三浦哲男,土屋弘三『企業取引法の実務』商事法務,2008年。
松岡　博『国際関係私法入門』有斐閣,2009年。
村上幸隆編『中国契約法の実務』中央経済社,2006年。
山田鐐一,佐野寛『国際取引法』有斐閣,2012年。
八尾　晃『貿易取引の基礎』東京経済情報出版,2007年。
Ali, S. F. and T. Ginsburg, *International Commercial Arbitration in Asia*, Juris Net, LLC, 2013.
Arnheim, M., *Drafting Settlements of Disputes*, Tolley Publishing Company Limited, 1994.
Capbell, D. and R. Proksch, *International Business Transaction*, Kluwar Law International, 1988.
Christou, R., *Drafting Commercial Agreements*, FT Law & Tax, 1993.
Garner, B. A. (ed.), *Black's Law Dictionary*, 8th ed., West Groups, 2009.
Frichdland, P. D., *Arbitration Clauses for International Contracts*, Juris Net, LLC, 2007.
Kublin, M., *International Negotiating*, International Business Press, 1995.
van den Berg, A. J., *International Arbitration-Coming of New Age*, ICCA Congress Series No.17, Wolters Kluwer, 2013.

和文索引

＜あ　行＞

アドホック仲裁 ……………… 177, 185
　──条項 ……………………………… 185
アドホック調停 …………………… 167

一般条項 ……………………………… 125
違約金 ………………………………………69
インコタームズ ……………… 13, 55
　──2010規則 ……………… 14, 56, 110
印刷書式 ……………………………… 28, 29

ウィーン売買条約 ……………… 9, 141
売掛残高勘定書 …………………… 102

営業許可証 ………………………………20
営業所等の所在地 ……………… 201

オープンアカウント ………………90
　──方式 ………………………………89

＜か　行＞

外貨預金 …………………………………45
外国為替及び外国貿易法 …………15
外国仲裁判断の承認及び執行に関する条約
　…………………………………… 170, 198
外国における送達 ……………… 203
外国判決の承認及び執行 ……… 203
概数表示 …………………………………50
外為法 ………………………………………15
解約条項 ……………………………… 127
価格表 ………………………………………43
荷為替手形決済 ………………… 88, 91
確定申込 …………………………………26
隠れた瑕疵 ………………………………82
掛売決済方式 …………………………91
瑕疵担保責任 ………………… 79, 82
過失責任の原則 ………………… 142
瑕疵の修補請求 ………………… 144
貨物保険 ……………………………… 109
為替変動調整約定 ……………………45

慣習 …………………………………………55
間接貿易 …………………………………18
完全合意条項 ……………… 32, 34, 135

機関仲裁 ……………… 173, 177, 178, 185
　──条項 ……………………………… 186
機関調停 ……………………………… 167
危険の移転 ……………… 48, 53, 61, 62, 82
　──場所 ……………………………… 114
義務不履行 ………………………… 143
行政型調停 ………………………… 167
強制的解決手段 ………………… 168
鏡像の原則 ………………………………27
銀行送金前払い …………………………89

国の法令 ……………………………… 195

契約違反 …………………………… 143, 147
契約解除 ……………………… 145, 148, 149
契約上の債務の履行地 ……… 201
契約責任 …………………………………22
契約履行の停止 ………………… 104
言語条項 ……………………………… 133
限定列挙 …………………………………74
厳密一致の原則 …………………………94
権利侵害 ……………………………… 120
権利の属地性の原則 ………… 120
権利放棄条項 ……………………… 132

合意管轄 ……………………………… 202
行為による承諾 ………………………28
交渉積み上げ型方式 …………………31
更新条項 ……………………………… 126
口頭証拠排除の原則 …………………33
衡平と善による仲裁判断 …… 195
公法的規制 ………………………………14
国際裁判管轄権 ……… 139, 199, 200
国際私法 ……………………………………8
国際商事仲裁模範法 …………… 171
国際仲裁証拠調べ規則 ……… 192
国際投資仲裁 ……………………… 172

国際ファクタリング ……………… 103
国際法曹協会 ……………………… 192
国家法 ……………………………… 137

<さ　行>

債権の回収 ………………………… 107
裁判外紛争解決手続 ……………… 161
裁判管轄条項 ……………… 139, 202
裁判所の関与 ……………………… 171
裁判所付属型調停 ………………… 167
最密接関係地 ……………………… 10
債務不履行責任 …………………… 79
詐欺防止法 ………………………… 23
先物為替予約 ……………………… 44

直積み ……………………………… 65
事業活動地 ………………………… 201
執行決定 …………………………… 198
実質的変更とみなされる条件 …… 28
支払渡し条件 ……………………… 92
修正，変更条項 …………………… 34
重大な契約違反 …………… 66, 142
自由申込 …………………………… 26
出訴制限 …………………………… 108
ジュネーブ議定書 ………… 172, 199
ジュネーブ条約 …………… 172, 199
準拠法 ………………… 8, 136, 195
　──条項 ………………………… 136
障害の通知義務 …………………… 73
商慣習法 …………………………… 13
仕様書売買 ………………………… 78
承諾 ………………………………… 27
譲渡条項 …………………………… 130
商標の管理 ………………………… 115
商標の働き ………………………… 116
商標売買 …………………………… 78
商品性 ……………………………… 81
消滅時効 …………………………… 108
ショートトン ……………………… 46
書式の戦い ………………………… 29
所有権の移転 ……………………… 62
書類取引の原則 …………………… 93
新協会貨物約款 …………………… 111
信用状厳密一致の原則 ………… 97, 98
信用状付荷為替手形決済 ……… 88, 92
信用状独立抽象性の原則 ………… 93

信用状の独立抽象性 ……………… 99
信用調査 …………………………… 101
信用不安の抗弁権 ………… 104, 105

推奨仲裁条項 ……………… 185, 186
スタンドバイ信用状 ……………… 103

戦争危険及びストライキ危険 …… 111

送金決済 …………………………… 88
相互の保証 ………………………… 204
損害の軽減義務 …………………… 150
損害賠償 ……………… 142, 146, 148, 149

<た　行>

代金減額による救済方法 ………… 146
第三仲裁人 ………………………… 190
代替取引 …………………………… 145
代替品の引渡請求 ………………… 144
代理行為 …………………………… 19
対話促進型調停 …………………… 166
単月積 ……………………………… 64
単独仲裁人 ………………………… 190
単発取引 …………………………… 5

遅延債権 …………………… 106, 107
遅延利息 …………………… 106, 108
知的財産権 ………………… 118, 120
仲介貿易 …………………………… 21
中国対外貿易法 …………………… 20
仲裁 ………………… 163, 166, 168
　──の言語 ……………………… 184
仲裁機関 …………………………… 182
仲裁規則 …………………………… 182
仲裁許容性 ………………………… 176
仲裁合意 …………………… 173, 176
　──の効力 ……………………… 175
　──の分離，独立性 …………… 176
　──の妨訴抗弁 ………………… 175
仲裁条項 …………………… 139, 173, 178
仲裁地 ……………………………… 180
　──の特定 ……………………… 180
仲裁人 ……………………………… 184
仲裁判断 …………………… 193, 196
　──の最終性 …………………… 191
　──の準拠法 …………………… 194

索　引　291

――の承認と執行 ……………… 197
――の取消 ………………… 196
仲裁費用 ……………………… 191
仲裁付託合意 ………………… 173
仲裁法 ………………………… 172
長期継続的取引 ………………… 5
調停 …………………… 163, 165
調停人 ………………………… 166
直接貿易 ……………………… 18
沈黙による承諾 ……………… 27

通知条項 ……………………… 130
積地条件 ……………………… 48

デ・ミニミス・ルール ……… 51
定型貿易条件 ………………… 42
ディスカバリ ………………… 192
ディスクレパンシー …… 94, 98
ディスピュート・ボード …… 164
デリバティブ ………………… 45

統合条項 ………………… 32, 135
当事者自治の原則 …………… 136
特徴的給付 …………………… 10
特定の場所 …………………… 53
特定目的の適合性 …………… 81
ドックデック …………… 98, 164
ドメインネーム紛争処理 …… 165
取締法規 ……………………… 15
取引の代行 …………………… 18

＜な　行＞

荷為替信用状決済 …………… 115
荷為替信用状に関する統一規則及び慣例
　　　　　　　　………… 50, 96
二国間協定 …………………… 204
二国間同盟条約 ……………… 199
ニューヨーク条約 …… 170, 172, 198

納期 …………………………… 64
納期厳守の規定 ……………… 66
ノックアウトの原則 ………… 30

＜は　行＞

ハーグ送達条約 ……………… 203
ハードシップ ………………… 76

――条項 ……………………… 76
反対申込 ……………………… 27
販売店契約 …………………… 115
万民法型統一私法 …………… 9

引合い ………………………… 43
引受渡し条件 ………………… 92
引渡日 ………………………… 64
被告地主義 …………………… 181
被告の住所地 ………………… 200
非国家法 ……………………… 137
評価型調停 …………………… 166
標題条項 ……………………… 133

付加期間 ……………… 66, 147, 149
不可抗力 ………………… 70, 72
――事態 …………………… 73, 74
――条項 …………………… 73, 128
付随的条件追加の承諾 ……… 28
物品の検査義務 ……………… 85
物品の適合性 …………… 63, 79
物品の保存義務 ……………… 151
不適合の通知義務 …………… 86
不動産の所在地 ……………… 201
船積書類 ……………………… 91
船積日 ………………………… 64
不法行為地 …………………… 201
分割積み ……………………… 67
分割履行契約 ………………… 67
文書開示手続 ………………… 192
紛争解決条項 ………………… 138
紛争の仲裁付託 ……………… 179

法 ……………………………… 195
貿易保険 ……………………… 103
法的仲裁 ……………………… 194
法による仲裁 ………………… 194
法の適用に関する通則法 … 8, 10, 136
保険期間 ……………………… 110
保険金額 ……………………… 111
保険契約 ……………………… 112
保険証券 ………………… 112, 114
保険条件 ……………………… 110
保証期間 ……………………… 83
保証条項 ……………………… 83

＜ま　行＞

前払い方式 …………………………… 89

ミーダブ ……………………………… 163
ミニトライアル ……………………… 163
見本売買 ………………………………… 78
民間型調停 …………………………… 167
民事執行 ……………………………… 197

無過失責任の原則 …………………… 142

メートルトン …………………………… 46
銘柄 ……………………………………… 78

申込 ……………………………………… 25
　──・承諾型方式 …………………… 24
　──の撤回可能性 …………………… 26
　──の誘引 …………………………… 25
黙示の要件への適合性 ………………… 80

＜や　行＞

約因 …………………………………… 157

＜ら　行＞

ユニドロワ国際商事契約原則
　……………………………… 32, 33, 77, 137

揚地条件 ………………………………… 48
与信管理 ……………………………… 101
与信リスク ……………………… 100, 103

ラストショット原則 …………………… 30

履行請求 ………………………… 142, 148, 149
利息の請求 ……………………… 148, 150

例示列挙 ………………………………… 74
レター・オブ・インテント …………… 32
連月積 …………………………………… 64

ロングトン ……………………………… 46

＜わ　行＞

和解 ……………………………… 157, 196
　──契約書 ………………………… 157
　──交渉 …………………………… 155

欧　文　索　引

accord and satisfaction …………… 156
ADR …………………………………… 161
ALL RISKS …………………………… 111
"as is basis" 売買 ……………………… 78

CFR ……………………………………… 60
CIF …………………………… 52, 54, 112
CIP …………………………… 43, 58, 112
CISG …………………………………… 9, 55
　──の適用基準 ……………………… 10
Compromise ………………………… 157
CPT ……………………………………… 57

DAP ……………………………………… 59
DAT ……………………………………… 58
DDP ……………………………………… 59

estoppel ……………………………… 156

EXW ……………………………………… 57
FAS ……………………………………… 59
FCA ………………………………… 43, 57
FOB ……………………………………… 60
Force Majeure ………………………… 70
FPA …………………………………… 111
Frustration …………………………… 70

IBA …………………………………… 192
ICC（A）……………………………… 111
ICC（B）……………………………… 111
ICC（C）……………………………… 111
ICSID条約 …………………………… 172
impossibility ………………………… 70
In full and final settlement ……… 156

Letter of Intent ……………………… 31

lex mercatoria ·····137	Settlement ·····157
〜% more or less ·····51	UNCITRAL仲裁規則 ·····185
part settlement ····· 156	WA ·····111
Privity of contract ·····17	Without Prejudice ·····155

〈著者略歴〉

大貫　雅晴（おおぬき・まさはる）

1949年　神戸生まれ
1972年　関西大学卒業
1972年　社団法人日本商事仲裁協会に就職
1995年　同協会　大阪事務所　所長
2002年　同協会　理事就任
現在：　同　理事（仲裁担当）・大阪事務所　所長
　　　　同　国際取引，貿易専門相談員
　　　　公益社団法人　日本仲裁人協会　理事
　　　　関西大学　経済・政治研究所　顧問
　　　　関西大学（国際取引法，国際取引契約論）講師
　　　　同志社大学（国際商事仲裁）講師
　　　　京都産業大学法科大学院（国際取引法）講師

[主要著書]　『英文販売代理店契約』同文舘出版　2010年
　　　　　　『国際技術ライセンス契約（新版）』同文舘出版　2008年
　　　　　　『国際契約─事例と対策─』大阪商工会議所　1988年

平成26年9月10日　初版発行　　　　　　　略称：貿易リスク

貿易売買契約とリスク対応実務

著　者　大　貫　雅　晴
発行者　中　島　治　久

発行所　同文舘出版株式会社
東京都千代田区神田神保町1-41　　〒101-0051
電話　営業(03)3294-1801　　編集(03)3294-1803
振替　00100-8-42935　　http://www.dobunkan.co.jp

©M. ONUKI　　　　　　　　　　　　印刷・製本　三美印刷
Printed in Japan 2014

ISBN 978-4-495-67841-8

JCOPY〈(社)出版者著作権管理機構　委託出版物〉
本書の無断複写は著作権法上での例外を除き禁じられています。複写される場合は，そのつど事前に，(社)出版者著作権管理機構（電話 03-3513-6969，FAX 03-3513-6979, e-mail: info@jcopy.or.jp）の許諾を得てください。